公益传播十讲

曹轲
主编

南方日报出版社
NANFANG DAILY PRESS
中国·广州

图书在版编目（CIP）数据

公益传播十讲 / 曹轲主编. -- 广州：南方日报出版社，2023.6
ISBN 978-7-5491-2694-1

Ⅰ.①公… Ⅱ.①曹… Ⅲ.①慈善事业—传播媒介—研究 Ⅳ.①C913.7 ②G206.2

中国国家版本馆 CIP 数据核字（2023）第 072447 号

GONGYI CHUANBO SHI JIANG
公益传播十讲

主　　编：曹　轲
出版发行：南方日报出版社
地　　址：广州市广州大道中 289 号
出 版 人：周山丹
出版统筹：刘志一
责任编辑：郭海珊
封面设计：肖晓文
责任校对：朱晓娟
责任技编：王　兰
经　　销：全国新华书店
印　　刷：佛山市浩文彩色印刷有限公司
开　　本：787mm×1092mm　1/16
印　　张：16.5
字　　数：232 千字
版　　次：2023 年 6 月第 1 版
印　　次：2023 年 6 月第 1 次印刷
定　　价：68.00 元

投稿热线：（020）87360640　　读者热线：（020）87363865
发现印装质量问题，影响阅读，请与承印厂联系调换。

序

在互联网时代谈公益

林如鹏

习近平总书记强调，“守望相助、扶危济困是中华民族的传统美德”，“支持志愿服务、慈善事业健康发展”。公益事业是我国国家治理能力和治理体系现代化的重要组成部分，能够有效推动社会问题的解决，促进社会和谐，发展公益慈善事业是社会文明进步的重要标志。

“公益”一词最迟在1887年已经在中国出现并被使用，而在五四运动之前的20世纪初，已经有以“公益”为名的社团出现，例如禁烟公益会。不过，公益慈善事业在我国的显著发展，还要从改革开放后说起。

20世纪80年代之前，中国公益组织主要以官办背景为主，此后陆续出现了最初几家公募基金会，中国公益慈善事业自此开始有了更多生机。不同议题的公益组织开始逐渐出现，例如中国儿童少年基金会、中国妇女发展基金会、中国青少年发展基金会等，其间涌现了希望工程等为人所熟知的公益项目。80年代以后，则陆续出现了一些民间公益组织，《中华人民共和国公益事业捐赠法》等与慈善相关的法律也开始出现。

进入21世纪以后，中国公益事业发展覆盖面快速扩大，根据民政部发布的《2021年民政事业发展统计公报》，截至2021年底，全国共有社会组织90.2万个。同时，个人开始参与到公益活动中来，其间企业家捐赠行为也开始出现。

21世纪第二个十年以来，随着互联网的兴起和普及，公益慈善事业开始驾乘网络的东风，有了快速而长足的发展，以数字化传播为特点的“互联网公益”逐渐成为热词。在这个阶段，互联网以即时性、交互性、跨时空性等特点弥补了传统公益的缺陷，发挥出强大的传播效果，可以说其与公益的结合已成为趋势。

因此，在我国已经全面建成小康社会的今天，我们讨论的“公益”不再仅仅是扶危济困；数字时代的到来，让“人人公益”“指尖公益”理念得以传播和落地，我们谈“公益传播”，谈对“公益行业”“公益人才”的要求，应当更多结合互联网的时代语境。

例如，当下对于公益项目的评估，既要测算传播的广度，又要衡量传播的精度，捐赠转化效果是重要标准，这是公益传播力；“微公益”已成趋势，线上线下渠道同步开放，公益资源进一步整合，辐射范围更广，这是公益数字力；公益广告更新营销和叙事手法，公益项目参与场景多元融入线下生活和线上平台，这是公益创新力；公益项目主导者不再局限于政府、企业、公益组织，每个公民都可以成为公益活动的发起者、传播者、参与者，公民意识进一步增强，这是公益领导力；推动公益力量在打赢脱贫攻坚战、全面建成小康社会、支持民生兜底保障和社会福利事业、助力新冠肺炎疫情防控等方面发挥积极作用，这是公益政策力。

可以说，互联网时代的公益特征尽在一个“新”字，因此公益传播也需要不断创新，才能历久弥新。这就对公益行业、公益组织和公益从业者，在公益传播力、数字力、创新力、领导力和政策力的“五力”提升上，提出了更高要求。这是腾讯公益和暨南大学联合举办公益人才培训计划的背景，也是这本书的缘起。

如今，高质量发展成为新征程中的重要议题，担负着第三次分配使命的公益慈善事业，也应不断实现效能升级。伴随着与公益的深度融合，互联网为公益慈善带来的不仅仅是增加筹款金额，还能让公益以某城市的一张电子垃圾地图、一份水灾中接力传递的在线“救命文档”、一块链接城乡教育资源的智能黑板的形式存在，它凝聚人心力量，为善意织出网络，为行善降本增效，让我们把好事做得更好。

（作者为暨南大学党委书记、教授）

目录
Contents

03 公益创新力

04 公益领导力

05 公益政策力

01

公益传播力

第一讲

刘涛

融媒体如何讲好公益故事

今天，我分享的话题是“公益传播力——融媒体如何讲好公益故事”。所谓公益传播，就是服务于公共利益的传播行为。所以，公益传播的精神内核是“公益”，而“传播”回应的是方法和效果问题，也就是通过策略性的传播活动策划、设计与执行，有效地实现信息传播和社会动员，进而支持公益问题的解决。我们经常说，无传播不公益，这足以体现出传播在公益实践中的角色和意义。在公益传播的整体框架中，讲好公益故事，是公益传播的重要环节和核心内容。

之所以关注公益故事的融媒体传播问题，主要基于以下考虑：第一，我们进入媒体融合时代，文本表达的形态和语言正在发生深刻的变化，其主要特点便是融媒体成为一种基本的文本形式，想利用融媒体讲好公益故事，就必须对公益传播的文本叙事提出相应要求。第二，全媒体传播已经成为一种必然趋势，不同的媒介“端口”呼唤不同的叙事，不同的故事又呼唤不同的传播渠道，那么，构建公益传播的数字叙事体系成为一个亟待解决的理论与实践问题。带着这两个问题，我们进入今天的分享，也就是探讨如何利用融媒体讲好公益故事。

一、引言

我们先来看一个公益传播案例。暨南大学新闻与传播学院在2021—2022年发起了一个公益类创新创业项目——“声海”，我作为指导教师之一，跟大家分享一些心得。

“声海”是通过数字音频产品面向境外国家和地区传播家国故事的公益项目，核心团队由暨南大学新闻与传播学院的本硕博学生组成。团队结合专业优势，积极拓宽“线上+线下”和“境内+境外”的双线渠道，致力于打造粤港澳大湾区青年的声音品牌。在讲好中国故事，传播好中国声音，展示真实、立体、全面的中国，加强我国国际传播能力建设等多方面发挥积极作用。

“声海”项目自始至终都有着清晰的思路。铸牢中华民族共同体意识，是国家的战略布局，因此我们需要回应国家战略，有所作为。与此同时，2018年，习近平总书记到暨南大学视察时也给予了明确指示：“将中华优秀传统文化传播到五洲四海。”所以，我们充分意识到，文化在凝聚人心，尤其是凝聚香港同胞的人心回归层面具备强大的力量与功能。

2019年以来，香港青年人的自我认同问题，成为我们必须回应的一个重要问题。因此，“声海”历经多番思考，构建了执行方案的基本框架：讲好家国故事，“话”出湾区青年同心圆，铸牢湾区青年共同体意识。在这个总体框架基础上，团队从内容选择、文本选择、话语方式、舆论引导、传播矩阵五个方面，搭建了“声海”项目（见图1-1）的“方法论”。

图1-1 暨南大学“声海”项目

第一，讲好三大故事形态。在内容选择层面，我们选择的对象是中国故事。国家给出了三大故事形态，分别是“传统文化故事”“红色文化故事”以及“先进文化故事”。不同故事的选择导致实际操作的难度不同，但我认为，故事操作层面的难易程度不应成为我们选择故事的标准，我们需要选择不同的故事，以触达不同的人群。

第二，探索五大文本形态。顾名思义，“声海”即让声音承载中国故事，漂洋过海，搭建一座沟通的桥梁。不同于传统时代的广播，数字时代下的声音产品实际上拥有多种表现形式，我们选择的声音形式包括有声书、广播剧、播客、直播、Rlog（声音日记）等。需要说明的是，现在的声音传播更强调与具体场景的联系，即打造线上、线下融合的数字场景。

第三，创新四大话语智慧。在话语方式层面，我们需要结合受众特点，进行有针对性的话语设计和叙事创新。近年来，国家虽有大量的宣传，实际效果却不尽如人意，究其原因，是在话语层面缺乏一定的创新，无法触达受众的内心。“声海”项目在推进过程中，格外注重话语层面的创新，最终在话语方式上选择“青年视角、粤语为媒、故事载体、情感取向”。具体而言，考虑到粤港澳大湾区的政治文化背景，我们选择把粤语作为核心语言形式之一。以青年人的视角进行内容设计和产品开发，按照类似“同伴教育”的方式进行传播，期待能够在青年群体中产生同频共振的效果。

第四，争夺舆论斗争话语权。在舆论导向方面，争夺斗争话语权，建设理性舆论场，尤其在一些敏感议题、痛点议题上，传递理性之音、强国之音，是我们不得不啃下的“硬骨头”。于是，团队的舆论引导策略主要为聚焦时事焦点、直击敏感议题、坚守中国立场、传播家国情怀。

第五，搭建立体化传播体系。今天的公益传播，难点不仅在于文本的生产，还有传播渠道的建设，尤其是全媒体传播矩阵的建设。传播不是仅将文本放至网站、微信公众号即可，还要实现不同媒介渠道的互动以及线上线下场景的对话。因此，在渠道建设方面，团队打造了一个立体化传播矩阵，从而实现多渠道之间的文本协同。在传播矩阵构建上，搭建传播渠道，让青年群体发声，通过同辈的方式影响同辈，是“声海”项目推进的重要工作。无论是“借船出海”，让已成名的KOL（关键意见领袖）加入团队，还是“造船出海”，自己培养KOL来讲述故事，都是非常重要的渠道建设路径。“声海”也通过自己的培养，让团队中多人先后获得“湾区青年好网民”称号，在粤港澳大湾区产生了一定的人气影响。

目前，“声海”项目已然初显成效，形成了系统的影响力，获得第八届中国“互联网+”大赛国赛金奖。截至2022年，团队产出的传统文化故事、红色文化故事在2500个以上，先进文化故事超过了2600个，开发音频产品总数超过8000个，总收听量突破12亿，互动指数超1300万，国内媒体就“声海”进行了上百次相关报道。广东省志愿者联合会会长顾作义曾专门来到暨南大学新闻与传播学院视察“声海”项目，并给予高度肯定。

在互联网时代进行传播，应使用互联网语言，具备互联网逻辑与互联网思维。传播力的构建是一个系统工程，需要在产品形态、话语方式、文本表达、传播矩阵等多个维度上思考故事传播。

二、何为公益传播力

在传播结构中，受众无法看到事件本身，其所接收的信息是传播者通过媒介、符号、话语、情感等多维度加工后建构的事实，受众基于该事实的逻辑形成对话、交往，转化为生活模式。在公益传播中，传播者面临的问题本质上也是话语权问题及传播力问题。按照我的理解，传播力的内涵是：广度+深度+精度+效度+信度，其基本内涵如图1-2所示。

- **传播力 = 广度+深度+精度+效度+信度**
  - ➢ 广度：流量逻辑
  - ➢ 深度：专业逻辑
  - ➢ 精度：受众逻辑
  - ➢ 效度：功能逻辑
  - ➢ 信度：认同逻辑

图1-2　传播力的内涵

第一，广度指数量。数字时代遵循流量逻辑，流量成为公益传播的核心评价指标之一，例如“10万+”就是关于流量的一种同行评价方式。

第二，深度指专业。公益传播者仅凭一腔热血不足以完成一次有效的传播，还需要强大的专业能力、完整的知识体系作为热血与情怀的保障。例如，“光明电影院”项目就是专门解决视障群体“观看”电影的项目，其中涉及很多专业的电影配音知识，并非简单的画面描述那么简单，而是要处理解说、原声、音乐等多种音轨的协同问题。因此，如果没有专业的知识背景，一个公益项目就很难产生真正的公益价值。

第三，精度指受众。公益最终会指向某个特定群体，传播者需要挖掘该群体的核心问题与特点，有针对性地设计产品、开发文本、创造话语，最终实现精准传播的效果。如同算法时代下的用户思维，通过将用户的地理位置、兴趣爱好、收入水平等相关信息进行关联，推算用户可能喜欢的内容。

第四，效度指功能。意即传播内容是否解决了我们的问题。举个例子，面向农村留守儿童的情感支持计划，即通过数字化的方式，重构关爱的场景，让他们感受到爱，远离孤独。同时，传播者也需要思考，该计划是否切实解决了这个群体所面临的问题，即该公益计划的效度如何。

第五，信度指认同。公益项目进行动员的目的是让更多人加入团队，从内心深处认同该项目。让他人发自内心认同的难度很高，因为一个人即使在态度上认定该事件是好事，也不一定会转化为行为。

在过去大量的研究中，尤其是健康传播领域，研究者发现往往是态度改变行为，即先改变意愿，再让意愿改变行为。但改变行为本身是一个极其复杂的问题，因为行为分为短期行为和长期行为，且行为体现的是个体的价值逻辑，所以改变行为实际上并没有一个通用的模板，而是要结合具体议题进行讨论。相应地，从事公益传播的个人，只有具备系统性、结构性、框架性的认识，才可以有更好的思考模式完成这项工作。公益传播力就是在公益逻辑基础上构造的传播体系，其核心内涵包括传播的广度、深度、精度、效度、信度问题。

既然传播的目的是影响人，这里的影响如何发生，我们可以从心理机制层面思考这一问题。根据罗克奇价值量表（见图1-3），人的感知、知识是最容易被影响的，而观点、态度、信念、短期行为是很难被轻易影响的。价值观念几乎不可能被他人的三言两语影响，这是公益传播需要面对的现实问题。

图1-3　罗克奇价值量表

结合量表，我认为公益传播力存在以下五个维度：认知、态度、行为、价值、文化。传播者在传播过程中，需要明确自己的对话处于什么维度，希望在哪一个层面影响他人。

一是认知维度，指是否建立了一种理解方式。无论是环保问题、特定群体问题还是其他公益相关的议题，我们要建立一种相互理解的方式，形成一个对话的平台、空间，让大家可以进行对话。

二是态度维度，指是否建立了一种对话方式。人与人之间的立场不同，面对同一个问题所追求的利益自然也有所不同，所以我们要寻找一种最有可能让双方进行对话的方式。

三是行为维度，指是否建立了一种参与方式。让他人因为我们的传播而参与到公益行动中去，可以在网络平台发表评论，也可以参与线下活动或募捐。

四是价值维度，指是否建立了一种认同体系。通过话语赋予事物合法性，让人发自肺腑地认为这是一件理所当然的事情，不再质疑事物的底层逻辑。

五是文化维度，指是否形成了一种生活方式。雷蒙·威廉斯认为，文化就是一种日常的生活方式，所以我们在文化维度上进行研究，让公益潜移默化至人们的生活结构当中，成为一种生活方式。

正如现代社会的人不会在刷牙时思考刷牙是否必要，因为刷牙已经成为日常生活中的一部分。在路遥的《人生》中，女孩刘巧珍从城里再回到农村时带着牙刷。村民都很讶异："城里人才刷牙，你刷什么牙？"那时候刷牙还是城里人才做的事情，但现在就没有这种区分，这实际上就是都市文明对乡村的一种"入侵"，不过这种"入侵"慢慢地被自然而然化了，成为日常生活的一部分，我们不再追问"为什么刷牙"，这就是传播效果的"最高境界"。

如何让公益进入人们的日常生活结构层面，成为人们日常生活的一部分？对此，我们需要做大量的研究，在认知、态度、行为、价值和文化五个维度形成系统性的思考。

对于很多问题，我们首先要去认知它，建立一种理解方式。同样是环境问题，空气污染的问题，可以很容易地形成一种共识和理解，反观土壤污染问题，则在理解、交流、沟通上都显得异常艰难。为什么会这样呢？城里人对雾霾问题、空气质量问题都有所了解，但对土壤缺少明确的概念。究其原因，城市通过草坪、围栏、水泥等一系列方式将人与土地隔开，而在农村，人们则直面土地。

每一位投身公益事业的从业者都做了大量的工作，最终目的就是将一些问题转化为大众议题。实际上，正因为城里人关注这些问题，它才能成为大众议题；反之，城里人漠不关心的问题，很难转化为大众议题。正如城里人不关心土壤污染问题，就没有人发微博抱怨，所以土壤问题没有成为大众议题；反观空气污染，它被提出后就立刻成为大众议题。

仔细探究雾霾问题，还可以发现一个很有意思的现象。农民在2000年前后开始大批进城务工，大量劳动力入城，牲畜养殖减少，大量秸秆剩余，只能通过焚烧解决，因此造成空气污染，直到2010年前后，因为“$PM_{2.5}$”这一概念的诞生，公众才开始意识到空气污染问题。

“$PM_{2.5}$”这个概念早在1998年就有人提出，但空气污染问题一直无法在全球范围内形成一个大众议题，因为碳排放与经济发展密切相关，彼时的大众更在意经济发展问题，就像农民焚烧秸秆时不会关心环保问题，因为农民考虑的是自行焚烧秸秆就不用掏钱让人来收。

我曾问过做公益的朋友应如何解决环境保护的问题。他的回答很朴素：“当公众经济无忧，生活变好，开始畏惧死亡时，便会开始关注环境问题。”

我对所有愿意投身公益传播的朋友怀有非常高的敬意，因为公益传播很有意义且难度很大。大部分问题涉及不同背景、不同阶层的群体，同一个问题的不同群体之间也有不同的诉求，沟通难度极高。想解决不同群体间的对话问题，建立彼此的理解模式，也需要极高的专业性。

三、公益故事的讲述方式：讲事实、讲形象、讲情感、讲道理

国学大师刘文典的学生曾发出疑惑：“老师，您的文章为什么写得那么好？”刘文典回复道：“我送你五个字，‘观世音菩萨’。‘观’是观人情冷暖；‘世’是看世态万象；‘音’是写文章要讲应用，讲美学，讲修辞；‘菩萨’是你作为知识分子，写文章要有一颗救死扶伤、悲天悯人的菩萨心肠。”

实际上，“观世音菩萨”不仅是文章写得好的秘诀，也是故事讲得好的法宝。

讲故事是一种沟通的艺术。公益传播亦是如此，用故事作为我们最基本的沟通语言，打动他人。在消费时代，文本的基本逻辑就基于故事框架展开，且愈发规格化、指标化、参数化。

根据好莱坞电影工业体系对观影受众的研究，观众如果超过一定时间看不到刺激性画面，就会陷入疲惫状态，所以编剧需根据这种心理打造有起有落的故事线，例如加入一场战争，制造一场意外，以持续性地吸引观众的注意。

纵观今天的影视产业，叙事创新成为一个永恒的命题。纪录片也有类似美剧的“8分钟原则”，即在一集50分钟的纪录片中围绕统一的主题讲述大约6个故事，每个故事以“2—3—2”结构制造悬念和高潮，时长保持在6至8分钟，保证观众的注意力始终停留于此。

在工业化的时代，无论电影、电视剧、纪录片还是综艺，都有一套完整的叙事体系，按照既有的模式推动故事的发展。

故事创设一个语境，语境对意义的生成具有限定性功能。讲好中国故事可以从“讲事实、讲形象、讲情感、讲道理”四个方面切入，公益传播亦是如此（见图1-4）。

如何讲

讲事实：向公众呈现一个真实的故事

讲形象：以生动的语言讲述公益故事

讲情感：要打造感人至深的共情语境

讲道理：强化“说理”的理念和力道

图1-4 讲好公益故事的基本理念

1. 讲事实

在公益传播中，“真实”就是基于事实进行故事的表述。

空口无凭地讲述一个遥远的悲剧故事，难以让受众产生深刻的理解。过去，甘肃民勤沙尘暴十分严重，理应受到社会帮助，但人们在转态度为现实行动时是十分困难的。所以相关的治沙防沙节目为观众讲述了真实的故事：一场沙尘暴将一户人家一半的羊群卷走后，老大便被迫辍学在家帮忙，第二场沙尘暴把剩下的羊群也卷走后，老二也便被迫辍学。两个小孩现在和过去的对比产生了强大的视觉冲击和动员能力，给予观众巨大的震撼，并推动他们将态度转化为最后的现实行动。

这就是真实的力量，最真实、最震撼的故事就在我们的生活中，需要我们发现与挖掘。数字时代下，除生活中的真实，我们也需要思考如何在数字维度发现真实。

这张照片是美联社拍摄的新闻图片《战火中的女孩》（见图1-5），曾获得1973年的普利策奖，是由美联社记者在越南战争时拍摄的。这张照片让西方世界尤其是美国国内对越南战争的正义性、合法性产生了巨大的质疑，也引发了美国民众强烈的反战情绪，给予了美国政府庞大的舆论压力。

图1-5　新闻摄影《战火中的女孩》

美国媒体在对海外战争进行报道时，因为无法获取第一手资讯，所以难以呈现真实的战争情况，只能报道军方和政府给予的材料。虽然后来有随军记者在一线获取资讯，能看到炮弹发射，但看不到炮弹落地造成的伤亡，因此依旧缺少真实的报道，导致美国的民众看不到真实的战争。

当事实无法直接呈现给大众时，我们需要开辟另一种讲述故事的方式，开辟新的叙事框架，但仍旧需要在事实层面讲述事件，用真实的故事触动受众的内心。腾讯制作的《无人知晓的“第一名”》、阿里巴巴和百度携手发起的“绿网计划”都是在事实层面叙述故事，最终成为人们相互理解、相互沟通的基础。

《无人知晓的“第一名”》利用视频讲述了大凉山少年阿木的上学路，通过对事实的呈现，让更多人能够感知到偏远山区孩子所承受的苦难，从而达到引导大众捐赠的目的。“绿网计划”则集合短视频和文字等多种传播形式，把科普嵌入用户的日常生活场景，将野生动物保护、禁毒、禁赌、拒食野味等多个相关领域的事实与知识有针对性地传达给用户，引导公众关注特定公益领域。

2. 讲形象

讲形象是指以生动的语言讲述公益故事，参照建构主义的基本原理，将故事置于情景之中，更好地完成信息的内化与建构。

我们团队主编的《融合新闻学》一书提到：“传播最基本的思维逻辑应该具备整合思维、互动思维、用户思维和产品思维。”整合思维主要强调传播者应当用多模态、多渠道的方式将故事予以呈现；互动思维则强调故事的讲述须与用户保持互动交流；用户思维指传播者需要站在用户角度讲述故事；产品思维则指传播内容须符合流量消费的理念，具备趣味性和传播性。

在关于文物保护的议题中，传播者最常见的做法是向受众传播恐惧，让受众看到美好的文物因为保护不当而逐渐被毁坏的过程，使其产生尽力保护文物的冲动。但再生动的故事讲述数次后也无法让受众有深刻的印象，此时需要让受众从观众视角转化为参与者视角，这可以通过游戏产品等新生的传播产品形式实现，毕竟人们往往对亲身参与的情景刻骨铭心。暨南大学新闻与传播学院已经做了上百款功能游戏产品，其中，新闻游戏《不良PUA调查实录》产生了广泛影响，后面我们依托这个游戏，开发了虚拟仿真教学实验，有效地支持了卧底调查教学实践。

国家也在尝试进行话语方式的创新，通过不同的方式进行宣传。年轻人在“二次元圈层”中使用的语言和主流文化圈层完全不同，这导致圈层之间的交流异常困难，因此国家在向年轻群体传播国家话语时会思考如何“破壁”，最典型的案例就是系列漫画《那年那兔那些事儿》（见图1-6）。此漫画一改传统的话语方式，以年轻人喜爱的模式进入他们的文化圈层，让主流话语在年轻人的圈层中生根发芽。

图1-6　系列漫画《那年那兔那些事儿》

再如，短视频更适合传递情感，VR（虚拟现实）可以通过场景再现让受众身临其境。

在这个维度上，具备整合思维、互动思维、用户思维、产品思维的融合传播思维优势尽显，它具有更先进的讲故事方式，以及强大的社会动员力量。

3. 讲情感

讲情感是指要打造一种感人至深，可以令人共情的语境。在公益传播中，构建情感共鸣是极为重要的环节。

人类有很多不同的情感，社会学家特纳把人类的情感总结为最基本的四种。在这些基本情感中，只有一种是正性情感（positive emotion），其他三种都是负性情感（negative emotion）。面对负性情感，人类的大脑会尝试积极抗争，这就涉及情感语言中重要的概念——情感防御。“愧疚”在所有的负性情感中对人类伤害最大，是一种摧毁性的负面情绪。它不仅会引发自卑情绪，还会引发强烈的自责情绪。

大众在涉及情感问题时，往往会认为感性与理性水火不容，并赋予它们价值判断——感性不好，理性才好。实际上，在情感社会学中并非如此。情感研究在社会学领域中有着完整的知识体系和学术框架。情感本身就是理性认同的一部分，且不可或缺，所以我们认为在理性的认同结构当中，依然存在基础的感性影响。在情感智力理论中，不会把情感与理性完全区分，而是强调它们属于共同的对话结构，这也是我们认为情感认同在公益传播中非常关键的原因。

无论是古典修辞学还是新修辞学，都强调情感，认为讲情感是一个古老且传统的基础认同方式。古希腊修辞学家亚里士多德认为，为了维系城邦社会，首先，演讲、法庭抗辩、道德教育等应该诉诸事实，把事实讲清楚，让所有人都能在事实层面上对话；其次就是诉诸情感，讲情感是一种人们常见的沟通方式；再次是诉诸人格，即什么事让什么人去讲述。

于公益而言，最基本的逻辑就是，谁通过什么渠道讲什么故事，这些故事诉诸事实、情感、人格。

新修辞认为，在认同问题中，首先是情感认同，这主要是悲情认同。悲情剥离了外在的阶级、身份、权力，让一个生命鲜活地站在另一个生命面前，彼此进行平等的对话。

动物保护议题的难点在于动物与人类之间存在情感差异，传播者在动物保护议题中经常将动物的情感具象化、拟人化，让人类与动物进行情感对话，将人类伦理上的情感框架映射在动物的故事框架中，帮助人类建立基于情感的认知模式。保护穿山甲的公益项目《人类，别带走我的妈妈》，通过将人类的情感与伦理投射到穿山甲上，成功唤起人们对穿山甲生存境况的关注。此项目虽只讲述了一个简单朴素的故事，却因情感本身的力量打动了受众，给受众留下深刻印象。随着故事的展开，“让世界变得更美好，我也会变得更幸福”的理念也逐渐植入观众的心间。

其次，新修辞中还有对立认同。例如当团体处于对敌人非常愤怒的状态时，该团体内部会异常团结。大部分国家在面临无法解决的内部矛盾时，往往会通过塑造强大的外部敌人转移视线，团结内部。这就是一种对立认同，一种解决矛盾的方式。

再次，新修辞中还有符号认同，即通过符号的操作建立认同体系。通过符号关联主体结构、主体欲望，从而形成一种认同感。例如“拥有一辆豪车是具备身份的象征”，就是通过制造对未来的想象体系，诱发人产生购买豪车的欲望。

2011年的叙利亚难民危机在2015年引发世界关注的原因就是一张新闻图片《沙滩上的男孩》的出现（见图1-7）。过去即使有大量的图像传播，但带给世人的震撼远不如该图，该图也改变了联合国难民署、欧盟有关难民救助的政策。

图1-7　新闻图片《沙滩上的男孩》

情感故事是一种软性的故事，但与此同时也需要相对较硬的故事。触碰硬故事虽极具挑战性，但如果不创作这类故事，对外的中国故事便欠缺一锤定音的功效，因为文化、情感类故事只能代表某些方面，不能代表全部。

央视和黑龙江卫视一起做的短视频《我们的男孩》，讲述了中苏两国人民的友谊。60年前，大兴安岭发生了一场火灾，一个叫孟宪国的小孩因皮肤多处被烧伤，被送到一江之隔的苏联救治，苏联的医生直接把自己的皮肤割了下来，进行移植手术。60年后，孟宪国走上了一段感恩之旅，回去寻找当年救助他的医护人员。将国家、政治、阶级、群体等种种维度去掉后，这则视频带给观众的就是生命与生命之间情感维度上的关系。

值得注意的是，情感需要合情合理，缺少事实依据的情感灌溉，会让大众感到厌烦。央视有条新闻是《只为多看你一眼》，讲的是一个边防士兵因国家需要无法回家过年，其妻子便坐上了经过甘肃乌鞘岭的火车，只为在火车经过站台之时有6秒的时间看丈夫一眼。这段感人的故事因良好的效果引发了全国媒体的效仿。然而参照这种故事模式，也引发了诸多离奇事件，例如家人去世也坚守岗位、夫妻二人6年时间就在站台见了15分钟等。情感固然重要，但仍需合乎情理，符合基本的伦理框架。

当我们将阶级、身份、利益都去掉后，生命与生命在情感层面与身体层面形成的朴素的对话，就是一种沟通。疫情期间各国间充斥着敌意，但大家在看到医护人员的脸被口罩勒出了一道道痕迹的照片后，发现中西方的医护人员并无区别。这就是一种情感语言，脸上的勒痕成为一种沟通的渠道。

4. 讲道理

讲道理是指讲故事的最终落点是阐述道理，强化“说理”的理念和力道。道理是理性的积淀，也是引发大众心理认同的基础，更是形象建构的基本语法。将故事与道理相结合，这对故事本身有着极高的要求，对传播者的叙事能力则有着更高的要求。《舌尖上的中国》作为美食纪录片，难以通过其中的故事讲述全球性议题。在第一集中，当地人会根据古训，将松茸挖出后用松针捂住松坑，这利于来年松茸更好地生长，也深刻地体现了可持续性发展的逻辑。

因此，我们要将公益与国家话语勾连。纪录片《喇嘛与鸟》就是典型案例。此故事讲述了一个喇嘛通过画鸟对鸟类进行保护，并将保护鸟的理念融进藏传佛教的历史与日常。保护鸟类成为喇嘛深层次的生活需求、最基本的价值需求，也成为其最基本的宗教需求。

公益传播也需要将观点建立在知识体系之上，因为仅依靠情感，其传播的可持续性会大打折扣，而那些越坚固、越困难的问题，越需要我们在道理上、知识上讲清楚。

我自己写的新闻评论《把校舍真正建设成第一避难所》就是一个案例。过去校舍每发生灾难后，所有人都指责开发商，但开发商并不予理睬。因此，传播者转变了话语体系——将校舍建为拥有更高安全指数的避难所，升级校舍承担的责任与功能，并将其纳入市民监督体系，通过改变人们以往的观念，将学校空间的功能定位多元化。

与此同时，我们也要警惕互联网带来的语言腐化问题，因为语言腐化会导致思维腐化，但如何在知识体系上让大众明确这一问题，需要更专业、更透彻的研究。

20世纪60年代，语言学提出最基本的观点，即语言影响思维。语言不仅建立了一种规范，还创造了一种交往体系。英国在北尼日利亚殖民时，面临着巨大的殖民难度。武力殖民，虽可以征服土地、征服人民，却无法征服民心。为了获取当地民心，英国政府便做了大量工作，诸如改变当地人的饮食习惯、影响食物供应链、破坏当地生态链、发明很多新词融入当地的豪萨语、改变他们的语言习惯等等。

所以我们要保护语言，加强国家语言能力建设。这不仅需要我们正视话语的重要性，而且需要将话语的逻辑阐释清楚，令他人明白其中的意义。

四、数字时代公益传播的社会机制和策略

公益动员的主要动员机制有四种：视觉动员、游戏动员、情感动员、符号动员。

第一种是视觉动员，当前我们处于图像时代，视觉性已经渗入我们的文化逻辑，成为文化理性的一部分。将公益问题转化为视觉问题，是所有公益事业从业者需要面对的。例如在气候变化的议题中，核心的话语是“平衡”。为了让大众理解平衡，我们需要在全球的文化体系中，寻找能够建立平衡意象的符号，或者寻找一个本身就代表平衡的符号。

达·芬奇的名作《维特鲁威人》就是很典型的一个符号，它有着黄金比例，代表着完美。绿色和平便整合了这一符号资源，在北极冰面上画了一幅《维特鲁威人》。每隔几天拍摄一张照片，通过展示这幅画慢慢破碎的过程，让公众知道环境的平衡逐渐被打破，由此引发话语的内涵讨论。

在互联网时代，缺少图像的事件很难成为公共事件，符号的意义就是舆论汇聚的抓手。正如我国一直存在的校车问题到201C年才引发舆论的一片哗然，这是因为此次事件有着触目惊心的图片，而这起事件也直接催动了道路安全条例的修订。

第二种是游戏动员。只要公益动员具备一定的互动属性、趣味属性、参与属性，就可以成为游戏动员的一部分。游戏以互动的方式，使受众亲历角色的故事。以拐卖逃生为例，单纯讲述内容、操作指南的实际效果并不佳，所以我们做了相关的游戏，受众进入场景之后，成为场景中被拐卖的主角。通过亲历事件、尝试逃脱，大众有效地加深了对该事件的印象。

支付宝推出的公益游戏“蚂蚁森林”就是一个典型案例。在这个游戏中，用户的低碳行为被计作“绿色能量”，当“绿色能量”积累到一定程度时，用户便可以申请种下一棵真树，或申请保护特定地区的生态环境。这不仅能够让用户便捷地参与到环境保护活动当中来，还能够让其认识到自身一举一动对地球环境的影响。

第三种是情感动员。由于城乡教育差距过大，乡村小孩只能依靠不科学的方式学习英语。而在线支教能通过一块联通大城市教室的屏幕，打破地理上与资源上的限制，基于此，英扬传奇制作了《英格利士翻译器》，通过讲事实的方式，让更多人了解乡村小学教育的现状，并且对此产生强烈的情感认同，最终，该项目吸引捐款十万余元。

第四种是符号动员。我们在进行公益动员时，一方面需要创造符号，另一方面需争夺符号和管理符号。创造符号，是指将议题、观念在符号的维度上呈现；争夺符号，是指因符号会被赋予意义，所以我们需要赋予符号以我们的定义与解释，同时赋予别人的符号以我们的意义；管理符号，是指需要对符号应用、符号操作、符号呈现都进行管理。

人们在西藏旅游时会制造很多垃圾，为了解决这一问题，腾讯公益制造了一个符号——“每弯腰捡起一个垃圾瓶，也是一次对大自然的朝圣”。通过符号转换，“捡垃圾”成为大众完成的“一场朝圣”，大众产生更强的文化责任感、使命担当、情感认同，这便是符号上的胜利。

五、公益传播力构建的叙事体系：新文本、新语言、新场景、新生态

公益传播力叙事体系包括四个维度：新文本、新语言、新场景、新生态。

1. 新文本

新文本就是形态层，任何传播行为都离不开“文本”这一根本性的符号载体。相较于传统的文本形态，数字媒介文本的应用场景更为多元，相应地便出现了一系列应“场景”而生的新文本形态。

为了让大山孩子的梦想被更多人看见，长沙市善吟公益助学服务中心创始人龙晶晴与爱心合作伙伴在凤凰县夯卡村举办了“山谷里的梦想音乐节”主题活动。团队用360度摄像头录制了“音乐节”的全程，并将之制作成VR形式。在长沙地铁一号线，团队基于VR所记录的“音乐节”现场，打造了沉浸式公益品牌车厢。地铁旅客可以戴上VR眼镜和降噪耳机，身临其境地感受大山孩子们的歌唱，进而进一步关注教育公益事业。

2022年4月22日世界地球日，为了环保，天猫超级品牌日联合八大超级品牌纷纷续写了自己的口号，呼吁大众在日常生活中建立环境友好的意识。这种口号以最直接的方式表达了企业对环保事业的责任与理念，也让企业对消费者的行为倡议有了承载和连接。这些案例都是公益活动在文本方面的创新。

2. 新语言

新语言就是语义层，任何文本形式的创新都伴随着叙事语言的探索。每一种新型文本的“出场”，都对意义的组织提出了新的要求和挑战，这便涉及叙事学维度的语言问题。

在数字时代，具有交互性、可变性、多媒体、模块性等属性的数字媒介形塑了多媒融合、形态多样和结构开放的新叙事语言。

例如QQ音乐做的《听见“听不见”的音乐》就选取了各年龄群体比较喜爱的9首音乐产品，采用业界比较领先的音频技术与数字技术，对歌曲进行了符合中高频听力损失人群听力范围的降频改编，帮助听障人士听见这些音

乐。他们也同步做了一些H5等内容，向普通大众普及听障群体的音乐世界。

2018年世界FSHD（面肩肱型肌营养不良症）关爱日期间，抖音推出了“橙子微笑挑战”接力公益行动，通过拍摄短视频的形式放大公益声量，呼吁全社会关注面肩肱型肌营养不良症患者群体。抖音采用其惯有的传播形式，让头部“大V”带动优质内容进行传播。当名人撬动第一块砖后，粉丝的加入像催化剂一般引发了“橙子微笑挑战”的进一步发酵。短视频的创新形式为严肃的公益注入了趣味性，这是一种新鲜的尝试。

3. 新场景

新场景就是传播层，在讲故事的过程中，我们需要解决语境的问题，如打造物理场景、数字场景、融合场景，帮助我们更好地讲述故事等。

2021年3月，菜鸟联合中华环境保护基金会和阿里巴巴公益基金会共同发起“高校减塑行动”项目，号召学生关注并参与海洋减塑。活动中，师生们对照自己短信上的取件码，会随机多取到一份收件人为“人类”的神秘包裹，拆开后会发现里面满是一次性塑料制品，另附一份海洋生物的信件。信件会以海洋生物的口吻用最真诚的语言诉说塑料制品对自己生活的影响。这种打造新场景的方式让公益活动迸发新的活力。

做场景最基本的准则就是思路清晰，要做出符合当下痛点的分析。例如我带着学生一起做的重建博物馆融合传播场景的项目——全景故事会（见图1-8）。

博物馆需要通过文物实现中国文化的传播，但实际上95%以上的文物是没有展出的，所以博物馆的第一个痛点就是文物被困于馆中，受众触达率小，而将文物都展示出来亦不太现实；第二个痛点就是文物只可远观，缺少与历史、文化的对比；第三个痛点是传统文物展览方式对年轻人的吸引力不足，文物颇受冷落，而文物整体也缺乏记忆点。

为了解决这些痛点，我们选择重构数字场景。针对第一个痛点，我们采用了“VR+全景体验”的方式，打造线上场景；针对第二个痛点，我们采用“AR+小程序”方式，旨在打造融合场景；针对第三个痛点，我们采用“H5游戏+互动视频”方式，旨在打造游戏场景。这就是技术赋予我们的东西，一

图1-8 暨南大学“全景故事会”项目

种数字化的混合场景，亦是融合场景，线上与线下的互动，兼具物理与数字的优势，打造融合场景已经是一种必然趋势。

4. 新生态

新生态，也就是文化层，是故事之间的互文。在全媒体传播中，不同的文本形式具备不同的特点，同一个故事在不同的端口理应用不同的方式去表现。故事的呈现形式、呈现过程中的内容，都是需要传播者注意的细节。

例如，围绕肥胖议题，丁香医生推出了多种不同形式的科普作品，从不同视角切入，科学地解答了“什么是肥胖”“如何避免肥胖”等公众关注的问题，“组合拳”式的做法更有助于公众深刻认识到肥胖带来的危害。

公益传播要建立一种对话体系、沟通体系，面对特定的群体，有针对性地解决问题。

暨南大学学生团队制作了一个新媒体产品《做一个女人有多疼》，旨在通过数据新闻方式，直观地呈现女性分娩过程中承受的疼痛，从而让社会更好地理解无痛分娩的意义。过去的新闻报道中，即使我们将疼痛分级，用了大量的比喻，但依旧无法清晰明确地阐释疼痛的程度。所以，我们采用数据可听化的设计思路，用数据模拟整个分娩过程，借助音色和音量大小表达不同程度的疼痛，同时结合女性的分娩时的嘶喊声，运用数字技术，将分娩过程的声音可听化、可视化、数据化，让人们直观地“体验”整个分娩过程所承受的疼痛，以产生积极的共情。

今天的数字时代呼唤改变与创新，用融媒体讲好公益故事，可有效实现公益传播的社会动员效力。因此，我们亟须通过数字技术为公益赋能，让它插上翅膀，展翅翱翔，让更多的人聚合在一起，做更有意义的事情，这就是数字公益传播的价值和意义。

（作者为暨南大学新闻与传播学院党委书记、教授，本文由暨南大学新闻与传播学院2021级硕士研究生张以禾整理）

第二讲

谷虹

互联网时代公益传播的创新理念与前沿实践

一、序章

我刚刚参加完全国高校教师教学创新大赛，也代表广东省拿了全国一等奖。这个比赛给我最大的感触就是互联网改变了一切，高校教学也要适应互联网时代的变化，做教学方法、手段、理念上的创新。现在的学生只要有学习的意愿，就可以通过互联网拥有无限的学习资源、内容，不仅能听本校老师的误，也可以听全世界任何一所高校、任何一位教授的课程。

我之所以能够在这次比赛拿到一等奖，是因为我在教学创新中有三个主要的创新。

第一是要讨论。现在高校的课堂、各种各样的培训和讲座，大部分是老师在台上一个人讲，底下听的人没有发表意见的渠道，没有设置讨论的环节。

第二是案例。很多老师在课堂上都会讲案例，只是最后大多会变成深度举例子，这种传统的案例教学效果不太好，老师也很累。所以我认为案例教学可以更加互联网化，由学生准备案例，不止步于案例分析，而是将案例变为问题情境，所有人一起针对这个情境思考一些创造性的解决方案。

第三是项目。很多实践领域的朋友做了大量的项目，我觉得对于培养应用型学科、应用型课程的学生而言，最重要的就是能力的培养与训练，项目是可以做到这些的。

我在暨南大学新闻与传播学院创办网络与新媒体专业，体会到网络新媒体带给我们的不仅是一个新的传播渠道，在这种传播渠道的生态变革中，更重要的是我们理念上的转变。

传播学有很多经典的传播模型，最著名的就是拉斯韦尔的“5W”模式——“Who says what in which channel to whom with what effects”，即“谁通过什么渠道对谁说了什么，最终取得了什么效果”。这个看上去简单的传播模型，几乎涵盖了大众传播时代整个传播流程的所有环节。

所以，我想以这个模型作为起点，以应用讲传播，去探究在互联网时代中，这个模型的每一个环节发生了什么变化。案例往往代表最前沿的实践，我们从案例切入，通过案例去看它背后蕴含的理念，思考其带给我们的启发。

二、传播学的“5W”模式

（一）Who to Whom

第一个领域是“Who to Whom”，即“谁对谁说”，这涉及两个主体。首先看第一个案例——“分开的奥利奥，分不开的爱”，这是“关爱城市996儿童，呼吁父母多一点陪伴”的儿童节传播方案。

这是一个获得了2021年金投赏商业创意奖媒体组全场大奖的案例，虽然这是一个企业做的案例，但企业也是参与社会公益传播的一股重要力量，在社会公益的主题下，如何关联和平衡企业利益与社会公益，是需要认真研究思考的重要问题。

我们面对一个问题的时候，要找到一个合适的切入点。奥利奥是两块粘在一起的夹心饼干（见图2-1），零食产品企业想在六一儿童节做一次推广，所以想到了公益作为切入点，最后选择从一个特殊人群作为切入点——城市996儿童。这个概念的提出本身就很具备新闻性，特别在现代都市社会中，这个概念特别容易引发共鸣与讨论，所以这是一个自带流量的切入点。

图2-1　分开的奥利奥，分不开的爱

这个项目有几个关键点是值得我们关注的：第一是发布白皮书，用一个主流且专业的方式，发布一份报告；第二是上线新闻专题；第三是线下产品的落地，更多是与产品本身的结合，在特定的区域中进行线下的结合。

第二个案例是中国银联做的关于农村留守儿童的公益传播（见图2-2），应该思考：我们传播的对象人群是谁？活动中要呈现、要关注的人群是谁？两者我们希望产生什么样的关联或者是目的？

两个项目都是儿童，是两类不同儿童。如果说奥利奥是针对儿童节这个节点的一次性活动，那中国银联的诗歌POS机项目就是近几年来一直在持续的

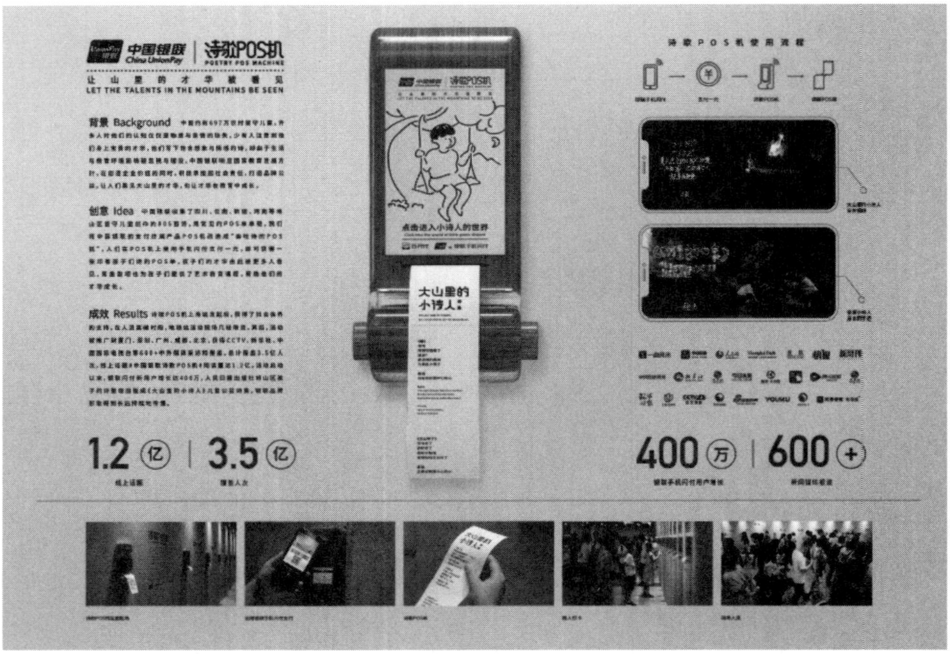

图2-2　中国银联诗歌POS机

一个项目，每年都在推进与深化。

在很多媒体报道中，我们会将农村留守儿童看作弱势群体，在我们的传播理念中，就像是我们在上面，他们在下面，我们俯下身子来关爱他们，这本身就有一种不平等的视角。包括残障群体在内，其实更多时候，他们需要的是社会将他们视作与所有人一样正常对待，而不是将他们视作弱势群体，给他们特殊待遇。这是他们作为一个人的自尊。

在这次传播中，中国银联非常敏锐地察觉到这一点，找到一个非常独特的切入点。他们认为小孩是天然的诗人，小孩讲出的一些话语特别有诗意，他们可以写下饱含想象与情感的诗，但因为生活与教育环境影响，这种宝贵的才华被忽视与埋没，他们的才华是应该获得我们尊重的。

银联此次公益传播的对象肯定还是都市的人群，那都市的人群为什么想去关注山里的孩子的诗歌才华？都市人群又能在其中获得什么？这是我们要思考的问题。

具体而言，我们在POS机刷卡消费后，会出一张条子，以前我们会觉得这是一个刷卡的金融凭证，但在新媒体时代，这张纸条被我们赋予了新的意义，它就是一个新的媒介形式。全国那么多的POS机，每天都会有很多这些小纸条，于是银联将这些POS机做成“会吐诗歌的POS机”，把人们的支付行为与小孩的诗歌才华结合起来，让他们的才华被人看见（见图2-3）。

《炊烟》

炊烟长了一双翅膀　飞来告诉我　妈妈做好了饭

小宇　10岁　河南南阳

《偷偷长大》

种子被埋在大雪下安静发芽　老枯树在夜里长出一根新枝丫

而我在爸爸妈妈　看不到的地方　偷偷长大

龙祥小学　佳玉

图2-3　中国银联诗歌POS机，让山里孩子的才华被看见

孩童稚嫩的诗歌会给读者带来内心的感动，我认为“制造感动”是所有公益项目的第一步。实际上，作为公益项目，它还需要考虑可持续地推进。所以，传播者需要思考山村孩童的诗歌对传播受众的意义是什么。我们在读

诗歌时并非只在怜悯弱势群体，我们的心灵在阅读这些文字与诗歌的过程中也得到了很重要的启迪。我们可以认为，这其实是一种相互的需要，并不是单纯一个群体关爱另一个群体，而是两个群体之间形成了交流，基于这个原因，项目也成为一个可持续性的项目。

结合上述两个案例，我们思考第一个问题：Who to whom？传播的主体与传播的对象、传播内容中涉及的群体都在讨论范围之内。

在互联网时代，首先，利益相关者共同推动项目发展。表面上，很多项目的实际参与者有很多群体，包括企业、公益组织、政府、媒体等等。事实上，只有实质上的利益相关者参与其中，这是互联网时代下公益传播需要明确的理念转变。

另外，受众逐渐转变为参与者。在互联网时代，公益的传播除了让人看到、触动他人、感动他人，更重要的是受众成为公益的主要参与者。受众参与的形式多样化，包括转发内容、参与捐款、通过力所能及的方式贡献力量等等。

近年来，企业营销的金奖颁发多以公益项目为主。企业绞尽脑汁地挖掘弱势群体，推出关爱弱势群体的项目，但这里存在一系列关键问题：谁是弱势群体？弱势群体由谁定义？谁把他们定义为弱势群体？我们是否明确他们的需求是什么？我们给予的帮助是否是我们的想当然？创意、数据、视频呈现的内容，若无法最终落地，只会不断消耗公众的同理心、同情心，于社会公益而言，弊远大于利。

（二）Say What

第二个领域是“Say What”。同样结合案例，思考我们在公益传播过程中应该选择什么内容进行故事讲述。

第一个案例是英国麦克米伦癌症援助组织做的《Whatever It Takes》（见图2-4），该案例获得了大量国际奖项，是以视频作为主要传播内容，在此推荐大家借鉴其中的优秀之处。这个案例就是在网络媒体上进行内容呈现，简单的执行过程，却有着极为深刻的内容，也因此斩获多项大奖。

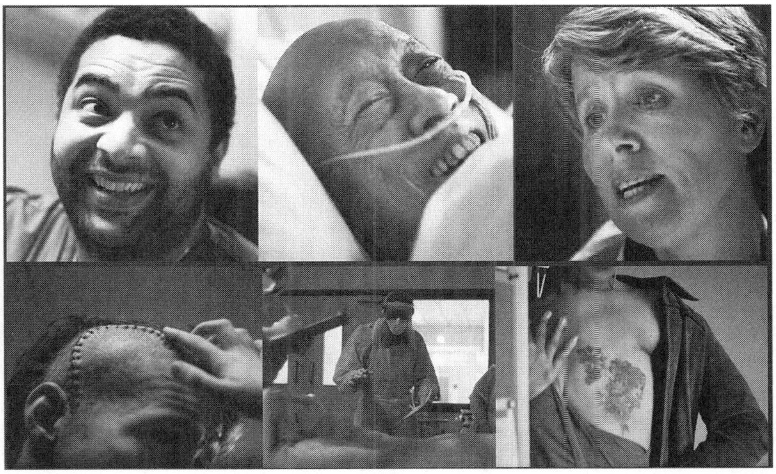

图2-4 Whatever It Takes

第二个案例同样来自企业，是联合利华为残障人士设计的一款香体露（见图2-5）。近几年，企业都会选择针对残障群体在产品设计上进行更新，从购买、使用、售后等各方面为残障群体提供更便利的方式，这是企业在公益方面的新尝试。

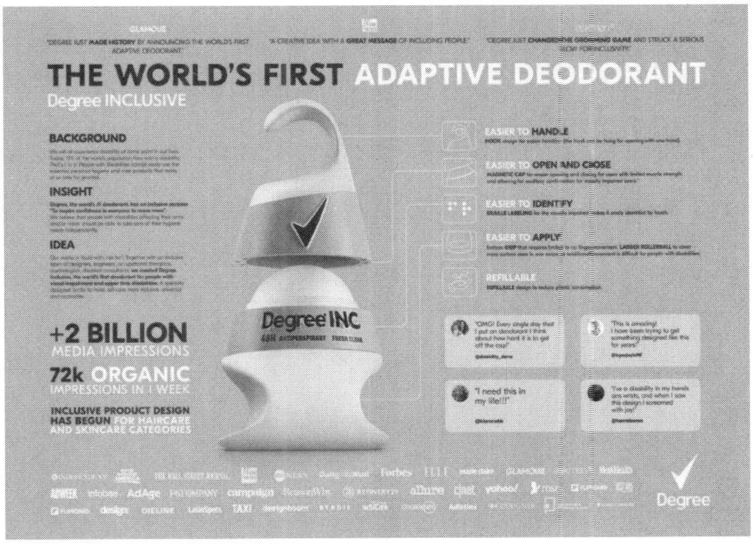

图2-5 联合利华为残障人士设计的香体露

第三个案例是一个相对独特的案例，因为它有着独特的命题——“偷走我的员工”（见图2-6）。众所周知，残障人士在社会就业中会面临一些特殊的障碍，所以一个非营利机构推出了这个项目。该机构中80%的员工是残障人士，所以他们以自身实践、就业公平两个角度作为传播的切入点，提出反其道而行之的想法——鼓励其他企业挖墙脚。将产品包装设计成员工的求职简历，附上联系方式，并生产这些产品。

图2-6　将产品包装设计成员工的求职简历

除此之外，该机构的官网也被设计成“招聘中心”。机构老板写了一封“致其他企业的公开信”，刊登在全国的媒体上，并将信件印发给其他企业的CEO，发起了一个不容回避的号召。

回到我们讲的领域，“Say What”有三个层次：

第一个层次是“我告诉大家我是谁”。这是每位公益工作者都在做的事情，但忽略了“怎么讲”才是最重要的。很多时候我们绞尽脑汁想了一个高大上的口号，不料效果甚微，无法打动人。原因在于最能打动人的故事往往在我们的日常工作中，其中有连演员都无法演出的大量真实细节。

第二个层次是“我们做了什么”。企业与机构需要做大量的实事，告诉受众我们都做了什么实际内容，而不是我们要做什么内容。公益项目的实际推动过程不能只有宣传，而缺少落地的执行。

第三个层次是“请你一起做什么”。以前的公益机构只做公益的事情，但实际上，公益传播也可以理解为另一个层次的公益行为。就像“偷走我的员工”案例中，产品本身就是媒介，也是传播的内容。通过产品可以带动更多人一起做公益，帮助目标群体。

传播的过程肯定伴随成本与投入，如果最终只收获传播的数据，实际上是相当可惜的，因为公益的资金来之不易，所有人都希望公益的每一分钱都发挥最大的作用。

（三）How to Say

第三个领域是“How to Say”，拉斯韦尔的“5W”模式中并没有这一环节，但在公益传播的实践过程中，我们发现“怎么说”是最关键、最重要的。

第一个案例和性别议题相关，在社会普遍认知中，相对男性而言，女性是处于弱势位置的。这个话题充满矛盾且很难讲述，因为社会中男女数量各占一半，很容易因为叙述方式不恰当而得罪另一边，引发更多人的讨论，甚至最后演变成一方对另一方的讨伐。

这是2019年的案例，当时一些女运动员因为成绩很好而受到了不少关注。有新闻报道称这些运动员是双性人、性别存疑、激素水平超过一般女性标准等等。世界田联就此提出议案，需要对这些运动员的性别激素水平进行检测，若检测结果高于某个水平，这些运动员将会被贴上“双性”标签，不能被视作女性参与女性比赛项目。这起事件在全球范围尤其体育领域掀起了轩然大波。有一批人强烈反对这种性别歧视，发起了一个叫“Let Her Run”的运动。巴西体育频道制作了一个视频，内容讲述了世界田联在1968年也对女性运动员的身份有很严格的核验，用一段非常沉重的视频隐喻现在是历史的倒退。

第二个案例是国内企业自然堂做的关于女性议题的公益案例——《没有一个男人能通过的面试》。在案例的视频中，参与面试的男性面试者面对面试官提出的问题都感到不可思议，认为这些问题出现在面试场合是荒谬的。

实际上，这些荒谬的问题都是女性在职场面试中切实遇到过的，讲述了女性在职场上遭遇到的性别歧视。

紧接着的第三、第四个案例是针对年轻人的。年轻人未来会成为公益传播的主要力量，所以很多公益传播项目的主要传播对象是年轻人。互联网时代的新媒体以面向年轻人为主，与年轻人的沟通方式、共鸣产生、沟通效果都是非常关键的。

第三个案例是天猫的“加油白衬衫”，这次公益传播活动是关于大学生面临毕业季的一个选题（见图2-7）。2020年毕业生数量多达847万，堪称史上最难就业季，天猫抓住当时社会痛点，将白衬衫作为符号，象征大学生踏入职场，最终取得了不错的传播效果。

图2-7　天猫“加油白衬衫”

第四个案例是《奔涌吧，后浪》，这在哔哩哔哩实现了“破圈”级别的传播效果，是哔哩哔哩上“破圈”的代表作品（见图2-8）。这个案例为所有在思考如何与年轻人对话的传播者起到了示范作用。

图2-8　哔哩哔哩《奔涌吧，后浪》

与年轻人对话有两大难点：一是年轻人可能抗拒这个对话或是不愿意听我们传播的内容；二是传播内容要考虑到其他群体的感受，尽管是针对年轻人的对话，但社会的主流声音往往需要照顾到中年人、老年人等的感受。

关于"怎么说"，第一个关键点是"不要只考虑一个对象群体"。一个对象群体往往会有与它相对的另一个群体，公益传播的内容需要面向社会各个群体，所以内容要兼顾两边的情绪。第二个关键点是"换位思考"。当角色互换时，我们要思考如何应对这些真实存在的问题，就如同男性面试者在职场被指责"你的性别不适合做管理层"，要如何理解与应对。只有当我们经过换位思考，产生情感上的共鸣后，才能真正理解他人所面临的问题。

无论是女性议题还是年轻人议题，所有人自始至终都处于同一条河流，群体之间不应该存在对立。传播并不是非黑即白、非此即彼的，并非一定要说服谁。只有历经共鸣、理解、帮助、共情，最后才会发现彼此之间的相像，形成共情才是真正有效的沟通。这是互联网时代应有的理念，也是做公益应该抱有的胸怀。

（四）Which Channel

第四个领域是"Which Channel"，这是媒介、媒体方面的一个新实践。互联网时代带来了大量的信息流，但人的注意力是有限的，所以我们的传播需要将大量的信息浓缩在一个点上，用最合适的渠道呈现。实际上，所有的传播都要找寻一个小的切入点。越是单纯、简单的内容呈现，越容易让受众产生记忆。

第一个案例是NIKE做的“Equality Sgns”项目，其主题是为男女不平等发声。它的关键词很简单——“标志牌”，产生的效果也立刻可见。NIKE选取了生活中随处可见却很容易被忽视的事物作为传播媒介。这个项目的出发点很平常，但它对媒介的发掘本身就是这个项目最大的创意。

第二个案例是一个环保的药瓶——The Prescription Paper Pill Bottle（见图2-9）。环保议题在公益中是一个很重要的议题，以塑料为主材料的药瓶显然不够环保，于是企业通过技术开发了带处方单的纸制药瓶。他们选取了药瓶作为切入点，这是一个我们在日常生活中经常接触且用得上的产品。这既是产品的创新，也是媒介的创新。很多项目中存在“炫技”的现象，为了使用技术而使用技术，让人感觉很酷，但是没必要。

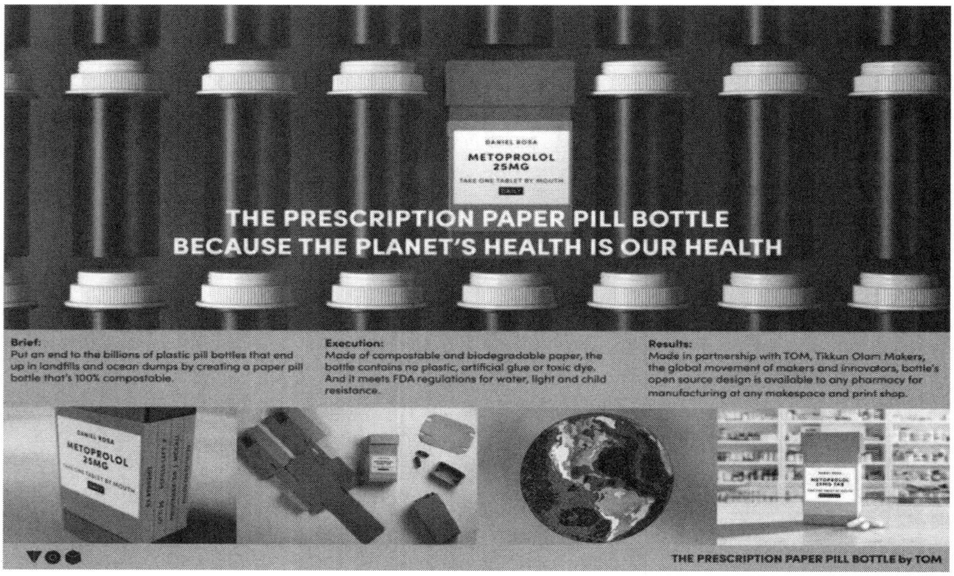

图2-9　环保药瓶The Prescription Paper Pill Bottle

第三个案例，“紫色蜂巢计划”在这方面就做得很好，它与现在媒介的创新与技术相关，充满技术含量却不多余（见图2-10）。

澳大利亚的养蜂产业需要面对一种叫瓦螨（Varroa Destructor）的有害寄

生虫的威胁，一旦出现蜂巢感染，将会对养蜂人造成不可挽回的损失。该计划就是针对这一痛点，让蜂巢搭载了新的技术，通过互联网监测技术，第一时间发现并进行蜂巢隔离，阻止寄生虫的传播。蜂巢本身就是产品的品牌，它所搭载的技术造福了行业，所以显然蜂巢不仅仅作为媒介传播相关的信息。

图2-10　紫色蜂巢计划

第四个案例，“这次带货，非常‘垃圾’”是一个很有创意的公益活动。大多数游客在前往西藏旅游的过程中，会制造大量的旅游垃圾，这对环境造成很大的危害。该案例结合时下“直播带货”这一热点，以环保作为切入点，组织了一次公益项目。

第五个案例，“Birds Will Be Back”也是一个经典的环保案例。拥有200多种野生鸟类的土耳其因为环境恶化，鸟类越来越少。人类是一种钝感生物，当物种悄然消失时，未必能有所察觉。于是，这个案例使用新的媒介和技术，利用广播进行声波传输，让村中响起鸟叫声，唤起村民对过去的怀念与想象。

面对很多内容时，我们会有千头万绪，但从传播的角度出发，内容与接触点越单纯越好。NIKE的标志、蜂巢、药瓶以及鸟叫声，都是符号。这些案例都是将所要传达的理念浓缩在他们选择的符号之中，这也是我们所有传播项目中值得关注的原则。

回到我们讲的领域，“Which Channel”的创新理念如下：

第一是空间。尽管互联网时代下人们愈发重视数字化、网络化，但不可以忽略的是，人终究生活在现实空间之中。标记牌、声音、墙面，包括以产品形式呈现的内容载体都是受众在传播的接收过程中注意力的重要接触点。

第二是新技术。很多宣称为弱势群体而研发的技术实际上是隔靴搔痒，无法真正地帮助到这些群体，且有着极高的成本。技术应是如“紫色蜂巢计划”中那般，以“可以落地且行之有效”作为基本的标准，而非为了技术使用技术。

第三是新媒体。例如时下最为火热的“直播带货”，深受年轻人群体喜爱，这是一个大众关注的流量入口。作为专业的从业者，我们应该思考如何从中寻找与公益相关的关联点。

第四是体验。在互联网的影响下，大众开始区分线上与线下，但我们应该有新的理念——“打通线上与线下”。线上与线下并没有孰轻孰重之别，两者理应互通，我们应打造一个融合的场景，将内容通过互通的场景传播至受众内心深处，使其可以体验，有了切身的体会，才可以让触动更加深入与持久。

（五）What Effects

第五个领域是“What Effects”，是指当所有的传播最终落地后，可以取得什么效果。有一个问题值得我们思考，公益传播的效果评估究竟是“将消息触达受众人群”即可，还是将传播作为一个公益项目看待，期望它可以“有一个实际的效果”？

第一个案例是亚洲善待动物组织做的项目——“用买卖制止买卖”。为了让受众切身感受到“没有买卖就没有伤害”这一常见的口号，该组织做了一次很独特的媒介应用。他们开设一家淘宝店铺，将常见的皮草制品以极其便宜的价格上架，保证商品被用户轻易发现。用户点击商品详情后，映入眼帘的是动物被捕杀、活剥皮毛的照片。这个项目仅在注册淘宝网店时花费了5

元，但由于并非真实经营商品的店家，淘宝网也很快将其店铺关掉。在这个案例中，他们虽然几乎没有花费成本就实现了一次效果很好的公益传播，但也引起了不小的争议。

第二个案例是禁毒的案例，发生在哥伦比亚，它也是通过开网店的方式号召社会抵制毒品（见图2-11）。众所周知，哥伦比亚是一个毒品猖獗的国家，当地年轻人认为毒枭的生活很酷，对他们有着一定的崇拜心理。所以他们从这样的心理需求出发，将毒枭的照片做成衣服，将其作为一种时尚商品进行贩卖。当买家点进网站购买商品时，会弹出一个视频，内容是关于毒品受害者家属的自述。买家不仅受到教育，其购买商品所花费的金额也将以募捐的形式帮助那些有需要的群体。

图2-11　哥伦比亚的禁毒文化衫

以上两个案例很相像，都是通过电商平台实现传播，都有着反转的呈现形式，却有着天差地别的传播效果。

在互联网时代的公益传播中，好的传播效果不仅要实现信息的触达，还应该在信息触达的基础上，在以下三个维度达成目的：

第一个是情感维度，要让大众在情感上产生共鸣，被故事感动。

第二个是观念维度，通过长期的传播，让受众的观念逐渐转变，放弃固有的偏见。

第三个是互动维度，互联网存在很强的号召力，项目在行为层面应形成闭环，当受众被故事打动、观念有所转变后，可以有一个便捷的渠道促使他真正行动。

在公益项目中，受众感动是一瞬间的事情，应该推动受众在产生共情后，通过下单，以募捐的方式帮助有需要的人。这就是我们在公益传播的效果上应该具备的创新理念，即实现“故事—传播—行为”的完整闭环。

三、小结

回归主题，公益传播的网络力量，可以认为是“5个W+1个H”。每一个层面在互联网时代都有新的实践，通过这些实践，我们不仅收获了大量值得借鉴的创意与想法，还可以发现这些案例中理念的转变，并最终实践到我们自身的项目中去。

理念发生改变后，思维也随之开阔。媒介不再局限于四大媒体、新媒体，任何事物都可以成为我们传播的载体。实际上，人就是传播中最重要的媒介之一。人的能动性被激发后，就是活动的媒体、网络的媒体，有着无穷的传播潜力。真正的创新不在于分析既有的案例，而应该源源不断地出现在我们后续的实践当中。

（作者为暨南大学新闻与传播学院副教授，本文由暨南大学新闻与传播学院2021级硕士研究生张以禾整理）

02

公益数字力

第三讲

曹轲

媒介化社会的公益行动力

有学员问：现在做好事要不要出名，要不要有利？我觉得不用纠结这个东西，如果做好事会被人认为是作秀，好事就不做了吗？非要弄得很苦很悲壮地在做公益，这也没必要，公益本来就可以很简单很轻松。特别是到了互联网社会更加是这样，所以我今天讲课的主题是“媒介化社会的公益行动力”。在媒介化社会的连接下，我们主要讲社会各种连接的关联以及相应策略。

导言：数字化即媒介化，数字力即连接力

首先，我想聊聊对数字化时代的总体判断。数字技术和数字平台不断进化和优化，广泛应用于我们周围的方方面面。数字经济、数字政府到数字社会，数字公民到数字生活，包括数字公益，表现为两个现代化特征：数字赋权、数字赋能。

其次，数字化带来新的媒介化社会，数字力产生新的社会连接力，包括平台的力量、连接的力量、嵌入的力量、融合的力量。从数字新闻、数字传播的角度来看，就是媒介化社会的形成和媒介化治理趋势的出现。这就要求我们的公益组织和专业的公益人重视内外连接逻辑，形成大、小两个闭环，通过公益数字化、数字化公益，形成公益行动显明的社会形象：界面友好、沟通良好。现在你想给贵州山区捐个书包，不一定要上门见面，可能手指一按就可以了，数字化给我们带来这种便利是可能的。这里插一个有关新闻体裁的例子，为什么新闻是倒金字塔的写法？就是发电报太贵了，还容易断线，只能挑最重要的先说。那时候还没有互联网，后来有了电话、电视、手机，有了互联网，也没有现在这么普及。

40多年前，我们常说，如果全国人民每人给你一分钱，10亿人有1000万元！但那时没办法，现在完全不同了。每个人给你一分钱，是可以做得到的。因为有了互联网，有了数字平台，你在淘宝买东西时就能顺便参与喜欢的公益活动，你在微信朋友圈跑个步也能捐一份公益力量。这种微公益、微力量，不怕小、不怕散，甚至越小越方便越是有可能。我称之为陌生人的力量、微公益的力量。

第一个词，“陌生人的力量”。它包括另一层深意，每一分钱的众筹，都来自陌生人，就像淘宝商城的东西，卖得越远越好卖，熟人还难办事呢。电商要做大，就是要做陌生人的生意。现代公益也一样，各位都是在帮助陌生人，而不是传统的街坊邻居、亲戚朋友。我一讲陕西老家就爱恨交加，太讲人情社会了，去看个病、买个东西，不找到熟人就买不成，或者只有找到熟人才显得有面子，才能办成事情。在广东就不会出现，广东的餐饮，不管

你爱不爱吃，服务态度特别好，因为他就是一个专业敬业的精神，做自己那份事情、打那份工嘛。现代社会的新型社区都是陌生人组成的，因而有了更大的公共空间。同样，最能体现现代文明的现代公益，就是帮助素不相识的陌生人。

第二个词，“微公益的力量”。微公益也不是说非要付出很多，顺手顺便都能做。这种陌生人的力量和微公益的力量，背后就是社会的力量、公众的力量，也是我们公益人的一个专业力量。现代公益的数字力所表现出的连接，包括政府、社会、企业、个人，是种种资源的连接，种种力量的协同。要思考怎样建立友好界面、良好沟通，怎样植入其中、嵌入其中，在新的数字空间中找准定位、有效连接，找到大有作为的活动空间。

陕西的志愿者服务现在也很多，我妈就跟我抱怨说每星期有个人来家里，必须把我们家打扫一遍，好像是社区派来的，必须干够两个小时，不让他来又不行，来了干一会要走也不能走，害得我妈又不能睡觉又不能出门，所以这种服务也比较强制，可能还不了解什么叫专业化的现代公益服务。

所以，接下来我要讲媒介化社会的公益行动力，对应于城市治理、社会治理、疫情管理、应急管理、企业管理，五种关系、五种场景、五种连接，都是公益组织要打交道，要去协调、合作、应对的。这五组关系的处理，适用于政府部门，适用于城市管理，适用于企业管理，适用于社区治理，同样适用于公益组织。

城市治理、社会治理、疫情管理、应急管理、企业管理，千头万绪、千针万线，最后都集中落脚在社区和人（作为最基本的治理机构），落实到一个个具体的人；而与之相应的城市传播、社区传播、健康传播（防疫报道）、应急传播、企业传播（商业新闻），同样也会落脚在社区和人（作为最基本的社会单元）（见图3-1）。

这两者之间的关系，如果处理得好，就像一对对同时扇动的翅膀，用互联网游戏语言，叫“起飞了”。反之，如果处理不当，则会像一把把尖刀，把社会、社区肌体刺出一个个漏洞。从媒介化治理的角度，姑且称之为“行动五翼”。在别的场合，我也曾称之为“权力五角形”“舆情五边形”。

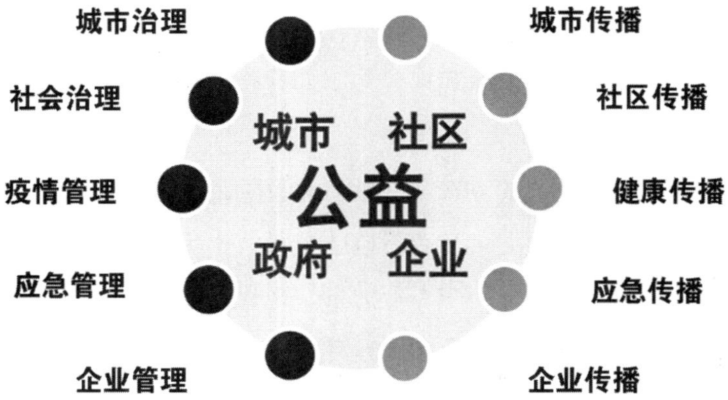

图3-1　媒介化治理角度的“行动五翼”

我在南方报业做了几十年，是2021年才到暨南大学任教的，我觉得新闻传播学教材都太旧了，讲到城市传播，讲到应急传播，书里是没有的。我在想从这五个板块来看，每个板块讲一个观点、举一个例子，然后从每个点里面找个难点，或者一个有“坑”的地方，跟大家提醒一下，再把我的对策讲出来。

一、内外有别：治理策略与传播策略

现在地方政府经常开会，做了些内部决定，就不慎被传到外面，老百姓不理解，不知道他在干什么，有时一解释反而觉得更搞笑，这就是因为有些地方政府弄不清内外有别的关系。

我们公益组织也有这个问题，一些内部组织如果不够规范，或者靠着自己的感觉、理念做一些决策，就可能好心办了坏事，就是你没有把内部的运作跟外接的角色弄清楚，没有搞好内外有别。现在对公益组织要求很严，要求我们透明化、规范化等，但这个透明化跟内外有别的处理是没有冲突的，不是说我们要求透明化就弄得内外没有区别，这是目前地方政府和城市管理的大忌。

（一）案例分析

案例：先进人物对外宣传引发负面效应

公益组织经常会选出一些志愿者或者公益人员去做正能量的呈现，以体现我们的行动是合法正当的，是有益于社会和他人的，我们的做法本身也是得体合规，甚至是很多敬业奉献的。现在的社会舆论，骂一个人很容易，夸人也容易招骂，所以有人以前告诉我说，你对谁有意见的话，你就在网上夸他两句，会招来十倍的骂声，但这句话太损了，就是说你要是看这个组织不爽，就上网拼命夸它，马上就会有十倍的人冲过去找碴子骂它。

社会舆论现在特别割裂，特别圈层之间有对立或者误解，所以我们在各种先进人物宣传的时候，真的要学会把握。因为我们经常为了募捐或者呈现效果，进行一些预热宣传、过后的总结宣传，这个跟政府的先进人物宣传一样容易出问题，这里我举的例子是南方电网。

2021年，南方电网主导的昆柳龙特高压直流线路完工，创造了19项“世界第一”。在表彰先进工作者的宣传中提到，员工坚守岗位是“7×24小时”的“白加黑”精神，每位先进人物每年工作320天以上，每天工作时长超过10小时。众所周知，互联网大厂“996工作制”长期被诟病违反劳动法。电网宣传先进的工作时长比“996工作制”更厉害，这个如果发出来，会引发负面效应。

“7×24小时”，我理解的是一些电站在山区，那些高压线路需要维修值班，可能一周值完班就换一班，他休息一周，但为了夸先进人物就不讲后面，光讲他们多么辛苦，这是不可以的。最近出现被人调侃的段子，就说一家三代在石油系统或者电力系统，或者一家三代去从事某个特殊行业，勤勤恳恳，现在有人指出，明显你们家是接班的、安插的、自我循环的、近亲繁殖的，你工作完了轮到你儿子。所以现在写先进人物好难，这就是内外有别，他自己可能真的是一家三代，辛辛苦苦在某个行业岗位工作，但是现在网友不这样看。

企业和政府部门在宣传工作上应该注意内外有别。内部文件、内部简报、内部消息，不经“翻译”，全网发布，公开报道，可能会引发舆情，甚至被境外势力传播利用。人民日报舆情数据中心的分析就指出，有一些词语，即使没有看到全部的标题，仅单一词语的第一视觉效果就会让人产生不好的联想。例如，网红、外卖人员、打工人，又例如女权（及其相关的一切词汇）、抑郁症、躺平（已被禁用）。

因为这些群体覆盖的人群非常广泛，跨行业、跨地区，当这一部分群体看到类似关键词的时候，就下意识代入自己的经历，对企业产生了更高的责任要求。他们一旦看到与自己利益不符的其他企业或企业员工行为，就会借题发挥，甚至成为比当事人更激进的反对者。

例如，2022年7月，明星易烊千玺考上国家大剧院的编制，本来这是个行业新闻，结果有记者乱用了一个词“小镇做题家”。很多学生、有苦读刷题经历的人，立刻感同身受，事件迅速从粉丝圈内话题变成公众话题，讨论从考编制泛化到整个教育选拔领域，人为造成对立情绪。

再如，我们对女性的正面宣传也是需要相当谨慎的。很多部门、企业表扬女性员工的时候喜欢在内宣或者公关稿上写“巾帼英雄”，在内容中强调这名员工克服了多少作为女性、作为母亲才有的困难取得成功，甚至详尽地写出作为女性如何不容易。它成为一个社会思潮的时候，你的公益行动就会被卷入，被带入一些话题，在找争论点的时候就会盯上你，你觉得你只是做了个简单的事情，只是帮了两位女性，但别人就把你变成女权的例子。

这方面要学习《人民日报》，2021年7月前后的建党百年人物报道中，有相当一部分女性代表：乡村教师张桂梅、守护敦煌的樊锦诗、非典白衣战士叶欣。报道的标题和宣传内容都不会刻意突出英雄人物的女性身份，而是更多地去强调当事人的党性、敬业精神和职业成就，一定不会让人觉得因为她是一位女性才被报道。

这就是说，在面对一些特殊群体、特殊用词的时候，报道要谨慎，否则就容易出现舆情事故。有个英语笑话，怎么用一句话证明性别歧视的存在？答案是：God is a girl.（上帝是个女孩）这说的就是这个道理，角度不慎容易被别有用心之人利用：

宣传在岗时间长，可能被解读成：压榨员工剩余价值。

宣传内部学习考核，可能被解读成：PUA员工（你不行，就在单位和社会没价值）。

宣传同舟共济不裁员的降薪方案，可能被解读成：违反劳动法（例如日本企业丰田，企业困难时期为了不裁员，采用的就是集体降薪）。

宣传智能化数据库人员管理方案，可能被解读成：用大数据优化系统压榨员工。

所以现在的宣传，若把一些工人写得辛苦，在城里或者在城镇的一些读者就不理解。企业内部可能是要这种气氛鼓励大家去奉献，但是在外界在读者的眼里，有时理解就会跟他的初衷不一样。

我举这些例子就想说明，现在环境在变化，我们的组织对外宣传人物和机构的时候，也要注意这些要点。

（二）难点讨论：舆情管理

1. 时、效、度的综合考量

社区和社区企业、机构出现的舆情，多是人为事故危机，组织的责任大，从信息控制的角度看，主要的沟通策略在于辩护和致歉。这类事件最易引起媒体强烈关注，也最易激起民众强烈情绪。此时应该保证信息渠道的畅通，及时并连续公布事件的真实信息，不给不负责任的小道消息和自媒体传播以可乘之机，启动对事件的原因调查，向社会公众致歉。事件过后，按章循法给予受害人以安抚和赔偿。

这里有三个维度需要综合考量：时、度、效。

时：这个维度主要考察舆情回应时间和响应次数，一定程度上体现了涉事主体应对舆情的及时性和重视程度，是否形成阶段持续性动态回应，得分越高表明回应时间间隔越短。

度：这个维度主要通过“响应层级”和“处置力度”来考察。得分越高表明回应力度与事件匹配度越好。

效：这个维度评估涉事主体近24小时内在网络舆论中的情感倾向。得分越高表明回应效果越好。

表3-1列出的是人民日报舆情数据中心对一些企业舆情事件的时、度、效的分析结果，大家可以对照打分，看一下：

表3-1　人民日报舆情数据中心舆情事件评价表

单位：分

事件	时	度	效	总分
京东金融就争议短视频致歉	4	5	5	4.7
海底捞就涨价致歉：菜品价恢复到停业前标准	5	3	5	4.4
万豪旗下五星酒店用浴巾擦马桶	4	4	4	4
允许员工自愿降低待遇引争议	4	3	4	3.7
春秋航空回应抑郁症患者被拒登机	5	4	2	3.5
全棉时代广告翻车	4	4	2	3.2
特斯拉拒绝向拼多多团购车主交付MODE13	1	3	5	3.2
腾讯与老干妈合同纠纷案	3	3	2	2.6

数据来源：人民日报内部参考。

2020年，腾讯闹了个很大的笑话，跟“老干妈”签了1000多万元的广告赞助，最后没收到款，去起诉对方，结果“老干妈”说不是自己的员工签的合同，是一个团伙伪造公司印章，假冒“老干妈”公司诈骗。贵州警方很强势，直接就把伪造公章的犯罪团伙抓了起来。

腾讯变得非常被动，他们找了自己旗下公司签约的艺人，连夜拍了个视频投放到网上，自嘲是吃“老干妈”辣椒酱吃到掉毛的企鹅。但是对于腾讯的合作企业们来说，它们已经看到了前者公司内部管理体系存在巨大的漏洞，部门和部门之间的衔接也可能存在问题。这些影响业务的关键因素，并不会因为一个搞笑卖惨的视频就得到“修复”。而这才是问题的根本。

类似的案例：2020年初，全国小学生都被要求在钉钉上网课。学生们不喜欢上网课，就去应用商店给钉钉App打“一星”评价，还讽刺说是“五星”分期付款，一次一星。因为“一星”太多了，钉钉差点被应用商店下架。阿里集团也是迅速找人写了一首“钉钉求饶”的歌，一方面请应用商店后台管理干预“一星”问题，另一方面对公众、用户放低姿态，息事宁人（见图3-2）。

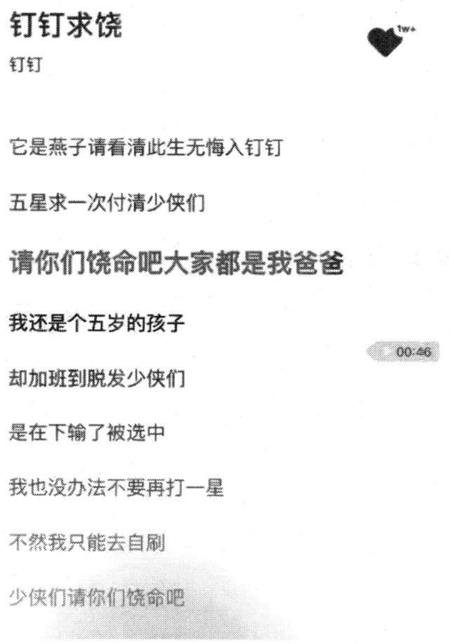

图3-2　应对“钉钉”危机的自编歌曲《钉钉求饶》

结论是：企业发布回应的时间间隔、处理力度和舆论场反馈出的回应并没有直接关系。企业做出回应的文本内容是关键决定因素。

传统思维认为积极迅速的回应容易获得舆论场认可，但研究发现这种认知在多数案例中并不成立。因为随着互联网的发展，网民对于企业回应的要求逐步提高，不少网民已经意识到迅速发布回应表明立场是公关策略，因而并不简单“买账”。并且，迅速的文本有时可能内容欠妥，反而容易加剧舆论场的不满情绪。企业需要注意回应速度和层级与舆情事件的配适性：

第一，随着网民素质整体提高和对公关文案了解程度的提升，“套路”回应效果逐渐下降，真诚承认问题可能效果更佳。

第二，“减少敌意”常常是首选策略。“减少敌意”策略的目的是减轻舆情事件带来的负面印象，但如果已经出事，还在强调“自己其实做得很好”“之前做得很好”，这种“自我吹捧”和“自我捍卫”，往往会产生相反效果。

第三，涉及社会心态的舆情往往由于网民的价值观差异较大而引发长时间争议，需要谨慎处理。舆情文本涉及的群体巨大，有可能“溢出”当下事件，引发第二波舆情。

2. 预期管理和极化现象

事发之前，通过宣传做好预期管理。

预期管理，原本是一种发源于20世纪50年代的经济理论，是指有效引导、协调和稳定预期，以求效果最大，副作用最小。该理论具体实践为通过对政策工具的界定、对政策调整时机所应具备条件的解释，以及定期举行会议并公布纪要等，使政策在某种程度上可被预见。西方的预期管理集中在货币领域，中国的预期管理覆盖领域更宽，强调信息、政策、信念、交流。譬如“房住不炒”。

事发之后，尽力避免“群体极化现象”的产生。“群体极化”是个社会心理学概念，指“讨论”通常可以强化群体成员的平均倾向。互联网社交平台就是这样一个机制：将相同目的的人集结起来，令分散的“喜爱”或“敌意”更加明确。社会心理学家做过很多试验，譬如他们让一群大学生集体讨论一宗大型交通事故案例，参与讨论的人对“有罪”有了更明确的裁定和判断。

譬如2021年的“阿里醉酒事件”，警方调查显示，事情没那么简单，但是群众对涉事企业的要求一点没有降下来。除了企业是大企业、是互联网企业这些自身的特点，它出现了两个问题：女性、酒桌文化。如上所述，两个容易出现负面联想的词叠加，出现了“1+1>2”的负面评论；另外，在事件漩涡中，原本的细节逐渐被忽略，参与讨论的人的意见会出现趋同现象。

现在社区都是网格化的。以前村民要讨论一件事，大家要集中到村口广场，现在上网就可以了，大大小小的微信群就是“信息广场”，社区的人在信息广场聚众讨论，比去村口还容易。这种情况下，很容易出现“极化现象”。当群体极化现象出现后，“自证清白”的文本越复杂，细节越多，越难被接受。分散的事实论据，力量不足。很容易就会被“压制”和“排除”。

二、平战兼备：应急管理与应急传播

“平战兼备”是官方现在用的词。事实上，“9·11”事件后，现在战场前方和后方不分，很多时候也没有平时和战时之分。应急管理在疫情期间被用得太多，战备状态跟台风应急一样，是有一套规定的，一级响应有一级的要求，二级响应有二级的要求，不能随便给自己加温，不能简单地用态度来代表事实，因为别人会把你的态度理解成你后面的行动。

（一）案例分析

案例一：应急传播体系包括“常态宣传—预警—救灾—重建”

2016年7月28日，习近平总书记在河北唐山考察时说：“我国是世界上自然灾害最为严重的国家之一，灾害种类多、分布地域广、发生频率高、造成损失重，这是一个基本国情。新中国成立以来特别是改革开放以来，我们不断探索，确立了以防为主、防抗救相结合的工作方针，国家综合防灾减灾救灾能力得到全面提升。要总结经验，进一步增强忧患意识、责任意识，坚持以防为主、防抗救相结合，坚持常态减灾和非常态救灾相统一，努力实现从注重灾后救助向注重灾前预防转变，从应对单一灾种向综合减灾转变，从减少灾害损失向减轻灾害风险转变，全面提升全社会抵御自然灾害的综合防范能力。”

关于风险防范，应对突发事件，习近平总书记在《习近平关于防范风险挑战、应对突发事件论述摘编》一书中，论述了很多风险相关的内容。下面，我跟大家简单分享一下：

第一，系统性的风险、全部性的风险、结构性的风险。习近平总书记是站在总体国家安全观的角度来看风险和挑战的。“灰犀牛”“黑天鹅”，也是总书记引用过的对风险社会的描述。所以，风险社会不光有自然灾害，还包括经济结构风险、国际政治风险等社会性风险，如房地产、能源短缺等都可能存在风险。

第二，关于颠覆性危机。风险和风险社会的特点，决定风险有可能集中显现，会累积，会蔓延，会联动，会产生连锁反应，会急剧扩散，会集中显露、传导叠加、演变升级。

第三，在众多风险中，有些风险会持续一段时间，有些可以预见，有些难以预见，我们必须标本兼治、对症下药，建立健全化解各种风险的体制机制，通过延长处理时间，减小一次性风险的冲击力度。如果出现系统性风险威胁，就要果断采取外科手术式的方法进行处理。现在的房地产也是这样，必须尽早预防、延缓，不要等它变成一个很大的问题甚至没办法解决的时候再去解决。

第四，要强化风险的源头管控，强化防范风险的主体责任。要辨识风险点、风险源、风险链。这里面有很多新的要点。第一是要以防为主，第二是要从单独的防到综合的防。很多自然灾害是没有办法预见的天灾，但是在不断的变化中，事件就变成事故。例如，此前有这样的新闻报道：大楼里冒烟了，大家以为是火灾，就快速地从楼梯、消防通道撤离，在这个过程中，可能有人被踩倒踩伤，有人觉得二楼不高直接跳下去结果却受伤了，最后可能那股烟是一场虚惊。所以说很多风险是关联的，很难有单一的灾害。

同时，习近平总书记讲到了与传播相关的信息，强调了信息的发布、信息的预警以及安全信息系统的建设，还专门提到要用信息化来推进应急管理现代化。

2018年3月，国务院设立了应急管理部。2019年7月，应急部印发了《应急管理标准化工作管理办法》。现在社区都很重视“最小应急单元”的建设，例如，深圳市龙华区观澜街道2022年3月举办了为期六天的“最小应急单元”防暴安全演练。

案例二：2021年7月20日郑州特大暴雨应急传播的警示

1. 不清晰、不透明、不统一

2021年7月20日，“郑州发布”更新微博，河南郑州市防汛抗旱指挥部发布紧急通知，防汛应急响应级别在当日17：00由Ⅱ级提升至I级。值得注意的是，7月21日，郑州发布最新微博显示，应急响应级别于20日11：00提升为Ⅱ

级，而提升为I级的时间调整为16：00。两条微博针对应急响应级别从Ⅱ级提升至I级的时间相左。这些信息的发布还出现了前后不一致的情况，影响了自身的权威性，降低了受众的信任度。

郑州气象台表示，当天就连发了五条红色暴雨警报。言下之意，气象局已经尽责。但是郑州其他部门听了之后没有响应，没有停工、停课、停运。事实上，出事之后，国家发改委宣布，各个地方一旦出现这样的情况，都有权马上停课、停工、停运。但是我想，很多人是不敢的。例如，关于学校要不要停课，校长自己也不敢轻易做决定，因为影响很大，会造成校内师生的恐慌。

所以，这类消息的发布应该被纳入应急管理体系的统筹。换言之，应急传播应该成为应急管理系统中的一部分。第一时间公开、明确地发出信息，相应部门才能及时做出反应。

我们社会组织经常参与到这种系统性救援、系统性风险的应对，而最大的问题恰恰就是不能提前参与进去。我们的宣传系统不能进去，我们的记者不能进去，我们的公益组织也很难进去。所以，回到开始的问题，就是我们的新闻报道与公益组织、与政府的应急力量应该在一张网上，应该随时互相知道对方在忙什么，现在有了网络，有了数字政府建设，完全可以做到。但它是人为割裂的，假如我们公益组织去救，但总是找不到相关力量去协同，这样做事情就很累，所以这种情况必须解决。

2. 完善和提升应急系统的能力

河南郑州特大暴雨中，地铁没有停运，导致有人员伤亡。李克强总理提出：“紧急情况下，地铁、隧道等该停就停、该封就封，保护群众生命财产安全。”事件需要“警示后人”的是：地铁、隧道管理机构此前的应急预案中是否有明确的停和封的标准呢？现在加入了吗？停了地铁后的疏散和公告有后续管理预案吗？地铁和隧道也不是一停一封就完事的。2021年美国东部暴雨造成灾害，纽约地铁停运，但是由于后续宣传和管理不善，有乘客依然等在停运的站台上，最终造成多人死亡。

我们不仅要建立“最小应急单元”，还要找到应急机制中可能存在的漏洞，包括人员的失职渎职，包括体系本身尚待完善的地方，也包括体系中没有人失职，只是大家未能在面对同一状况时协调地发挥功效，以致出现问题。

例如，2021年8月20日，气象预告河南新一轮强降水要来了。其中有一条重要措施就是要求“滚动发布信息：省内各媒体要加密频次，发布气象预报和安全避险提示，提醒广大群众做好自我保护、自我避险”。单就应急传播来说，这个努力恐怕依然无法形成全效的传播和消除“聪明”的造谣者。谣言、传言的制造者常常不是硬编谣言，他们只是以偏概全，利用、放大读者的某种心理来影响大家对整件事的判断。所以当信息不清晰、不统一时，就会给这类谣言带来契机，进而产生次生舆情。

解决以上问题的方法，我想也包括在需要再调整、完善、加强的应急体系和应急传播体系中。我们需要做到平时有预告，战时有公告，复建有报告。

3. 有争议的宣传策划

我们说城市传播、社区传播要做到全媒体、全程、全效，并不意味着各种媒体可以随意组合或自由发挥。

例如，《河南日报》做了一个策划——寻找平凡人中的英雄。这本身是常用的宣传策划，但是有人提出异议，每次灾害后不是去复建、去反思、去亡羊补牢，而是忙着表彰英雄，这种做法是否有问题？不是说灾害中没有英雄，但是不能将寻找英雄和表彰英雄来代表或代替其他工作。除了复盘，在救灾未完成的时候，不关注仍在受灾的群众，把这些人放到一边，开始下一个环节，也是被质疑的重要原因。

（二）难点探讨：全程、全息、全员、全效的体系建设

新时期应急传播体系应该具备三个特点：全媒体格局、全社会参与、全数据化过程。

第一，全媒体格局。这是一种模式的创新。应急管理体系中的应急传播要打通不同性质（政府发布平台、官媒、自媒体、意见领袖、明星网红、受灾群众）与不同形态（文字、图片、音频视频、抖音、微博、游戏、网站）

的媒介点，从预期管理、信息发布、受众互动、信息反馈等全环节入手，形成跟应急管理体系“防灾—救灾—复建”功能时时对应、环环相扣的综合性传播体系。

2019年1月25日，中共中央政治局在人民日报社就全媒体时代和媒体融合发展举行第十二次集体学习时，习近平总书记指出，全媒体不断发展，出现了全程媒体、全息媒体、全员媒体、全效媒体。

全程、全息、全员、全效，用在应急管理、应急传播上也十分贴切，理应成为应急传播体系搭建、应急传播能力提升的方向和目标。

第二，全社会参与。这是机制与管理的创新。在2021年7月20日河南郑州特大暴雨引发的水灾救灾中，一名河南籍大学生在腾讯文档上建立的在线协作文档《待救援人员信息》，一天时间访问量超过250万次，在线编辑记录2万余次。2021年7月13日至7月31日，舆论场多个渠道报道了河南/郑州特大暴雨/水灾的信息走势。图3-3表明，在这个时间段内，发布河南/郑州特大暴雨/水灾相关信息最多的前10个博主都是非官方账号。

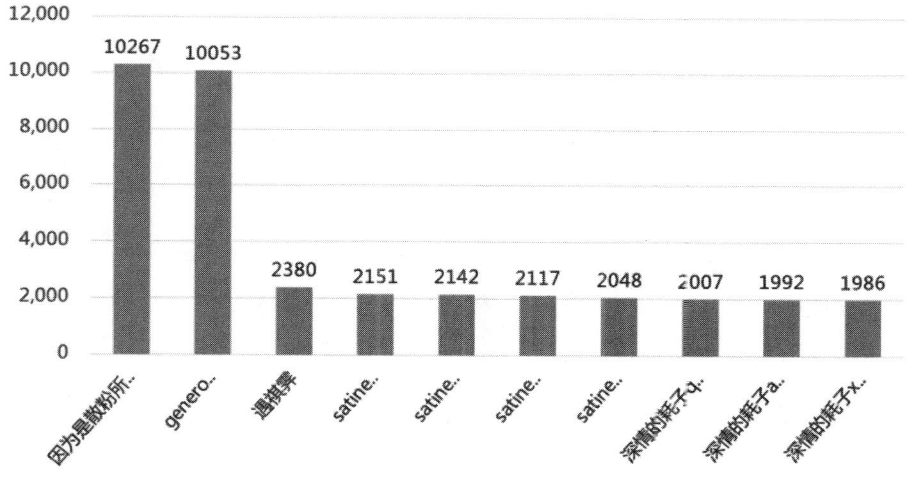

图3-3　2021年7月13—31日，发布河南/郑州特大暴雨/水灾相关信息最多的前10个博主

从这两张图中看出，在公众社会事件面前，全媒体参与趋势已成，只能因势利导，充分利用，而非任由其“随意”发挥，影响整体传播，或者强制暂停，掐断这种“参与”。

第三，全数据化过程。这是对系统和能力的创新。应急信息一般有影响区域集中、短时间内信息密度较大等特征。因此，确认信息发布源的地理位置以及信息发布的时效性，是应急信息管理的重要组成部分。发生突发事件后，几乎所有信息传播渠道都被铺天盖地的相关信息淹没，对于普通群众来说，这些信息真假难辨。因此相关管理机构需要第一时间对信息来源做出判断，对不同的信息源进行区别处理，集中资源核实来自事件核心区域的信息，并做出积极反馈和响应。这种精细化的管理很难通过人力搜集完成，只有经过长期的体系建设、数据搜集和智能化分析才可以从容应对。

在应急事件未发生的时候，有关部门就应该主动进行体系建设，充分调研社区可以调动的不同传播方式，对不同传播力量进行有效梳理，把握关键节点，建立数据库，重点关注一部分具有一定社会影响力的传播节点，必要时还需要与之保持沟通，以确保在事件真正发生后充分调动，积极配合，形成传播合力。与此同时，官方信息发布渠道的建设也需要功夫下在平时。应急信息，尤其是预警信息发布的有效性，主要取决于群众对该信息源的信任度和关注度。相关机构应该重视日常活动中与公众的沟通，通过线上和线下的反复互动，提升自身的可见度和可信度。

三、人命关天：灾难救援与救灾报道

（一）案例分析：灾难传播的伦理观和灾难传播的沟通原则

上面讲了社区应急传播体系建设，作为一个完整体系，这里再讲一下灾难报道和灾难传播。你们中很多人肯定觉得，我做社区工作的跟灾难有什么关系呢？这里有三个问题：

一是正因为与正面社区形象宣传、与应急宣传相比，称得上“灾难”的事是极少遇到的，所以更应该了解和把握一些基本的沟通和传播原则。

二是一些大的灾难报道中出现的问题是有共性的，这在小一点的事故中同样会遇到。例如，新闻记者采编从业资格考试里有一道题，有群众被倒塌的房子埋在地下，还没被救出来，但记者能听到声音，就去采访救援者，去问群众感觉怎么样。这个操作和对应的报道都是不正确的，没有从受灾当事人的角度考虑问题，这是有违伦理的。再如，前面提到的，事故发生后，第一时间不应该是表彰英雄，而应更多关注仍在困难中的群众。

三是这个领域缺乏理论的“共识”。在中国知网搜索“灾难传播”和“城市治理”的关系，一个答案都没有。

案例：东航空难的争议和问题

2022年3月，东航空难事故报道引发的讨论中包括三个争议：

一是东航董事长的回答。人民日报官方微博的人民热评讲：多一些社会关切，少一些答非所问。在事故发生后，责任方把规章制度念一遍，强调过往的成绩，强调一直的努力，好像都是“正确的”，但这些正确的话有可能形成相反效果。

二是产生了一条假新闻。《第二个黑匣子已找到》：7个记者、1个编辑、1个校对、1个审核，为何没有挡住一条假新闻？

三是关于死难者的家属要不要采访报道。传媒和学者展开了激烈的讨论：

①敬畏生命，莫为流量丧失良知底线（《南方日报》，2022年3月22日）

②不报道逝者才是最大的伦理问题（诸朝新，2022年3月23日）

③驳肖一凉介：《〈人物〉吃人血馒头了吗》

④正常报道与空难营销，绝不能相提并论（红星评论，2022年3月23日）

⑤辜晓进：先别急着批评：关于东航空难人物报道的答问（“进观传媒”微信公众号，2022年3月24日）

⑥陆晔：“去中心化”时代新闻媒体的意义何在？——由MU5735空难报道谈起。（“探索与争鸣杂志”微信公众号，2022年3月26日）

⑦南香红：巨灾时代的媒体操作（南方日报出版社，2009年）

关于南香红这本书提到的汶川地震，当时前往灾区报道的记者中，相当一部分在后期产生了不同程度的心理问题，接受了心理辅导。对于普通宣传工作者，在灾难或事故工作派遣中，组织应该充分考虑个人的心理因素、承受能力，毕竟不是每个记者都能做战地记者。

现在对灾难、对事故的报道传播难点，一个是信息甄别，一个是舆论引导。网络数字化的前提下，谣言和真相有时候是交织分不清的，我觉得这个社会最需要的就是这个能力。虽然我是做媒体出身的，我也经常判别不清谣言和传言，例如“二舅”这个故事，第一时间我也觉得是真的，后来被他们说成全是假的，我心里也就有失落，因为我知道我们家农村有很多这样的人，他可能是有残疾，但他学了一技之长，勉强能够维持生活，这个群体是存在的，但因为现在说二舅是假新闻，像二舅这样的人群就被忽略，我也觉得很难受，我倒希望他是真的。

（二）难点探讨：信息甄别与舆论引导

对于事故、灾难而言，预警、沟通、报道、传播的难点都在于信息甄别和舆论引导。

人们总是对负面信息更感兴趣。《科学》杂志2018年发布了麻省理工数据科学家Soroush Vosoughi的一项研究成果：《网络中真实与虚假信息的传播》（*The Spread of True and False Information Online*）。研究结论：谣言的传播速度不仅远远超过辟谣速度，甚至会超过正常新闻的传播速度，而且传播谣言的主要载体，并不是恶意的“第三方”或“机器人”，而是大量怀着朴素情感的一般人。一条具有“吸睛”元素的“爆款”谣言，在短时间内快速波及数万人的情况下，参与传播的人中，大约1万人是被瞬发的情绪裹挟的不明真相的普通人。在社交媒体时代，恶意炮制谣言、曲解事实的人利用本意善良、关心社区发展的普通人，使“谣言之诈”呈放大之势，不仅侵害了已有的社会共识，甚至会侵害社会常识。

譬如，2022年7月9日，武汉大学发现一个疑似霍乱的病例。这个微博热搜让大家很恐慌。实际上，疫情前，2019年全国传染病报告显示，全年有5例鼠疫，其中有1例死亡；16例霍乱，0死亡。在美国，每年都有几例到几十例霍乱。对于上、下水分开的现代城市来说，霍乱的防治是相对容易的，并且有成熟的治疗方案和治疗药物。世界卫生组织甚至提出过，到2030年，要在全球范围内彻底消灭霍乱。

全球知名市场研究和咨询服务公司盖洛普（Gallup）2016年针对美国民众

的一项调查显示，独立个人被网络赋予了超出自身承载能力的信息，个人的知识体系和精力能力没有办法对爆炸的信息进行全面正确地处理，所以信息发布者对舆论的引导变得至关重要。

四、健康生活：疫情防控与健康传播

我们公益组织经常碰到一些救助，是与健康、治病防疫有关的。这里讲到的第一个案例是疫情传播，第二个案例是医患关系和健康传播。其中，第二个案例是我在南方都市报工作期间，我们记者犯的一个错误，当时这个报道造成了多重伤害，不仅伤害了患者也伤害了医院，伤害了媒体和社会的信誉，就是一个8毛钱的案子。

（一）疫情传播与防疫报道

案例：央视频《疫情24小时》故事化呈现疫情

2020年初，中央广播电视总台央视频5G新媒体平台创新推出《疫情24小时》慢直播产品。从医院建设到投入使用，24小时不间断直播一共持续了117天，累计在线直播超过6000小时。这使当时面对未知疫情的人们及时掌握和知悉了疫情防控进程，并且起到了消除恐慌、缓解焦虑的作用[①]。

在抗击新冠肺炎疫情中，《新闻联播》开设了栏目专题报道，通过故事化的形式呈现事实[②]。

疫情宣传有两方面难点：一方面，科学共同体习惯采用范式表达；另一方面，群众的科学素养可能达不到理解科学论文的水平。那么，如何在较短时间内缩小科学共同体与公众的认知差距，则成为宣传的难点。

例如，什么是mRNA疫苗？

---

① 狄丹. 论突发公共卫生事件中的移动慢直播传播：以央视频App“疫情24小时”为例[J]. 传媒论坛，2021，4(17)：154-155.

② 毛俊杰.《新闻联播》抗击新冠肺炎疫情报道的故事化：以栏目专题报道为例[J]. 传媒论坛，2021，4(18)：26-27.

科学规范术语：mRNA疫苗是将含有编码抗原蛋白的mRNA导入人体，直接进行翻译，形成相应的抗原蛋白，从而诱导机体产生特异性免疫应答，达到预防免疫的作用。

翻译一下：mRNA里面的m是messager（信使）的意思。这一技术就是人工发送一条信息到身体的蛋白质工厂，指导身体合成蛋白质。工厂看到信使带来的订单，就把蛋白质生产出来了。辉瑞的新冠疫苗是mRNA技术的一次应用，疫苗携带的这条指令，是合成病毒的S蛋白。S蛋白一经合成，在身体里出现，人体的免疫系统就会发现这个“异物”，进而去扫清它。在这次“反诈”演习中，通过清除过程，免疫系统认识了S蛋白，人体就拥有了中和抗体。

关于疫情的宣传、报道，往往关乎社区群众的切身利益问题，因此受到高度的关注。随着新媒体时代的发展，尤其是大量自媒体的涌入，这类高热度话题便得到了更多舆论关注，越来越多人抢着去做“健康宣传”“科普引导”，甚至对于健康相关事件的捕捉也抢在官方媒体之前。但在追求实时发布、夺取先机抢发报道的背景下，不少报道由于缺少深入调查，成为“假新闻”或“伪科学”，这不仅引发社会舆论，也有可能引发大众焦虑情绪，甚至社会恐慌。

官方的宣传和报道就扮演着社会“灯塔”的作用，在加强正确科学指引方面发挥重要作用，并呈现新特点、新工具、新传播率。在大数据时代下的创新：新冠疫情报道vs“非典”时期报道；各地融媒体中心助力基层社区防疫的“新闻+服务”模式；各类融媒体产品对于传播一线疫情、缓解大众信息焦虑的效果明显，同时对提高信息的受众触达率与传播影响力产生重要作用。

突发公共事件具有紧急性、社会性、复杂性、不确定性等特征，而互联网平台中的病毒式传播能够加大负面情绪扩散，这时主流渠道及时发声，引导舆论，对于安抚大众负面情绪能起到良好的作用[①]。

医学是一门自然科学，大众传媒应该认识到医学科学的特殊性。疫情报

---

① 林淑苑. 突发公共事件中大众负面情绪传播研究［D］. 锦州：渤海大学，2018.

道、医疗宣传的目的不是通过神化或丑化这个系统，煽情或者炒作以赚取眼球，而应是通过反映现实，让大家对医学、对生命有更深的理解，改变陈见和误解。

（二）医患关系与健康传播

案例一：深圳“8毛门”事件

2011年9月5日媒体报道，深圳龙岗陈先生刚出生不久的儿子因腹胀，8月21日转入深圳市儿童医院，24日医院出具病情告知书，告知孩子有肠梗阻、小肠结肠炎，疑为先天性巨结肠，建议进行造瘘活检手术，手术费超过10万元。陈先生签字拒绝手术，25日带儿子到广州市儿童医院就诊，称接诊医生开了8毛钱的药，“孩子就治好了，能吃能拉”。

9月12日，患儿因腹胀严重，还呼吸不畅，再次来到广州市儿童医院。医院接诊医生表示，虽然未最终确诊，但孩子患上先天性巨结肠的可能性很大，这种病光靠灌肠是无法解决问题的，还是建议尽早手术治疗。

2011年10月20日，患儿在武汉同济医院小儿外科被证实患先天性巨结肠，已做手术。

这是一个反转比较大的医患报道，现在健康医疗是需要专业服务的，不能简单地靠热情或者态度好，每次检查项目那么多，我们很难界定哪些是过度检查。在这个案例中，我们发现，医患信任经不起反复挑拨，患者健康经不起反复耽搁，公众情感经不起反复愚弄，在这场闹剧中，病人、医院、医生、公众，甚至媒体，没有谁从中获利，每一方都是输家。

案例二：复旦大学附属中山医院的《健康辟谣日历》

图3-4为复旦大学附属中山医院编辑的《健康辟谣日历》。我们知道，谣言能够得到广泛传播阅读的一个重要原因就在于其文字内容特点，如“健康”“致癌”“防癌”“丧命”等敏感词语频繁出现在流量至上的自媒体内容中，在碎片化的阅读中，自然而然被人们抓住了重点；同时，其又具有高度“伪真实”成分而被轻易信服。因此，正常发布的健康类报道很难与这种

量级的谣言类信息对抗。

图3-4 复旦大学附属中山医院的《健康辟谣日历》

“辟谣”，由于存在与“谣言”的矛盾，一定程度上在信息中添加了“互动性”元素，使得传播力和影响力得到加强。这里有一个及时性问题。对于“谣言”类的卫生健康报道，相关媒体只有保证新闻宣传报道及时，才能占据信息传播主动权和舆论主阵地，对大众做出正确引导。另一个是准确性问题。一旦“证伪”信息本身出现真实性问题，将会误导公众，甚至被舆论方抓住话柄，引发更加严重的社会恐慌等不良结果。

社区的健康宣传，目标是让群众获得健康信息的前沿动态和最新科研成果，以此来指导自己的日常生活习惯和营养膳食；让群众借助健康报道提供的相关健康信息增加对某种疾病的科学认识；帮助人们树立正确的健康观，倡导建立健康科学的生活方式，用积极的心态面对疾病。

例如，2019年《中国日报》刊发了名为《失眠在中国年轻人中蔓延》（*Insomnia spreads among young Chinese*）的深度报道，记录了一群深受失眠困扰的年轻人的故事。将人物故事讲述与专家的分析科普相结合，以更加通俗易懂的形式使失眠这个普遍的健康问题被更多人了解。

健康传播应该更加具备服务性，从最为常见的健康误区、健康问题、健康疑惑入手，为受众带来更为实用的信息，尽量减少或抹去报道中掺杂的商业因素，不对受众产生引导性，而是做更为客观的报道。

（三）难点探讨：语言的规范性与灵活性的平衡

我们之前讨论的几个部分涉及的宣传基本可以与报道、传播互换。我们会说“城市传播”“健康传播”，但不会说“社区传播”“疫情传播”。城市传播是城市文化形象传播，而社区传播在新冠时期大背景下，只会被理解为“病毒在社区形成传播”。

2022年7月11日，腾讯发布《关于整治不规范使用汉字行为的公告》。语言的规范化，含义的特定化，表述的含糊化，在新时期尤其突显。疫情关乎民生，一条消息发布出去，就会被社区住户、企业反复琢磨。例如，语言的僵化/刚化、语言的通胀/膨胀、语言的模糊/含糊，又如“简中区”之疑（因为毗邻港澳，在日常宣传中对于“简中区”的概念，在概念中包括的概念，应当分外小心，注意一些特定翻译概念的准确性）、“泛滥化”之失、“空虚化”之误。

五、劳逸结合：节假日安排与休闲报道

在这一部分，本来想讲点轻松的。但对于基层工作者、社区管理者，节假日非但不轻松，甚至比平时、工作日还忙，还要紧张。

大家是否想过，普通社区群众一年有多少个休息日？答案是：一年52周乘以2，有了100多天的休息日。国家公共假期一年是11天，节假日与双休日叠加之后，一个人一年有近120个“休闲天”可供自由支配。

对普通社区群众来说，一年近1/3时间的日子怎么过？怎么策划和宣传、记录和总结？

（一）案例分析：更忙碌的节假日，更容易出错

案例一：大连日本风情街的关闭与风波

大连日本风情街，位于大连市金石滩国家旅游度假区，2021年8月21日开业。10天后，因为受到诸多网友质疑而宣布停业。大连在历史上曾被日本占领，日军在此犯下滔天罪行，这是一块有着历史伤痛的土地。网友质疑：大连日本风情街，到底是包容，还是遗忘了历史？该项目在舆论漩涡中挣扎了10天后被全面关闭。

2021年索尼的新品发布日，选在了7月7日。后来中国网民就不满了，形容索尼这波操作是“疯狂作死”。“七七”在中国人眼里是国耻纪念日，七七事变，是中国抗日战争的一个重要时间节点，对中国人来说有很多政治意味。后来，在网民各种情绪压力之下，索尼被迫宣布取消当天的新品发布。

一年中，有一些日子，它们不是假日，而是节日，或者纪念日。这些日子往往是与重大历史事件相关的节点，例如每年的9月18日，又如9月30日是中国法定的烈士纪念日，还有香港回归纪念日（7月1日）、澳门回归纪念日（12月20日）、国际人类团结日（12月20日）等，在这些重大、特定历史事件的纪念日，官方会有相应的纪念活动，在相关地域、相关领域的纪念活动和发生的事件会引起很大影响，也会变成报道的契机。

同时，在特定的年份还有特定的纪念日。例如，习近平总书记在纪念辛亥革命110周年、世界反法西斯战争胜利70周年都发表了非常重要的讲话。辛亥革命110周年、反法西斯战争胜利70周年，这些节点就是特定的政治时间点。

在这些日子策划活动、记录活动或报道宣传，都需要谨慎。这些大大小小、意义不等、针对对象不同的节日给每个人产生的心理影响是不同的。它们不同于“双十一”“国际油脂食品日”这样的营销节日。就像上文提到的，在特殊节点、特殊地域开展活动，有可能就违反社会的公序良俗，从而引发舆情。

案例二：节假日值班与休闲是有冲突的

有时候我们会策划宣传社区人员、志愿者、交警交管、景区服务人员、餐饮服务人员，能源企业、医疗卫生岗位人员在节假日期间的劳动付出。他们为了保障大家的出行安全、交通安全，保障社会各种不能中断岗位的运行，在节假日坚守岗位。这时的宣传报道应该强调整体性的安排、系统化的能力、制度性的保障，而不是说这是主动或被动没日没夜加班带来的结果。

与应急报道对应的抢修、救灾不一样，当假日成为常态，一些人在假日必须更紧张地工作也成为常态。当我们记录这些“感动的人物和行业”的细节时，选择的角度应该是让社会上更多人看到他们的存在，关注他们的成绩，表达对他们的敬意。例如，我们对坚守岗位的正面人物进行报道的时候，要注意分寸。不能写得好像一些人在休闲，另一些人在默默玩命地工作，以此来保证休闲的生活，这会人为地造成对立，造成矛盾与不公。

现代人的生活由工作、休息和休闲三部分组成。这对于中国人来说是一个新的观念。对于从劳动生产率水平较低的年代走来的，以工作为生活重心的人来说，这是一个比较“奢侈”的概念，但如前面所言，这恰恰是社会进步的象征。

事实上，很多人通过休闲，助推了经济消费，充实提升了自己，做了有利于增进亲情、稳定家庭的事；放到更大的社会系统中看，这些跟工作本身具有同等社会价值。高效、稳定、和谐，都是社会发展追求的指标。

现在社会上有很多职业培训，人社部的网站上也能找到很多技能培训班，相当一部分人就是利用“休闲”时间来完成个人技能的提升。

中华民族是非常重视亲情的。休闲的时光在家陪陪老人小孩、给全家做顿饭、一起看场电影，实际上都是非常正面的内涵。现在社区中，很多公益机构利用节假日组织各种福利院的公益活动，图书馆等也常常利用周末举办公益性质的名家讲座，无论是做分享的嘉宾还是参与的社会公众，利用的都是他们的休闲时间。而这些休闲的行为，休闲活动的策划，恰恰是社区文化文明的反映，是休闲带来的消费，是经济的一个侧面。这些都应该包括在我们社区宣传策划中。

案例三：过节吃饺子还是吃面都有问题

北京烹饪协会在2021年国庆前发了一个倡议，叫作“国庆吃面，国泰民安”，提倡国庆期间人人吃面，听说很多北京的高级饭馆都特别推出了他们的特色面食（见图3-5）。

但有人就不同意了，说“国庆吃面”“国泰民安”两段不对等，也不对应；而且这句话要用北京话念才是押韵的，用普通话念是不押韵的。“面”跟“安”看似谐音，其实不一样。所以一个比较知名的“大V”就说：什么节都说吃饺子也就忍了，但国庆节吃面我不奉陪（见图3-6）。我想他也代表了很多老百姓的声音：能不能不要随便“代表”我啊?

我认为，北京烹饪协会发的倡议是希望国庆假日可以形成一个新风俗或新风尚，却没有考虑到南北差异，变成全国性倡议的话，就会造成尴尬的状态。社区休闲文化品牌的策划和打造是需要因地制宜的，要与当地地域文化特色相结合，要有群众基础。

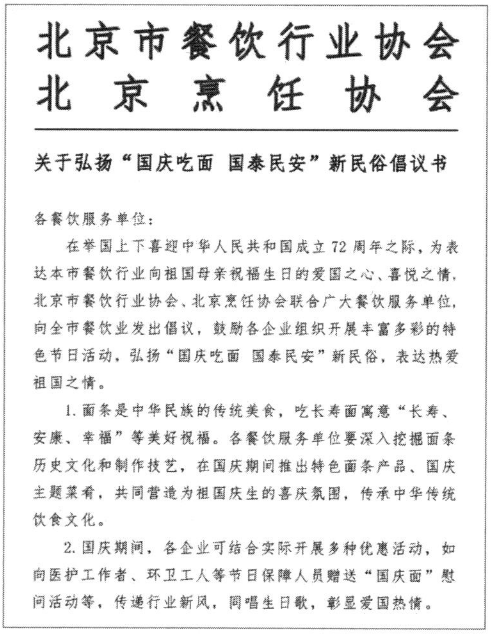

北京市餐饮行业协会
北京烹饪协会

关于弘扬“国庆吃面 国泰民安”新民俗倡议书

各餐饮服务单位：

在举国上下喜迎中华人民共和国成立72周年之际，为表达本市餐饮行业向祖国母亲祝福生日的爱国之心、喜悦之情，北京市餐饮行业协会、北京烹饪协会联合广大餐饮服务单位，向全市餐饮业发出倡议，鼓励各企业组织开展丰富多彩的特色节日活动，弘扬“国庆吃面 国泰民安”新民俗，表达热爱祖国之情。

1. 面条是中华民族的传统美食，吃长寿面寓意“长寿、安康、幸福”等美好祝福。各餐饮服务单位要深入挖掘面条历史文化和制作技艺，在国庆期间推出特色面条产品、国庆主题菜肴，共同营造为祖国庆生的喜庆氛围，传承中华传统饮食文化。

2. 国庆期间，各企业可结合实际开展多种优惠活动，如向医护工作者、环卫工人等节日保障人员赠送“国庆面”慰问活动等，传递行业新风，同唱生日歌，彰显爱国热情。

图3-5 北京市餐饮行业协会的“国庆吃面”新民俗倡议书

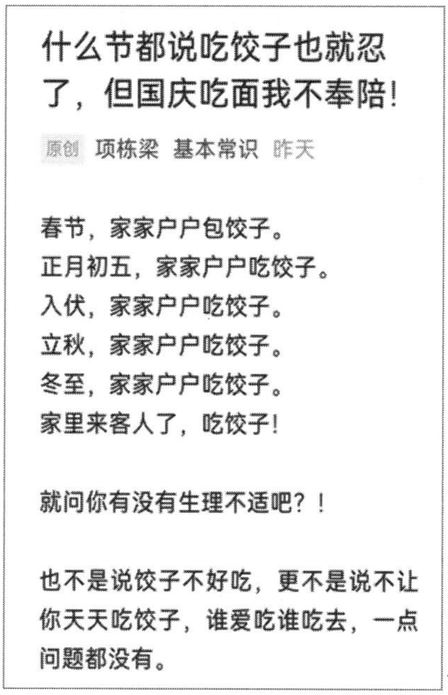

什么节都说吃饺子也就忍了，但国庆吃面我不奉陪！

原创 项栋梁 基本常识 昨天

春节，家家户户包饺子。
正月初五，家家户户吃饺子。
入伏，家家户户吃饺子。
立秋，家家户户吃饺子。
冬至，家家户户吃饺子。
家里来客人了，吃饺子！

就问你有没有生理不适吧？！

也不是说饺子不好吃，更不是说不让你天天吃饺子，谁爱吃谁吃去，一点问题都没有。

图3-6 关于“国庆吃面”的网友辣评

（二）难点探讨：如何做一个宣传策划工作的二十四节气年历

媒体也有自己的二十四节气年历。有一种说法叫“四季歌”，就像农民一样把报道分成四季，到什么季节有什么报道，到什么节点有什么策划，一年四季都有不间断的规律性的关注点。

社区的宣传策划工作也可以有自己的二十四节气年历。首先，是上面提到的严肃的国家纪念日；其次，现在提倡弘扬中华优秀传统文化，结合本地文化特点，哪些传统节日值得策划记录报道，也可以提前标注出来；再次，社区有不同的企业和机构，也可以结合他们的营销日历做一些社区策划。

我建议，我们公益人也可以做一个公益日历，一个你所在领域、行业的日历。例如，我们第二期培训班就不敢放在9月9日，腾讯公司的人也告诉我，那天肯定没人来上课，别人都在忙着“99公益日”的筹款，这天上课显然是不合时宜的。

结语：媒介化治理的五个原则

媒介化治理，就是社区的现代化治理，考虑到上述五大领域、五种关系和五大难点，社区宣传报道为了打造并传播好社区形象和社区品牌，应当考虑以下五个原则：

1. 社区氛围的“人情味”

前段时间有一个讲深圳城市氛围的爆款视频，视频作者形容深圳文化是实干的土鳖文化，说市中心华侨城的loft，远看像野鸡版798，近看像关外二厂，市中心的大楼走近一看是个加油站。但我看朋友圈里的很多深圳人都转发了，他们觉得有共鸣，跟海派文化、京派文化相比，深圳人就是实干啊！

有些报道说上海人拿着红酒杯去做核酸，解封以后首先就是去剪头发、喝咖啡，实际上相当一部分上海人内心对这些“描述”是有共鸣的。

再如，杭州的《都市快报》获得新闻一等奖作品的内容是西湖边的一朵荷花开了，反映杭州人民的生活特别悠闲。但是，《南方都市报》报道一朵花可能就拿不了奖。《南方都市报》拿奖的新闻大多跟时政、民生相关，因为广州很多外来人口，大家对时政、公共领域、权利、权益特别关注。

社区是城市的缩影，每个社区都有自己的文化风格，这种风格没高低好坏之分，而这些人文环境与风土人情恰恰是社区传播的立身之本。活动的参与度、宣传的效果、互动的流量，都与之息息相关。

我老家在陕西，西安跟广州完全不一样，老百姓只看到名胜古迹，一个大唐芙蓉园，几千年的历史古迹摆在那里，反而想找一碗面吃都很难。在北京，人们看到的是大城市的气象，但那些皇城根下吃家常菜的当地人，我们就少去留意。

有一次我在北京吃面，在一条小巷里碰到了一个当地人，一看就是北京老土著。他对两个吃饭的人吹牛，说带了一瓶白酒，是北京的二锅头，说就存在饭馆里面，随时来喝都可以，其实二锅头就十几块钱，但那个北京人气势好大。这跟广东人不一样，广东人互相请吃一顿饭，都是说哪里有好吃的、好玩的，请客好像很自然。但在北方，请客是一个很严肃的事情，你去吃人家一顿饭，就会欠很多情，多年后都要还的。所以，我就想告诉从北方来广州的朋友，有人请你吃饭，你去没有任何问题，这边人没打算靠一顿饭来收买你，或者说将来还要欠人情，广东这边的市民生活是一种开放跟包容的状态，是一个很有意思的地方。

2. 公共话题：从找熟人到找公众号

社区治理，是指政府、社区组织、居民及辖区单位、营利组织、非营利组织等基于市场原则、公共利益和社区认同，协调合作，有效供给社区公共物品，满足社区需求，优化社区秩序的过程与机制。在当下，数字化、智能化是城市治理的重要抓手及驱动力，应用范围很广。例如，腾讯、阿里等大的互联网企业都在讲数实融合，讲云服务，也一直在寻找可优化合作的社会企业和对象。所以第二点，我想讲的是新时期社区关系中的人际关系的变化。

大城市中，人和人都是陌生人的关系，虽然我们将来可能像在学校里那样，一个班的同学会逐渐熟悉，人与人之间也会熟悉起来，但这种熟悉是基于公共领域，一起在学校学习、上课认识的，而不是从小到大的街坊邻居、亲戚朋友那样是一个关系更密切的小圈层。现在的城市关系主要是陌生人的关系，或者从陌生人变成另一种熟悉的人的关系。

在这样的环境下，人们会在乎公共空间，会关心城市交通、城市变化，因为关心这个城市就是关心自己生活的环境。北方有一些老城市还是熟人社会，不管是买火车票还是去医院挂号，首先还是要找熟人。但是在深圳，找熟人可能还不如直接通过政府的便民措施方便。再如，现在想要了解自己住所和小区的防疫政策，跟问人、打电话相比，更多人会去关注自己所在社区的公众号，查看里面的防疫信息。

所以，有了这样的公共空间、公共领域，就会有相应的公共话题，有大众传播，我们的社区宣传也应该在公共领域、公共话题、公共服务方面做文章。

3. 元素互动：是治理而非管理

尽管政府在社区治理过程中依然发挥决定性的作用，但社区治理的主体不再是单一的政府，还有其他治理主体，例如企业、非政府组织、私人机构甚至个人，它们同政府机构以及彼此之间建立多种多样的协作关系，相互之间协商与合作，共同决定和处理社区公共事务，使得过去政府的社区管理趋向社区治理。

因此，社区治理不仅要解决问题，完成特定的策划目标，同时还要培育社区治理的基本要素，即调动社区成员积极参与公共事务，培育改善优化社区组织体系，建构社区行为主体间的互动机制。

政府的治理理念和城市里人的生活理念都在变化，政府不再强调简单的管理。就像当年的孙志刚事件，因为不带暂住证就被收容，现在不可以这样了。从中央到地方政府，强调共商、共建、共治、共享，强调用社会的力量、多元的力量、第三方的力量，强调每个居民都以自身的力量参与进来。

此前广州发生过一件事：在广州大桥，半夜一两点钟交警还在查车，把整个大桥都堵住，还要动员出租车司机帮着来堵私家车。这件事情背后，我们要考虑的是：公权力保障公共利益做的举措是否有边界？好事怎么才能做得更好？现阶段的治理其实还是存在很多问题的。

真正的治理，应该像习近平总书记所说的，是一种“共治”的概念，采用共商、共建、共享的方式。就算有什么问题，我们知道政府的难处，知道现在的麻烦，也能理解。例如2021年的7·20郑州特大暴雨造成的应急状态，天灾大家都能理解，大水把汽车冲走了，把房子、工厂破坏了，大家不会怪政府，但管理不好可能就是政府的事。所以，我们经常会说，让大家更多地参与进来，倒不一定是能把结果变得多好，起码大家能够沟通、理解，我觉得这也是城市报道到城市宣传的变化，从报道到传播的变化。

4. 注重区、群的网状关系：空间融合关系

社区治理是一个复合体系，目标是最大限度地整合内外资源，构建一个网状体系。

举个例子，佛山市南海区要建设一个广东省城乡融合发展改革创新实验区，但是，“广东省城乡融合发展改革创新实验区”这个名字太长，“城乡融合”涉及的内容很多，南海区不知道怎么用一句话概括，后来我提供了意见，总体叫“国土空间综合治理改革创新”，这个名字简称就是“地治改革”，再简称就是“地改”。这既不违反国土资源的政策与中央对省的规划，而且把它简称为“地治改革”，再简称为“地改”，听起来也清晰响亮。这是国土空间的再造，是城乡共融的再造，从产业空间、生活空间到生态空间，都容纳在这个体系中。

又如现在说大湾区，不能把它简单理解为一个地理区域，它也是一个经济区域，是一个文化区域。在这个区域中的行政单位，产业之间有关系，这个区域与其他区域之间也有经济、服务、交通、文化的各种关系。它像我们手机里的微信群，不同的人在不同的层面可以组成群、网的关系。这些合作区涉及的概念包含很多有意思的内容，大家有兴趣的也可以研究。

5. 舆情报告怎么写

第一，什么是舆情？

较学术的观点是，舆情是围绕社会事件的发生、发展和变化，作为舆论主体的民众对其所产生和持有的社会态度。也有人说，舆情是较多群众关于社会中各种现象、问题所表达的信念、态度、意见和情绪等表现的总和。还有观点认为，舆情是以事件为核心，是人民群众对具体事件的情感、态度、

意见、观点的表达以及后续影响力的集合。

2013年4月30日，《人民日报》头版发表评论文章《网络舆情并不完全等同现实民意》，提出“网络舆情与现实民意之间，有着巨大的差异”的观点。那么舆情中的“现实民意”如何挖掘出来？各级党政机关、政府部门等，迫切需要对舆情信息、舆情数据、舆情态势进行梳理、解读，探寻其中的真实诉求，并以此优化社会治理工作。而专业的舆情研究和服务机构，也将通过提供舆情监测、舆情报告等形式，为相关单位提供决策参考，同时推动社会治理工作的开展和创新。

如何写好一份舆情报告？首先必须做好舆情数据的采集和梳理分析。搜集、发现舆情信息和数据的渠道、工具，包括但不限于智能监测系统，微博、微信、新闻客户端等常规的平台或渠道。

做社区工作的朋友可能听说过，朝阳群众非常厉害，揭露了很多大案、要案，譬如很多明星的吸毒、嫖娼等。朝阳群众难道真的人人都有金睛火眼？实际上，还是大数据在发挥作用。2017年2月初，北京市公安局上线了“朝阳群众HD”App，群众可以通过该App反馈可疑情况。据称，App上线首年便收到有效举报线索8300余条，根据这些线索，警方共破获案件370余起，拘留250余人，消除各类安全隐患390余起。此外，政府、警方掌握的相关数据资源，经挖掘、统计和分析后，也可以推导出一些“蛛丝马迹”或可疑情况。

第二，舆情报告有哪些组成部分？

我们知道，写一篇新闻报道需要考虑“5个W”：时间（When）、地点（Where）、人物（Who）、事件（What）、原因（Why）等。舆情报告的编写制作也有类似几个组成部分：①发生了什么事？（事件概况）；②传开了吗？（传播数据分析）；③大家都在关注什么？（焦点是什么）；④这件事有什么影响？（研判）；⑤能做什么？应该怎样做？（决策建议）。概括而言，就是九个字：咋回事？严重吗？怎么办？

例如，2021年以来，恒大集团因一系列舆情态势（负债高达1.97万亿元、恒大财务暴雷、恒大“PPT造车”等）而引发舆情危机。南方舆情应广州、深圳等地用户相关工作要求，编写制作了《关于恒大集团债务危机的舆情报告》，为相关单位、部门提供处置应对建议和决策参考。恒大集团出现的是一系列舆情，因此，南方舆情在制作舆情报告的时候，以传播热度波峰作为关键节点梳理了恒大系列舆情的变化趋势，把不同时间节点的传播情况和舆论关注焦点整合起来（见表3-2）：

表3-2　南方舆情梳理的《关于恒大集团债务危机的舆情报告》内容解析

	关于恒大集团债务危机舆情报告的表述	注意点
发生了什么事?	近期，恒大集团被曝深陷债务危机，商票违约传闻不断，市场信心接连受挫，自2021年6月以来，出现了一系列的负面舆情，包括债务风险、售卖资产、评级下调、多方逼债、人事变动、政府约谈、项目暴雷等	不复述众所周知的事实
传开了吗?	2021年6月1日至8月31日，全网与恒大集团相关的舆情信息约259 604篇次。舆情传播热度在7月19日、7月22日、8月11日、8月17日、8月20日均出现了高峰，分别与“广发银行申请冻结恒大1.32亿元资产”“恒大计划出售汽车、物业部分资产”“许家印卸任恒大地产董事长”“央行、银保监会约谈恒大”等事件广泛传播有关	根据实际工作需要，传播情况和舆论关注的焦点两部分也可整合呈现
大家都在关注什么?		

我们根据这些数据进行梳理分析，便可提取其中要点进行研判并提供对应的应对建议，形成一个舆情分析报告，给相关单位提供决策参考，同时为舆情事件的妥善解决贡献智慧力量。

（作者为暨南大学新闻与传播学院教授，本文由暨南大学新闻与传播学院2021级硕士研究生余安迪整理）

第四讲

互联网公益的前沿实践与未来

一、从更好的世界里受益

王帅（主持人）

暨南大学讲座教授、马云公益基金会理事

我在暨南大学是一个新老师，这是我在暨南大学讲的第二次课，我第一次课讲得不是很好，这次会努力，但是我感觉这个课题比较大，所以换一种方式来讲。

阿里巴巴其实大家是比较熟悉的，各个公司其实在互联网发展高速公路上跑了好多年，跑得很顺。这些年我们突然遇到很多弯路，但是我觉得，有高速路也有弯路，对一个长久发展的企业来讲是好事。高速公路也好，羊肠小路也好，这个企业能够坚守初心回到起点，让天下没有难做的生意，都是可以的。我相信企业一定会遇到这样的阶段，我们要有耐心，毕竟地球是圆的，弯来弯去，最后还是回到原点。

阿里巴巴也好，在座各位也好，腾讯也好，在互联网时代都是摸索前行的。我们根本不是一开始就形成现在这种情况，所有东西对我们来说都是新的，大家在互联网时代都踩过很多坑。世界上本没有路，踩的坑多了，就有了道路，这就是我的公司以及互联网企业发展的大致情况。

今天我们讲的主题是互联网公益，这个主题比较大，比较含糊，因为公益不存在互联网公益、制造业公益或餐饮业公益之分，公益的本质是相通的。但为什么叫互联网公益？我相信，个体也好，组织也好，都会根据时代的特征、未来的趋势来调整做公益的方式方法。

我可以与大家分享对公益的了解，我们很多学员都是很专业做了多年公益的，对于公益，每个人都有自己的理解。

我理解的公益是一件很微小的事。公益首先跟你内心有关，它是善良的，是求真的，是向美的。在追求的过程中，你会遇到很多志同道合的人，而因为社会的多元化，因为你的参与，你又丰富了自己，加深了自己的思考，提升了自己的能力，让世界变得更好一点。

我们自己也会从更好的世界里受益，这是我对公益最朴素的看法。长期做公益，不是我想起什么就去做一点，做公益与做好事是两回事，做公益有可能是一辈子做一件好事，但做好事可能一天能做好几件，到最后忘了自己还在做什么，所以还是有一些区别。

我们在公益领域做事有很多不同的方式、不同的方法、不同的发展阶段，所以我会改一下这堂课的形式，请一些案例参与者分享真实感受，大家彼此互动以加深印象，将来的合作可能更容易实现。

个人做事也是这样，先把原先的事情做好，再想未来的事情。今天的中国互联网主要有两个平台，他们在做很多与公益相关的事情，而且这两个平台跟在座很多公益组织有不少合作。今天，我就请了几位嘉宾来跟大家进行交流：

刘琴，腾讯公益慈善基金会副秘书长，也是腾讯公益平台的负责人，她可以站在对腾讯公益的理解角度，包括跟大家将来怎么合作的角度，做一些交流。

金久淳，阿里巴巴公益基金会副秘书长，当记者时得过中国新闻奖一等奖，可谓青年才俊。

张见悦，广东潮青平台的主任，也是中新社广东分社社长，他做的工作跟我们讲的纯互联网平台公益有点不一样，但是张先生从媒体的角度见证互联网从起步到现在，是一个非常深度的参与者和见证者。而且正因为这些经历，他在做公益的时候，有很多互联网的思路，例如他对潮汕文化的推广，以及他推出的防止青少年儿童暑期溺水的“竹仔鱼”公益项目。

黄莺，信息时报公益事业部总监，也是广州市十大最具影响力慈善人物，她对公益的参与有接近二十年的时间，所以她会从一个名词的角度来看这二十年互联网发展起来之后，公益所发生的一些变化和新趋势。

春江水暖鸭先知，如人饮水，冷暖自知，他们对互联网公益的理解，以及他们对所在的平台、对跟合作伙伴之间关系的理解，可能比我在这里单纯讲什么是公益、什么是互联网公益更真实一些。

二、从筹款服务到公益数字化服务

刘琴
腾讯公益慈善基金会副秘书长、腾讯公益平台负责人

谢谢王老师刚才的介绍。

各位伙伴下午好，我来之前也看过大家的名单，对其中几个机构还是有一些印象，刚才也很欣喜地看到还有伙伴戴着我们小红花口罩，2022年“99公益日”还会有新版的口罩，大家可以期待一下。

王老师刚才介绍，我在阿里和腾讯两家公司都待过。我一直说自己是一个产品经理，是一个乘着互联网快车一直在产品经理路上飞驰的人。可能很多伙伴不太认识我，我也简单地介绍一下自己，刚才说到黄莺老师

有二十年的公益的经验，其实我也有二十年互联网工作经验，其中有十年在公益行业，只是我做的是公益平台的事情。

跟公益结缘的这十年，也是我成长最快的十年，这十年里我做了一些产品，大家多多少少都有听说，也许跟你的机构有一些联系。在座各位有没有公益项目开通月捐服务的？如果有，那是特别给面子；如果一个都没有，就说明我们从2009年做到现在还是不够的。

2009年，我们做了月捐产品，月捐真的很难。我们在月捐方面做了十年探索，这两年还在做，探索怎么把互联网用户转化成为公益用户。2009年的项目是我们最成功的项目，当时在“开心农场”，我们有做一个专属于公益的果子，只有通过月捐，才能得到这个果子，当时我们有近百万名用户通过这个活动开通了月捐，到现在看，基本上留存率达到80%，所以这一批用户是跟我们一起成长的。移动互联网时代，大家知不知道当时为什么有那么多用户喜欢微信语音功能？因为它的体验类似寻呼机，通过对讲的方式，用语音去交流，在这样的背景下，当时我们结合微信语音和盲人群体做了一个公益活动，叫“为盲胞读书”。

普通人可以通过眼睛看书，我们希望把自己看过的书通过语音记录下来后再给盲胞来“读”。那时候我才到公益行业三四年，觉得这个设想很厉害；但现在看，其实它是失败的，为什么这么讲？因为那时候我根本就没有理解这个公益要服务的群体，盲人读书的速度和正常人是不一样的，所以我们读出来的内容，盲人其实是听不懂的。对于这个项目，后来我们结合AI技术做了一些优化，并且在运营了两年之后把它关掉了。这个项目给我的感触就是，如果不去了解公益这个行业，我做的互联网公益产品可能误导用户，甚至是对公益产生反作用。

所以大约在2014年，我在深圳上了第一个公益培训班，开始了解公益行业，如果只是对互联网行业很了解，我做的公益项目一定不好。接下来，我们又有了跟QQ邮箱的合作，其实当时在没有“云”的时代，硬盘的存储是非常宝贵的，我们也看到邮箱里有非常多垃圾邮件，占了很多存储空间，这时候企业需要降本增效，节约成本。但如果不愿意删掉这些垃圾邮件，也无可厚非。怎样解决这个问题呢？我们尝试通过公益合作，即把邮件删掉后节约的这部分资金捐赠到公益项目，结果是帮助到更多人。这个活动非常成功，后面我们观察到，删掉邮件的这批用户，有10%转过头来变成我们的捐赠用户，所以这时候我们开始寻找一条路，把腾讯用户转换成公益用户，让他们去做一些参与。

到了2015年，我去了支付宝，又做了一款新产品，就是蚂蚁森林，希望让更多用户参与公益捐赠。捐钱是其中的一部分，同时可不可以用行为来参与公益？这个是我们后面做的，包括到2020年我又回到腾讯，做了“小红花”项目的整个开放体系。以上是我的个人概况。

接下来，言归正传，今天的分享包括三部分内容。

第一部分内容是腾讯。这一整年来，腾讯公益一直在讲升级，我们从筹款服务变成公益数字化服务，包括我们今天的培训，我们也叫数字化人才培训计划。关于为什么我们要做这样一件事情，我想跟大家做一些交流，让大家知道我们背后的一些思考。

第二部分内容，在这样的思考之下，现在腾讯公益平台的三个大方向是什么？

第三部分内容，“99公益日”到来之际，还有没有规则背后的什么东西可以告诉大家？其实，只要有留意我们在公众号上发的“99公益日”规则，以及我们每周二的相约星期二培训，基本上所有内容都在里面，但今天我还是会跟在场各位把一些重点划一下，让大家都知道哪些地方是我的机构擅长的，是我的机构有的资源，以便大家跟“99公益日”发生更好的关系。

先讲第一部分，腾讯的内容。2022年是腾讯基金会第15年，我们是中国第一家互联网公司在民政部注册的公益基金会。2002年，我们就做了第一次公益，把稍微旧一些的电脑捐赠给山区的小朋友。在这个过程中，我们发现，如果腾讯做公益也只做这种捐赠的公益，这不是我们擅长的，也没有把公司的主要业务或者公司想做公益这种信念和价值传递下去，所以我们2007年开始有了一系列尝试，我们注册了腾讯基金会。2008年汶川地震，那一年我记得很清楚，当时在公司门口放捐款箱，我们都是投人民币进去的，我们就想可不可以在线上有这样一个捐款平台，所以腾讯公益平台就是在这样的背景下做的。

到2009年，就是“5年1个亿”，去贵州、云南这两个地方扎根，去做乡村教育和乡村振兴，所以有了我们“筑梦新乡村”的品牌公益项目，也是腾讯SSV为村发展实验室的雏形。

2011年，移动互联网时代刚刚到来，互联网公益也进入了快车道，我就是在这个时间点加入公益行业的。到2015年，我们第一次推出“99公益日”，接下来我也会给大家讲讲当时推出背后的一些可能在别的地方听不到的故事。

2016年，我们做了第一次中国互联网公益峰会，这个峰会现在成了行业会议，想必大家也参加过。2020年，新冠肺炎疫情袭来，我们当时投入了15亿元的战疫基金，其中我们用2亿元落地了“千百计划”，包括人才培养和项目培育。这大概是腾讯基金会的情况。我们的公益产品矩阵也非常丰富，上行产品是捐钱相关的，下行产品是捐行为相关的，承蒙在座各位的参与，腾讯公益平台已成为国内最大的互联网公益数据记录库。

我为什么一定要说这个点？因为我们用大数据做公益数字化的服务，也是基于数据记录库，才敢去做这些事情的。

接着是第二部分，腾讯公益平台的三个大方向。

2015年之后，我们还是看到了三个问题：

第一个问题，从用户的角度看，过去和我们平台一起成长的用户，不再满足于只在我们平台捐一次钱，他们的个性化需求越来越旺盛，参与公益时，对我们的要求也越来越高。同时，我们每天被无数双眼睛盯着找碴，公益机构的一个错别字，公益机构的一个财批数据的错误，每天都会有人给我们反馈，甚至我们在2022年推出了一个互联网监督的公益邮箱，那里有我们公开的一些邮件内容，真的是千奇百怪。

第二个问题，整个行业非常缺乏资源支持公益项目的成长，缺乏资源给互联网公益专业人才做培训，也缺乏一些公益基础设施。不管是腾讯平台还是阿里平台，现在互联网公益的发展给这个行业注入非常大的活力。公益行业发展主要靠这些平台带动，但我们不能只依赖于平台，它给我流量我就成长，不给我流量就没办法，我得去找平台做关系。2022年，我们一直在研究互联网公益的基础设施。

第三个问题，在疫情冲击之下，整个公益行业发展受阻。大家可能体会到，公益项目的发展还是有些乏力，广东公益的组织能力可能还好，但在其他地区可能发展不均衡，同时内容的生产传播也是不足的。

在这样的情况下，我们提出了三个方向：

第一个方向，搭建自己的用户体系。第一层用户，是现在平台上最多、最底层那部分用户，这批用户基本每年都会到腾讯公益平台，在“99公益日”的时候会参与，我们把它叫作倡导者，这批用户也是腾讯公益平台最宝贵的一批用户，我们也在思考用什么产品服务好这批用户。第二层用户，是重度参与者，可能是底下这批用户把他带进来的，他们一年会来1—2次。在互联网行业，我们都是用“月活”甚至“日活”来说一个产品的健康度，我们2022年继续关注这部分重度参与者，我们希望他们从来1—2次增加到来3—4次，但是1—2次增加到3—4次，不能靠公益机构帮我们去各个场所说“你再来捐一次”，我们需要有自己的产品去服务这部分用户。第三层用户，是轻度响应用户。腾讯公司为什么做公益，我们如何让更多人参与公益？想一下，哪怕10%的微信用户转化为公益用户，都超过1亿公益用户了，这是很大的一个数据。

第二个方向，通过数字化，跟公益行业一起打造公益服务链路。如何让更多用户参与进来？仅靠捐款是不够的，2022年，我们增加了一个捐行为的产品。当然，把用户服务做起来后，相应配套服务一定要跟上，说实话，公益行业服务用户的效率还是比较低的，大家基本是在线下的，信息化程度高一点，效率会高一点，但这仅仅是信息化，并不是数字化，所以通过数字化打造公益服务链路很重要。

第三个方向，要下场做些贡献和培育。既然我们没有很好的基础，腾讯公益2022年最大的转型是要下场，和公益机构共建和培育一些公益项目，而不是只是把公益机构项目放到平台上做筹款。这一年，我们做的一些新的尝试，就是内容生态的建立。大家可以看到，我们的视频号直播每一场都是火爆的，2022年6月1日，我们做了第一场六一儿童节的音乐会。这场音乐会是公益行业和腾讯共建的，通过公益机构与腾讯公益的共同运营，整场音乐会有几百万用户观看，虽然离明星的直播还有一些距离，但是我们看到了线上音乐会的潜力，所以在“99公益日”也会做3—5场自己的音乐会。“99公益日”当天，我们会举办一场最大的音乐会，你的项目可能可以在“99公益日”被更多用户看到。

接下来，我们要做数字化服务，大概有三个方面。以捐赠人为例，我们希望接触到腾讯公益平台的用户，最终会变成月捐用户或复捐转化用户，在每一个触点上，他们的诉求在腾讯公益平台都可以得到满足，这是我们要做的，我们需要在捐赠全链路上回应用户需求，使其实现体验升级。

第一，利用好资源。

首先，利用好人的资源，我们现在已经跟企业微信做一些探索，通过企业微信跟你的捐赠人发生关系。例如，我去耐克店买一双鞋，销售员会要我加一个企业微信，之后他有任何新品都会给我做推荐，在这个过程中，我就是在不断跟它发生关系，我们也想我们公益机构最大的场景还是在线下，过去你们把很多精力都放到了线上互联网公益平台，但是线上你们又不知道怎么跟这些平台去做一些深度的合作，所以我们也在想我们应该做一些工具，把这些工具用到线下，可以高效服务捐赠人，而不是每次都跟他面对面交流。

其次，利用好公益机构志愿者资源。广州有家机构叫蓝信封，他们的业务模式主要是让志愿者每次花2—3个小时给乡村小孩写一封真实的信。这2—3个小时，蓝信封会录入到管理系统，志愿者是机构自己在管理，但是它跟腾讯公益平台怎么去发生关系？志愿者写了2—3个小时的信，我们会给他3个小时的志愿时长，这3个小时的志愿时长等于3朵小红花，这3朵小红花可以在“99公益日”再捐赠到蓝信封项目，然后得到腾讯的配捐，整个闭环就形成了。所以如果在座各位也有一些志愿者服务或者是志愿者需求，其实可以跟腾讯公益平台的小红花做连接，最终这朵小红花又变成一些配捐，给到你们的公益项目。

再次，利用好捐款项目中的资源。例如，我们平台上的捐款用户，可能你不知道捐赠人的手机号是多少，但是我们平台可以提供一个方式，你可以触达你的用户，可以告诉他明天我这里又有一个活动，你要不要来参加，而我不一定要通过电话或者一定要知道你的联系方式，就可以做到这一点。

第二，持续打造劝募工具。

2022年，我们在重庆、湖北等地方做了多场针对当地公益机构的配捐活动，每次活动有两三百家公益机构会参与，效果还是非常不错的。这也是我们2022年的一个升级——常态化“99公益日”。

同年，我们还做了一些第三方项目评估，如果大家有报名友成基金会和腾讯基金会一起做的公信力评估，2022年“99公益日”就会有“加成配捐”，其实每一个评估不是为了配捐本身，针对项目的薄弱环节，评估之后友成基金会还会提供相应培训，对你的项目进行优化，在行业视角上，我们希望通过一些数字化的服务来做。

刚才讲了这么多，大家可能还在想数字化服务到底是什么，我这里举一个例子，这是我们跟微信支付一起合作的例子，这是对微信支付的利用（见图4-1）。

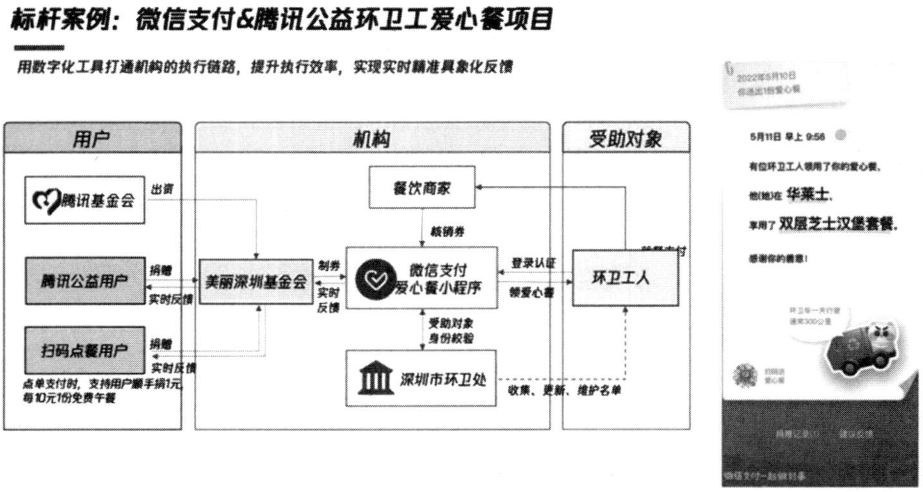

图4-1　微信支付&腾讯公益环卫工爱心餐项目

对微信支付的第一个利用，体现在给环卫工送餐上面。这听起来非常简单，但怎么找到这一批环卫工，我们没有名单，也没有环卫工的身份证号，当地的城管局有维护一套环卫工的线上名单。环卫工的流动率非常大，可能今天是环卫工，明天就不是了，如果用线下的方式，一个月更新一次，名单也可能有疏漏，我们跟微信支付合作的第一件事就是识别对方是不是环卫工，他去到我们指定商户领餐的时候，通过扫一扫功能就有身份识别，立马就知道是不是环卫工，这是我们对微信支付的第一个利用。

对微信支付的第二个利用，我们通过跟商家的合作，这份餐不是在某一个食堂做的，也不是某一个公益机构做好后打包分配给环卫工的，而是这个环卫工在他身边的商圈里，如在肯德基、麦当劳、真功夫这样的店里扫码，就可以领到这份餐。

环卫工消费后，第一笔资金是腾讯基金会自己出的，但是我们还做了用户捐赠。用户怎么捐？有些商家可以提供餐，有些商家提供不了餐，例如奈雪的茶，扫码点单的时候，我们会问用户愿不愿意捐一块钱给爱心餐项目，如果用户愿意捐给爱心餐项目，某环卫工去某商家领了一份爱心餐后，捐款的用户马上会收到我们微信支付的推送，告诉他几月几日几点在哪个位置领了一份什么样的爱心餐，它的反馈链路完全是线上的。合作伙伴“美丽深圳”基金会要做的事情就是把环卫工的体验在线下做得更好，而整个链路的执行不需要公益机构花太多时间。接下来，我们跟微信支付谈开放，例如某家公益基金会拓展了海底捞这个商家，可以吃一个新品，就捐一块钱到你的公益项目。同理，这一块钱捐到你的公益项目后，也可以很快收到这样一条反馈。

这也是腾讯公益开始自己下场做一些公益项目，因为我们在打造这个模式的过程中，就知道微信支付有什么功能可以为公益行业所利用。原来我们是不知道受众群体的识别可以用扫一扫的方式，这个模式广州已经做了第二次复制，就是广州穗康保，广州市60岁以上的老人，只需要用扫一扫识别，就可以花1块钱到2块钱领一份价值60块钱的保险。

我们在深圳试点环卫工的项目已经成功，深圳算是一个数字化程度比较高的城市，那么在数字化程度不高的城市，这个怎么开展？

我们在延安也试点成功了，但是延安跟深圳不太一样，深圳商家可能都是一些大商家，延安的都是小商铺，所以我们两种模式都跑完之后，2022年应该是广州、东莞这样城市，我们都会跟微信支付一起进去做，所以我觉得在这里给大家举类似的例子，可以拓宽大家对自己项目的了解，也看看你手头上的资源以及项目本身的覆盖程度，我们可以用互联网的方式做更加高效和更加有用的事。

第三，利用策略扶持一些项目的生态培育。这些策略包括资源的筛选、试点的探索、规模化和生态的培育。举两个我们做共同培育的例子（见图4-2）。

第一个例子是雪豹。去大山里面走几天，能够遇到雪豹是一件很难的事情，所以传统雪豹的巡护方式效率非常低。结合腾讯AI能力以及内部一些资源，我们跟世界自然基金会和地球自然基金会，通过技术输出和资金资助，帮这个项目做一个可持续的运营。

第二个例子是自闭症的早筛。腾讯有一个项目叫科学探索奖，其中有一个科学家项目是自闭症早筛，这个项目有一套非常详细的理论，平台上有非常多公益机构也做自闭症项目，有没有可能把科学家的项目和这些公益机构结合，提高公益机构的自闭症康复或者干预效率？最后，我们做了资源对接，项目本身也在平台筹款超过了500万元。

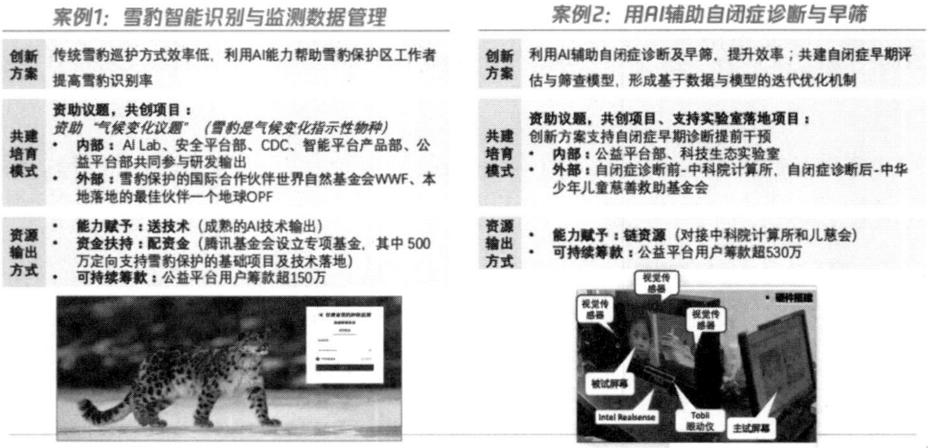

图4-2　腾讯的自闭症早筛项目

最后是今天的第三部分，讲讲“99公益日”。

2015年到2020年，我都不在这个平台，但在这之前，我跟很多同事去做了一个采访，他们也给到我一些故事，我觉得有必要跟大家聊一聊。2015年，当时腾讯的最高层提出，我们就拿1亿元现金来配捐，大家觉得行不行？

当时在行业里很少直接用1亿元现金配捐的，有捐赠到一家公益机构，但没有说1亿元资金可以配捐给平台所有公益机构，这是首创。当时大家很忐忑，觉得没有这么多人能够把我们的钱拿完，所以我们做了一个“99公益日”的规则，按1：1配捐，但是，万一配不完怎么办？

零点开始，24小时配捐，只有1亿元，分三天，第一天是3000万元，结果我们发现零点开始后3000万元非常快就配捐完了。当时，我们真的很诧异，我们发现，只要是微信支付能支持的额度，很多大额捐赠就敢捐出。

第二天我们调整了部分策略，效果还是比较小。三天结束，我们内部在复盘时还是觉得公益行业有诉求，且需求是合理的，并且思考我们的做事方式是不是还可以优化。到了2016年，除了腾讯自己捐钱，也有更多爱心企业来配捐，这时配捐方式也改成随机，可控性强很多。

到2017年，我们发现，做了两年之后，影响力有了，项目也达到6000个，这时我们发现一个现象，开始有慈善会跃跃欲试配捐了。慈善会可能跟整个平台上公益机构的特征不太一样，他们属于行政体系，只要一动员，资金就被他们拿了一大半，所以当时内部还是喜忧参半，项目多了，进来的角色也多了，我们的分配如果按同样方式进行，公平性就存在很大挑战。

所以2018年，我们对整个规则又做了一轮调整和优化，但当年套捐开始有苗头了。这时候我们采取了第一次手段，那时候还不叫风控。我们那一年资金快到24：00还没配完，因为我们把那些有套捐行为的退捐了，它就不来了，真正来的机构又有很多觉得只有早上那几个小时能配到钱，晚上也不来了，所以那一年对我们来讲挺艰难的，我们一方面要去抵抗不太好的行为，另一方面又希望这个数据往上增长，所以2017年至2018年的数据基本持平，到2019年稍微好点，我们有经验了，也见招拆招了。

但是2019年行业又出了“Me too”事件，这对公益行业产生的伤害挺大，也对“99公益日”有一定影响。

到了2020年，我们整个团队都很成熟了，在疫情之下，我们推了一场公益直播作为激励，大环境及平台的稳定性等使我们一直跟行业保持联系和互动。以往每次规则一出来，我们首先是解读会，但2021年开始，我们的规则越出越晚，以前我们的规则3月出，后面5月出，2020年可能是6月出的，2022年7月出，2023年还有没有规则就不知道了。

而且，我们的规则越来越复杂，这背后真的有特别多思考，到2021年，我们觉得不能够只做捐款、只做配捐，还是要引入新的东西。“小红花”本来是一个IP形象，我们把它产品化了，把花本身做了一些价值。2022年“99公益日”，我们提出一个方向，就是希望高质量发展。往年有三个大问题：第一个问题可能大家都有同感，投入太重了，前面那些机构可能把大部分资金都拿走了；第二个问题是到了日常或是非配捐时段，大家其实也不动了，2022年可能更多平台都来参与配捐，大家精力还要分散，其实还是挺累的；第三个问题是不管规则导向还是行业导向，我们看到一些行业的人出去讲自己机构的时候，都以我筹了多少钱来证明机构有多荣耀，作为行业从业人员，我是挺心疼的，公益事业首先要解决社会问题，而不是说我筹了多少钱，我做了多少好事。

这是2022年“99公益日”激励规则的全景图（见图4-3），在这里有几个重点：

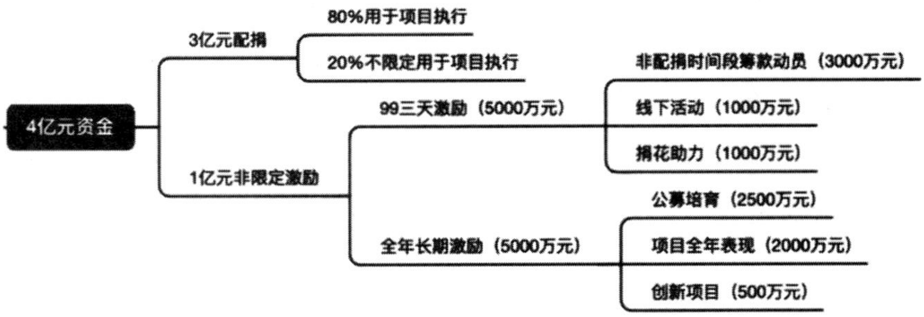

图4-3　2022年“99公益日”激励规则全景图

第一个重点是3亿元的配捐。这就是一天1亿元的配捐，跟2021年不同的是2021年全部是项目款，2022年有20%是可以用来做非限定的，也就是说，可以做一些机构的发展、一些行政开支等，二八分也不是“拍脑袋”定的，我刚才跟大家讲了，2022年上半年我们的三场区域场全部是用这个比例去做的，所有公益机构反馈都是正向的，所以我们才敢在“99公益日”的时候做这样一个应用。

我们每年都有非限定，但是每年的非限定奖励只针对三天的表现，做三天吃一年，很多公益机构都是这样，一个公益机构的三天筹款占它全年50%以上，它也不健康对吧？所以，2022年我们的1亿元非限定分了两块，一块是针对“99公益日”的，另一块是针对全年的。也就是说，你日常的努力也可以拿到2022年“99公益日”的配捐，这是跟过去不太一样的。

还有“99公益日”的5000万元激励，其中3000万元是非配捐时段的筹款动员，我们的配捐时段是早上10点至12点，12点后大家就不想去动员，因为没配捐了，但2022年我们在非配捐时段，拿了3000万元资金去做配捐动员，大家可能说抢不过早上的，但是那些头部机构可能抢完那一波，下一批就准备明天的了。我们希望，过去在“99公益日”没有得到特别好支持的机构，利用这3000万元能在2022年非配捐时段给大家一些筹款激励。

第二个重点是线下活动。2021年我们尝试做了第一次线下活动，我们的益码通产品出现了一些问题，2022年也做了部分优化，鼓励机构线下的筹款活动。

第三个重点是2022年全年的长期激励占整体激励的一半，包括三个部分。第一个部分，不管哪个平台，最关键的还是公募机构，他们要把非公募机构服务好，所以有很多公募机构跟我讲，我根本没有那么多资金来服务他们，这么多管理费我都用完了，所以我们2022年专门拿了2500万元给公募机构。第二个部分，项目的全年表现。例如，项目在全年有100天都在筹款，它的项目“99公益日”拿到高配捐。第三个部分，就是创新项目。这里留了个口子，没有最后定下来，这里的规则将用专家评审方式，我们希望从行业里挑出一些有影响力、有创新性、小而美的公益项目给他们资源支持。

以上就是整个“99公益日”全景图的几个重点。

大家也会问，2022年的配捐模式到底什么样？你捐了多少钱，得了多少钱的配捐，我们是分了几个维度的。第一个维度就是公益倡导者，有一个额外的配捐，所以在座各位得配捐的时候，可能就比那些行政动员来的一次性用户得的配捐要高。第二个维度是长期公益人，就是月捐的用户，陪伴我们平台时间越长，他得到的配捐比例会越高。第三个维度是小红花志愿者，就是我刚才讲的像蓝信封这样，志愿者跟小红花打通的项目和机构，他们的志愿者来捐钱的时候，得到的配捐也会更多。第四个维度关于项目加成。例如我们做的公益真探，刚刚招募了100个项目，就可以得到加成，还有我们的公益股东人大会，公益股东人大会的第一个机构，其实就是我们广州的机构满天星，类似的公益项目它也可以得到额外加成，这些加成都会体现在2022年“99公益日”配捐上。我们之所以可以做到这么完备，是因为做了一个腾讯公益平台的健康度模型，接下来也会在行业里做一些推广或者共享这个模型，例如免费午餐计划在腾讯公益平台上是一个优质项目，我们有理由相信，在别的平台上，这也会是一个优质项目，所以我们也希望跟这些项目去做一个打通。

图4-4是“99公益日”的配捐模式，是具象化的进展服务，我们目前还没有完全开放，你捐的每一分钱花到了哪里，都可以得到很明确的反馈，这样的项目也可以做到项目的加成，所以整个项目的加成和用户的服务会最终决

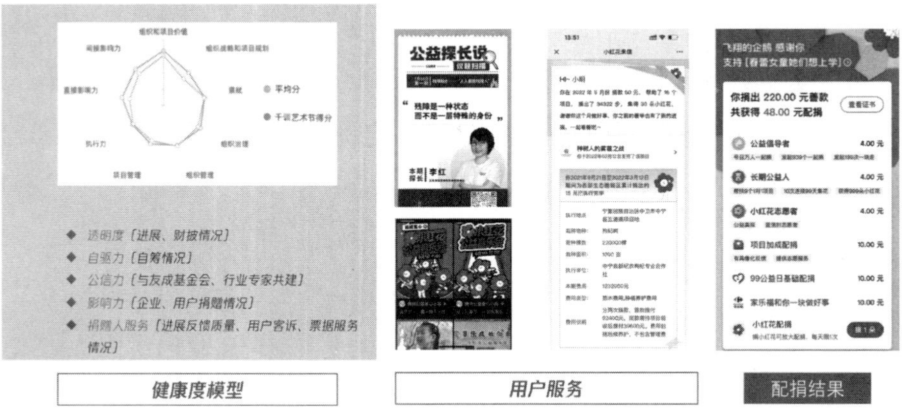

图4-4　“99公益日”的配捐模式

定你的配捐。所以慈善会一个新项目拿到的配捐一定不会比你们多，当然他的人数比你们多，我们还在继续想办法把这些做到平衡。

最后，我再补充下腾讯基金会和平台回应行业需求的相关工作。

工作一，类似我们的千百计划，千百计划第二期的百个计划也已经申报完成，马上就要做复审，不知道在座的有没有进到复审的名单里？

工作二，传播人才培育计划，今天在座各位参加公益人才培训，还有我们跟CFF（中国基金会发展论坛）做的秘书长成长平台，会跟他们一起做更深入的运营，我们还跟乡村振兴局做了160个重点扶贫县域的人才培育计划，这都是和人相关的。

工作三，中国互联网公益峰会。过去我们就做过一次，2022年也会做一些拓展。我们希望全年可以支持30个边会，这些边会可以给到在座各位直接申请，只要对某个议题、某个公益项目或某个行业现象做一些讨论，都可以来申请。

工作四，研究报告。这些研究报告是跟高校一起做的，我们刚刚搭建了“腾讯一起学”平台，会把公益行业相关研究报告在平台上共享。研究这些事情，事实上是因为我们自己想去学习这个领域的东西，却发现公益根本不像商业。我们有艾瑞这样的咨询公司做的非常成型的报告作为参考，也希望通过将腾讯基金会的资助和平台相结合，为这个行业的基础设施建设做一些事情。

以上是今天的演讲内容，感谢大家，我们一块做好事，一块把好事做好，谢谢。

王帅：我听完的感受是，我们做公益要把激情上升到思考的深度，实现资源和效率的最大化，提升透明化。把一件单独的事情变成一个事业，一个人行走变成一群人一起行走，最后形成一个大环境。做公益的女性很美，做公益的男性也很帅，下面有请阿里巴巴公益基金会副秘书长金久淳来进行他的分享。

三、人人公益，才是公益

金久淳
阿里巴巴公益基金会副秘书长

我之前在新华社担任国际新闻报道的编辑，做了16年国际财经新闻。我加入阿里巴巴（简称“阿里”）之后，先是在公众与客户沟通部，现在在公益部。其实我也是刚开始学习公益，今天的分享更多是作为一个公益新人，分享我对公益行业的了解和学习心得。

要理解公益行业，绕不过去的就是理解阿里公益和腾讯公益，两者有什么相似点和不同点。很有意思的一点是，我到阿里公益部两个月之后，发现很多人都在夸腾讯，认为腾讯跟公益行业结合得特别紧密。有人说，腾讯办了这么好的公益人才培训班，还跟暨南大学新闻与传播学院做了很好的结合，还总说腾讯的“99公益日”做得比阿里的“95公益周”要好。我发现大家都在夸腾讯的“小红花”项目，还有人跟我说腾讯的瑞雪文化做得特别好……

我怀着困惑的心情，给腾讯的同学打电话请教。我有一个朋友在腾讯的SSV，即Sustainable Social Value，翻译成中文是可持续社会价值事业部。我今天中午还请教了刘琴老师，腾讯为什么有这个代码一样的名字，跟我们MMC一样，这是一个什么样的机构？她说这是一个比腾讯公益范畴更大，包含像围村这样的科技项目部门，以及一部分公关传播力量，它是一个综合性非常强的大部门。

我问腾讯SSV的朋友，为什么所有人都在夸你们腾讯？我这个朋友是做乡村项目的，听我这么说，他一拍脑门说，哎，为什么行业里所有人都夸你们阿里公益做得好？你看我们腾讯做乡村公益很难，没有物流，没有跟乡村链接很强的下行销售渠道，也没有农货上行销售渠道。而阿里可以做“最先一公里”，从数字农业的云基础设施到产品设计，从商品上行渠道到物流服务，阿里是全链路的开展助农。阿里全链路的服务在乡村已经存在，所以腾讯的同学跟我说，我太羡慕你们阿里了，你们阿里可以把公益做得这么实！

我到阿里的公益部门短短两个月时间里，第一个感受是特别欣慰，因为发现腾讯的人在夸阿里，正如阿里的人在夸腾讯。这对公益行业的发展特别好。阿里公益负责人对我说，大厂之间，商业上可以有竞争，但是公益上一定是合作，只有这样，全行业才会是受益者。

我的第二个感受，也是关于腾讯和阿里的。只做了两个多月公益，我看问题是新人视角，但会有一些外部视角。很多人问，腾讯跟阿里做公益到底有什么区别？

英国哲学家以赛亚·柏林在《俄国思想家》一书中分析俄罗斯知识分子的时候，提出有两种知识分子：一种叫狐狸，一种叫刺猬。狐狸知道很多事情，而刺猬只知道一件大事。按这样的类型划分，普希金是一只狐狸，托尔斯泰也是一只狐狸，但陀思妥耶夫斯基是一只刺猬。同理，腾讯公益就是一只巨大的狐狸，它看到了无数的事情，动员了巨大的去中心化网络，不是吗？这么多地方慈善会、公益机构都围绕在它身边。而阿里是一只巨大的刺猬，我们围绕着自己的产业能力，从商品、物流到云，构建出来了一套非常扎实、接地气的公益打法。

那未来会如何呢？我们看到，腾讯要从以前的募捐转变为一个数字服务平台，阿里也要从以前的平台公益（公益宝贝）成为公益平台。就像现在的德国车，开着越来越像日本车，现在日本车开得越来越像德国车；我觉得，有可能未来狐狸会变得更像刺猬，而刺猬会变得更像狐狸。但这对我们公益行业来说，都是非常好的事情。

我今天分享阿里公益，有我学习的结果，也有我作为一个十几年的新闻人对这个行业的一些观察和思考，可能不成熟，欢迎批评指正。

阿里公益认为，人人参与才是公益，我觉得这是一句非常重要的话。它的重点是什么？可能是“人人”两个字，这里面是指什么样的人？

首先要区分群体。任何一家公司做公益都有路径依赖，腾讯是做社交媒体起家的，所以它的路径依赖是发动所有人。阿里是做电商起家的，所以它的路径依赖一定是消费者，我们现在有10亿消费者，平台上有几百万商家，所以对于阿里来说，这个“人”首先意味着10亿消费者和几百万商家。中间的连接点就是等下会讲到的公益宝贝。

另外，阿里公益是从员工公益做起来的。2015年9月10日早上，阿里的马老师提出“人人三小时”，意思是阿里每一个员工必须都做三小时公益。其实在2015年提出之前的两年，马老师就有这个想法，但是如果人人三小时的话，它就变成一个很硬的指标，公益可不可以用很硬的指标来要求员工？马老师想了两年之后，觉得这是我们阿里的价值观，人人都要做。

到这里，我觉得阿里公益的“人人”，至少包括三部分：阿里的员工、我们的10亿消费者和我们的几百万个商家。

在阿里，大家经常讨论一个问题：公益到底是给予还是收获？就像刘老师讲的，你是做的还是给的？马老师以前也讲过一句话，对阿里公益的发展有很大影响，他说阿里的公益不是一个人做很多事，而是很多人做一点点事，而且是持续地做一点点事。这个理念，非常密切地植入整个阿里公益服务。

回顾一下阿里的使命，就是让天下没有难做的生意。我们一定是一家商业公司，虽然“生意”这个词这两年在各大网络平台上有点被污名化，但是坚持两年之后，越来越多人理解生意的重要性，尤其在后疫情时代，只有好的生意才有好的生活，这句话也慢慢被大家接受。

再回顾一下阿里的愿景，就是成为一家活102年的好公司。其实，这也是做公益的愿景，很多人不知道这“102年”是怎么来的。因为阿里是1999年创立的，是20世纪的最后一年，马老师说至少要做三个世纪，所以还得加上22世纪的头一年。

实现这个愿景，一定不是通过大和强。阿里公益有三个基本原则：公益的心态、商业的手法和科技的力量。其中，科技的力量是非常重要的一点，但不乏很多思想误区。

《经济学人》曾经评过过去150年最伟大的科技发明，大家一定想不到，是抽水马桶。为什么？因为能影响到所有人的，大家每天高频使用的场景，才是最重要的科技场景。

大家在淘宝上购物，每个人刷出来的页面是不一样的，打开页面以后手机的屏幕很小，只能显示这几个项目，这里面很关键一点就是千人千面技术。

再如疫情的时候，国家博物馆把阿里防疫健康码最初的三行代码作为国博永久性的数字藏品，这就是科技的力量，所以阿里是在影响我们每一天的生活场景，在高频使用的场景中思考如何带来影响和改变。

这里涉及阿里巴巴公益的三个同心圆（见图4-5），具体如下：

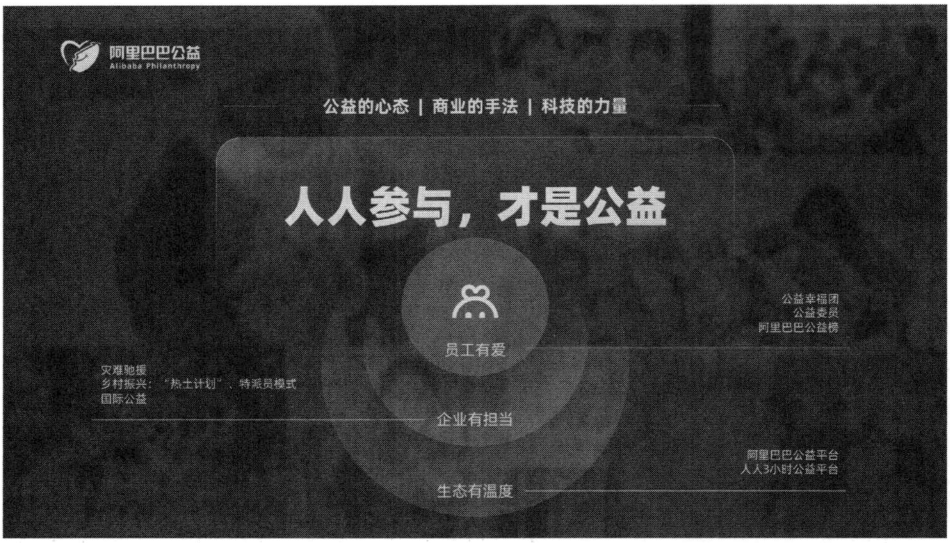

图4-5　阿里巴巴公益的三个同心圆

第一个同心圆叫员工有爱。马老师提出每个员工每年要做3个小时公益，这是我们感到非常自豪的一点，2021年我们的人均公益时突破了6小时，所以我们全年累计公益时首次突破了100万个。

阿里是在中国比较早开始倡导“人人做公益”的企业，也是现在持续做的效果比较好的。并且我们2022年提出来把那三个小时从公益时成志愿时，因为大家发现捐步这样的泛公益类目出来后，捐三小时变得很容易了。我们就觉得不够，要把泛公益更加自觉地变成志愿时，我们的员工也非常配合。阿里现在有二十多万员工，不算高鑫零售也有十几万员工，海量员工每年要做海量志愿服务，他们特别需要优质公益资源供给，我们要让他们有场景、有机会去做公益。

第二个同心圆叫企业有担当。我们的重点是乡村振兴，后面会讲到阿里特派员计划，用阿里的生态力量去改变中国的农村。

除了乡村振兴，在企业有担当这方面，还包括救灾救援。我是2020年春节后加入阿里的，入职后我做的第一件事情是驰援武汉的项目。在那年大年初一早上，公司决定，阿里一定要把我们的能力，沉淀了十几年的商业和数字化能力，用于支援武汉，所以全阿里的同学在年初一就开始加班，年初三就对外发布了《驰援武汉，就这么干了》的公开信。

我当时进阿里的第一个工作就是参与公开信的写作，但更加难的是，我们不只动嘴皮子，还盘了体系内无数资源，从物资、技术到仓储到物流……救灾驰援的事情，从2008年汶川地震到新冠肺炎疫情，再到后来的河南郑州特大暴雨，阿里一定是第一个响应的。

乡村振兴计划是阿里公益在2017年提出的，大家在照片里能看到马老师、王帅。当年我们许了一个承诺，5年投入100亿元去做脱贫攻坚，契合当时的国家战略，成立了脱贫基金会，但是2021年我们把脱贫基金会更名为乡村振兴基金会，重点谈人才、产业和科技。

每次到一个地方，首先看的就是产业，这也是阿里的一个特点。我们的董事长张勇提出，我们阿里做公益，到农村去做公益，不是去捐，没有产业就不可能有持续的造血能力。

我给大家举个最新的例子，我们做了乡村振兴计划后，就派了资深员工到全国21个欠发达的县域去做特派员，现在累计有26个乡村特派员。我们以企业名义，没有行政级别，但类似于体制内的挂职副县长。

我们选出来的乡村特派员平均在阿里的工龄是10年以上，所以基本上是百里挑一的人了。他们的年度考核评分都是3.75以上，那又是百里挑一的。所以他们说我们挑出来的乡村特派员是万里挑一的阿里人。通过我们特派员指导，联结县域产业资源，一个养殖项目就解决清涧一年5000万元的营收，带动可观的就业数量以及税收。

我们2022年除了持续派出乡村特派员，还有一个乡村设计官项目，就是我们的兼职同学，我们的技术员、程序员以及众多UED设计师在干的事情。中国农村的问题，一是没有产业，二是没有品牌。日本人是非常注重地域品牌的，例如有爱媛橙子。在中国，如果有地域品牌，也可以让橙子每斤多卖5毛钱，这对农民增收是实实在在的，但是目前乡村基层是没有这个观念和意识的。

所以阿里2022年大概有1000名兼职的乡村设计官，免费帮我们各个贫困县进行品牌设计和包装，这样一下子就提高了他们所有产品的附加价值。

21个欠发达的县域，26个特派员，我们看到最后一项数据，阿里平台帮助贫困县域实现的销售额接近4000亿元，乡村振兴确实是阿里的产业特色。

第三个同心圆叫生态有温度。这是指我们的消费者、商家和公益行业，有了一个有温度的公益大生态，而这其中最为大家所熟悉的就是公益宝贝项目。公益宝贝发端于2006年，当时一个在苏州的癌症母亲，就是魔豆妈妈周丽红，她为自己的孩子成立的项目，她自己得癌症了，需要开网店来抚养孩子，这样的行为感动了非常多淘宝店主，很多人愿意给她捐钱。

2006年，她不幸离世，爱心宝贝慢慢成为淘宝商品上的标签，但一直发展到2011年，它才正式从爱心宝贝发展成公益宝贝。卖家可以把店里出售的商品设置为公益宝贝，按照你愿意捐的钱，最低2分钱，等成交完后，这个钱就会打到你设定好的公益机构的账户。

商家做两件事，一是选择愿意为每一件公益宝贝捐多少钱，二是选择把钱流向哪些公益机构。这就创造了非常有意思的商业模式。这里涉及公益慈善对资金的分配问题。我们知道，第一次分配是市场经济的商业交易；第二次分配是政府的税收调节；第三次分配就是把收入捐出去，要么捐收入，要么捐行为。

公益宝贝最特殊的是把第三次分配和第一次分配融合在一起，成交商业行为的同时，也完成了一次公益捐赠行为。我们看到，2019年“双11”十周年这天，1/3交易都产生了给公益宝贝的捐赠，所以它不仅是商业交易的峰值，也是买卖双方爱心的峰值。

我们现在的平均捐款额是一个非常长尾的数字，是4分6厘，比最初的两分钱高了一些。试想一下，如果通过每笔4分6厘来完成每年几亿元的捐赠，需要多少笔交易？每年至少需要成交近100亿笔交易才可以撑起来现在的捐赠规模，实际上，我们总成交笔数达到1000亿，覆盖4.8亿人。这就是科技融入日常生活、与生活息息相关的高频场景。

阿里的公益宝贝有两个非常长的长尾。一个是商家端的长尾，而且是淘宝上的商家长尾。淘宝上的商家参与公益宝贝的数量远远比天猫多，当然也是因为淘宝基础商家的数量比天猫多。另一个是消费群体的长尾，覆盖4.8亿人，是一个超长尾的公益链条。公益宝贝的全链条都非常透明，会显示在商品首页上，而且会显示累计捐助的笔数，做得非常透明。

此外，还有爱心好店。以前我们的商家在平台上捐赠的时候，获得捐赠认定、将捐出去的钱开票都是非常复杂的事情，毕竟平均每笔只有4分6厘，怎么统计？怎么申报？

2022年我们和支付宝合作，完善了平台上一键开票的服务。商家在我们这里交易，一笔0.02元，假设半年成交了56笔，他要开票和导出，是可以一键完成的。

很多人问，是不是成为公益宝贝后就有流量加持？是不是会让他们的商品被看到的概率更高？我很负责任地告诉大家：不会。平台的人是这么解释的，阿里有很多种赚钱的方式，但是绝对不会用慈善的幌子去赚钱，这绝对不是我们赚钱的方式。爱心公益不会额外带来流量，但是会鼓励和激发商家和消费者更多地参与公益行为，这也是我们刚才讲到的商业手法中很重要的一环。

之前阿里做的，其实我们叫平台公益，为什么？它是在做买卖的平台上做公益，它的代表就是公益宝贝，那么未来阿里公益的战略发展方向是什么呢？其实它慢慢也会成为一个公益平台。

这是我们2017年上线的“人人公益”三小时平台，以前三小时平台只是阿里员工自己记录公益时，现在已经成为拥有4000多家志愿者组织、1.5亿注册用户、100多万日活跃用户的庞大公益平台组织，在这里既可以参与泛公益行为，也可以通过匹配志愿者和志愿服务机构需求来组合完成一项志愿工作。

2022年很重要的一个工作是把小朋友的公益账户建立起来。我们发现，小朋友的公益账户是一个特别大的痛点，因为可能小朋友需要做公益，需要累计公益时，有很多学校、很多地区，要求小朋友达到一定公益时才可以毕业。例如，杭州云谷学校（阿里合伙人投资创办的民办学校）要求高中生做200个小时公益时才可以毕业。这样的公益时也像支付宝的芝麻信用一样，需要可流转、跟随身份走，转学、升学后依然可以保持沉淀，这也是我们平台正在做的一件事。

我是一个公益新人，但是大家如果对于阿里平台公益宝贝、“XIN益佰计划”有任何的想法，都可以找我，我可以把这个需求带回我们的公益部门。

以上是我的分享内容，谢谢大家。

王帅：金久淳是阿里巴巴公益的新人，其实我是阿里巴巴公益的老人，我一直做阿里巴巴公益的副理事长，所以我不太好点评他的公益做得好不好，如果我谦虚一点，对我的同事是不客观的。但也因为是新人，所以阿里巴巴公益未来一定比我们老人在同一个阶段做得好。

接下来的分享由张见悦来讲，我跟见悦认识快20年，但是你们知道要了解一个人是很难的。我以前一直认为，见悦在对潮汕文化的推广，包括潮汕祠堂的推广方面，已经花了很多精力，但是从几年前开始，我发现他在公益上也做出了我想象不到的事情。

四、逆技术的纯人工公益

张见悦

中新社广东分社社长

王总刚才说，了解一个人很难，其实通过中国传统文化了解一个人并不难，中国人起名字会很快跟他的人生轨迹切合到一起。像我们的曹轲老师，“轲”的意思，就是睿智、风度翩翩、温文尔雅，所以他放着厅级干部不当，来这里当教授，心里老想着要温文尔雅；我们帅总，“帅”这个字，他能当个中国男公关天团的团长，主要就是因为他帅；我的名字叫“见悦”，人见人爱，但时间长了还是得做点公益，要不就觉得不好意思。

说到做公益，跟其他行业一样，我们需要专业的人做专业的事，每个人都有特长。帅总的特长是做公益，上两个星期他刚捐了3000万元，之前也有几个千万级的捐赠，他的长处在捐款，不是在介绍公益，所以他把我们几个能说几句的带过来，一起完成今天的课程培训。我们以为来的都是基金会的人，可能很多像帅总一样快退休了，没想到好多是年轻人，这令我特别感慨，未来整个国家的慈善事业真是充满希望。

刚才我们两位专业人士分别分享了公益的不同方面。我看前面刘琴老师讲的时候，大家听得更专注一些。究其原因，一个重要方面是在她那里能分到钱。但是，我这里分不了钱，怎么办呢？那么，我给大家讲两个小故事吧。

第一个故事。相传北宋时有一个七八十岁的老和尚，从福建来到当时偏远的广东潮汕。潮阳有一条江，据历史记载有60丈，很宽且河水很急，两边往来的居民经常因为河水太急而翻船，出现安全事故。为此，那和尚发下宏愿，要修一座桥。

但是，北宋年间要修一座百米级的桥，工程量有多大？虽然当时整个潮阳加起来可能有几万人，但大家依然觉得这是不可能的事情。老和尚不管，一路募捐了好几年，有一天竟突然不见了。三五年之后的一天，大家发现和尚从海面过来，带着一船队的物资，他已经把这座桥的规划设计、石料等所需一切采购回来，开始兴建这座桥。桥一共18孔，在他手上一年多时间就修了16孔，最后两边的2孔还没修成，大和尚就圆寂了。这和尚名叫大峰，当地人特别感念大峰祖师，在他去世后把他升格为当地保护神之一，不仅是祭祀，还用大峰祖师的精神教育、凝聚大家，并成立了可能是中国最早的慈善机构，叫善堂。善堂从北宋延续下来，一路发扬光大。之后，潮汕人又出海到东南亚，令善堂多到难以统计。社会上许多公益项目都由善堂完成，尤其是在东南亚，如果去到泰国、马来西亚稍微郊区一点，或者华人社团机构，80%会看到善堂，或穿着“善堂”字样马甲的人，这就是大峰祖师传下的精神，延绵了一千多年。

1922年8月2日发生在潮汕的大风灾，是中国气象部门认定的历史上有记载的最大一次灾难。历史上在遭遇这种灾难的时候，都是善堂发挥了特殊的救苦救难作用。我们腾讯公益事业创始人陈一丹做线上交流的时候，谈到他做慈善的原因，他小时候，奶奶经常给他说要做好事，再往前，因为我们大峰祖师给子孙后代带去了深远影响。所以陈一丹在他退休后，退出业务线后，还是集中大量精力去做慈善。

讲这个故事，是想跟大家分享，虽然现在的科学技术越来越成熟，互联网令生活越来越便利，但永远不要忘了慈善的初衷，核心是信仰，慈善是信仰的产物。

今天的课程，我们挑了一个话题，叫“逆技术的纯人工公益”，在从事媒体工作过程中，我看到过一开始打着慈善的名义，后来却因为利益的诱惑或者现实的压制，走向了一个很偏的路的案例，这对社会、对人间善良造成巨大伤害。我相信，他们的初衷是想做点好事，做着做着才发现忘记了初衷。我认为技术是很好，但有时候要反思一下，很多纯的东西不能丢了，笨办法也可以解决大问题。

今天跟大家介绍一个项目，叫“竹仔鱼”暑期青少年防溺水行动，简称“竹仔鱼行动”，由广东潮青平台发起，这个项目正在粤东地区进行（见图4-6）。

图4-6 “竹仔鱼”暑期青少年防溺水行动

所谓“竹仔鱼”，并不是指真正的鱼，是指小孩子不听话，被父母拿竹鞭打，一鞭下去，身上就有一条“竹仔鱼”。之所以有这个项目，是我们留意到中国一年有5.7万人溺亡，其中少年儿童占了56%，相当于每天有88个小孩溺亡，其中暑假两个月更是高发期（见图4-7）。

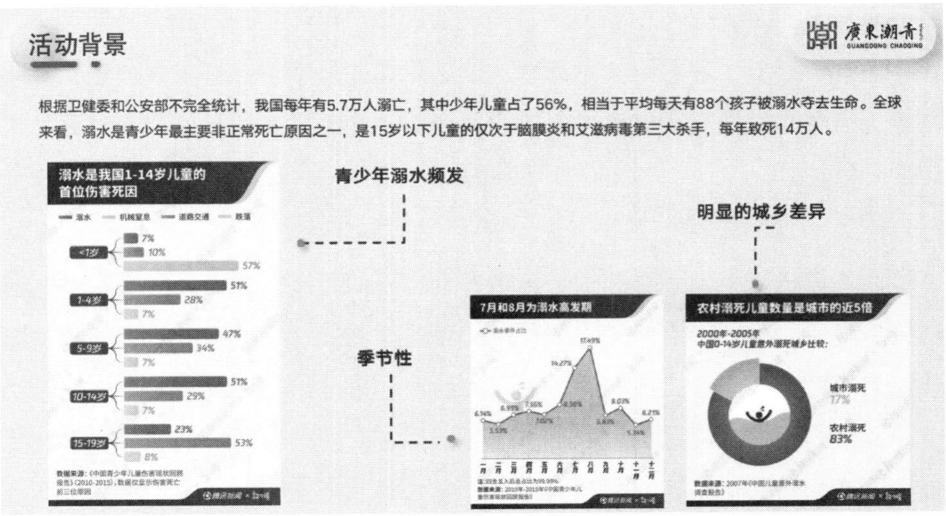

图4-7　竹仔鱼行动的活动背景

2021年，我寻思怎么解决这个事，就回到刚才说的笨办法。我留意到，学校放假期间，老师要求学生每天在群里打卡，但是无论是要求发定位、写保证书还是拍视频宣传都没用。我想了一个很笨的办法，找了区长负责把全区过去5年溺亡儿童最多的地方挑出来，在潮阳找了20个在过去三年有过安全事故的水库，然后每个地方配两个阿伯，给钱请他们拿个竹板子守在那里，从早上8点一直到晚上8点，如果有不是父母带的小孩来了就劝他走，如果不肯走就上“竹仔鱼”。就是这么一个很土、很简陋的办法，2021年我实施项目的两个地方都全区域、全时段零溺亡，这在过去每年都不可能。竹仔鱼行动开展情况如图4-8所示。

2022年，我们继续在这些地方如法炮制。项目启动那天，我去了，跟那帮阿伯说，不要把它当成这两个月打份工，这不是打工，而是跟修桥铺路一样，属于做好事，我可以给点补贴费用，剩下当你们做好事，给这帮小孩保个平安，我们一起把这件事情做好。我再三拜托他们早点起床，中间不要溜走，小孩来了，该认真就认真，该下手就下手，农村小孩都特别精，如果一个星期在那里被打两次，基本上就不来了。

2022年，我们在澄海和潮阳两个地方继续这样做，澄海在水边，在澄海区的整个水系中，我们挑了40多个地方，每个地方派一个人盯住，只要有小孩来了就赶走，如果有父母带就提醒注意，尽量不去野外危险地段。到目前为止，还是全区平平安安。我希望2022年能够继续全部平安。这实际上是一个纯人工的项目。

图4-8　竹仔鱼行动开展情况

2021年我们启动这个项目的时候，就把一些溺水高发地段普查出来，锁定不安全的地方，我们作为一个公益机构出钱。这个活动启动后不久，就上了央视《新闻1+1》专题报告，影响也挺好。顺带说技术规范问题，做这个公益项目，很多人说越来越规范，我们这里有一些特殊之处，例如收的钱很多，因为都是广东潮青平台，所以有时候是点对点直接把钱收过来，我们在广东省仁爱基金会下开了一个户头，也是规范化运作，但我们比较灵活，我们有的潮青人50万元、100万元地捐过来，没说一定要发票。但我们能做到，其中一点就是相互信任，我们做这件事情是有信仰的，张见悦不会拿这200万元搞猫腻，有了这个基础，事情就做得更轻松、自由，最后整体效果也更好（见图4-9）。

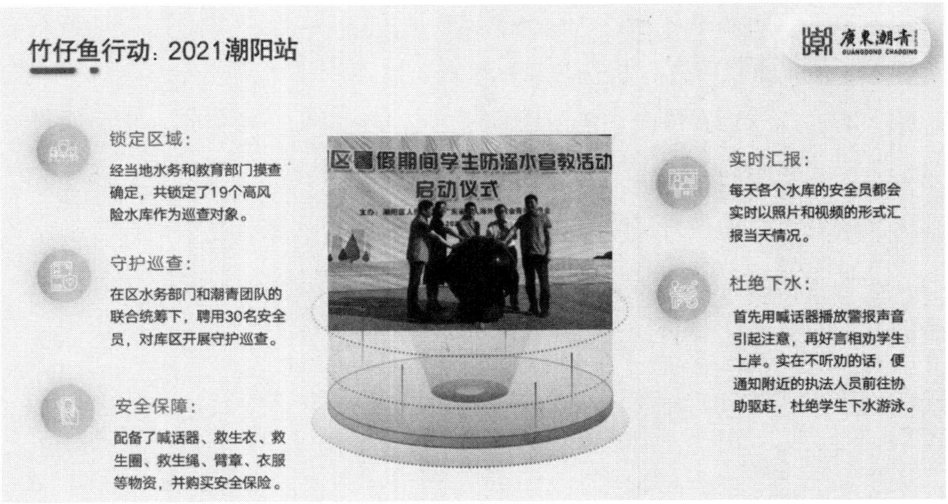

图4-9　2021年竹仔鱼行动在潮阳的开展情况

好多年前，马老师说最好的公益是把自己的事情做好，企业家把自己的企业管好是最大的公益，然后才有力量去服务社会，而不是倒过来。

再讲一个故事。前段时间有只流浪猫，叼了两只小猫放到我的窗口，小猫叫了一个晚上，其实我不喜欢养，但一看受不了，就送去宠物医院吧。送了去宠物医院后，我发现一个问题，杀死猫最多的就是宠物医院。为什么呢？养猫太贵了，一只小幼猫放一天一夜，光寄存费要500多元，两只一天一夜放在那里就要1000多元，这在某种程度上就是逼着大家把这些赶紧清掉。他们打着公益的名义，还说可以填个表，这里有公益项目，可以申请一笔钱补贴，最后补了百分之十几，实际上是一个营销手段，这里面就没有公益性，也没有信任，他们的出发点说是爱心，但并没有真正把这种信仰融进去。

刚才在上来之前我就想到了这句话，企业家最大的公益是把自己的企业做好。

谢谢大家。

王帅：我对这些话的感触还蛮大，这里也和大家分享一下我的想法。我们做事往往有很强的意愿或很强的冲动，这种欲望和冲动是我们做一件事情的原生动力。但你怎么把这件事情做好？你要从本心出发，从信仰出发，过程中还要细致入微，要严格要求自己。

一个公益人也好，一个普通人也好，他首先应该对自我有要求，工作的时候快乐工作，生活的时候认真生活。这个“真”是什么？“真”可能是让我们有触动的东西，可能是我们信仰的东西，也可能莫名其妙，但我们会用它约束和要求自己。

下面，有请黄莺老师来分享。

五、一线公益老兵眼中的互联网公益

黄莺

信息时报公益事业部总监、广州市十大最具影响力慈善人物

做公益，能做到腾讯、阿里巴巴那样的，在中国也只有这两家，更多是我们这种普通公益人。我没有张见悦老师所说的好玩的故事，我在这里以公益老兵身份来说说感受，把我们公益人的诉求与两个平台的老总做个沟通，也代表我们在座公益人说说心声。

《信息时报》是《广州日报》的子报，也是都市类报纸，里面有一个爱心档案的栏目，我就是与这个栏目一起成长的，而且一做就是20年。这个栏目的起源，是20年前我们跑民政线的一个记者看到广州老城区竟然有

很多生活很困难的老人，困难到我们无法想象：一个很小的房子里吊着个黑乎乎的蚊帐，家里也没有别的东西，老人家没有地方做饭，那个蚊帐是他家最大的资产，他在里面挂上很多塑料袋，因为广州特别潮湿，他必须用塑料袋保护他的“宝贝”。他们吃饭时也很惨，用两个砖一搭，架上外面捡的破铁锅，一生火就是一顿，最烦恼的就是楼上楼下的邻居抱怨他拿外面捡的柴火煮饭烟熏呛人，所以他的梦想就是有一个电饭锅。

当时跑民政线的这个记者现在已经是我们的王总。她说，为什么不为这些老百姓筹点生活用品呢？然后我们一起做了《爱心档案》栏目。第一期《爱心档案》是星期三推出的，选了一个街道，里面写了这些困难户的一些小心愿。《爱心档案》推出的第二天是工作日，但是依然有一群老板开着豪车去送物资，广州的老城区道路很窄，那条街当时都被堵了。第二周，我们再刊发《爱心档案》的时候，街道办公室主任就说要找城管和交警过来疏通道路。当时为什么有这么火热的捐赠呢？主要是有媒体背书！那时候在街上能看到很多乞讨的人，广州老百姓不知道这些乞讨的人到底是不是真的困难，而这时候媒体做个案报道来背书，大家对乞讨人的信任度就会提高（见图4-10）。

图4-10 “20年前，捐个物资堵了一条街”的相关报道

一年以后，我们在广州市慈善会下设了信息时报爱心慈善金，这应该算是全国第一个纸质媒体爱心慈善金。后来，我们把这些困难户的故事登在报

纸，旁边附上这个星期接受的善款、支出状况，《爱心档案》也变成星期天的常设栏目，用一个版来报道广州市困难户的故事和捐赠细节，还报道广州市的公益活动和公益项目，以及公益人，这个栏目一直到今天还在做（见图4-11）。

公益故事 深度触达

阿里巴巴天天正能量人物故事　　腾讯首页的公益故事

图4-11　“公益故事　深度触达”的相关报道

还是回到我们的主题互联网公益，后来，我们有了自己的捐赠页面，捐赠人很容易就能够捐款，虽然我们没有开通月捐功能，但每个月的第一天都有一些人按时捐几百至几千元，这种方式变成最开始的月捐模式。我们也看到，公益越来越生活场景化，有捐物的，有买东西做公益的，还有动动手指做公益的，例如蚂蚁森林。后来，又有腾讯首页的公益故事，能上腾讯首页是公益组织的荣幸，互联网使很多公益故事深度触达读者。

接下来，分享信息时报的一个公益项目“一个故事温暖一座城”（见图4-12）。这个项目可以说是阿里巴巴和腾讯共同的“儿子”，它最开始是阿里巴巴支持的项目。6年前，我作为一个媒体公益人，一直站在旁边看公益组织火热地做各种公益项目，看多了后也想为公益行业做点事！我联合了8家媒体，发起“一个故事温暖一座城”项目。当时，阿里巴巴的“天天正能量”项目给我们提供了支持，我们帮助公益组织解决两个问题，一个是筹款，另一个是传播，我们每个月在广州找一个大广场做线下公益市集，找一个公益组织挖掘他们有意思的故事，我们8个媒体给它集中做传播。我们每个月跟一个公益组织“深度恋爱”，跟他们建立了很多连接，我们是真实走进了他们的项目，最后变成现在的“一个故事温暖一座城”项目（见图4-12）。

图4-12　阿里巴巴+腾讯“一个故事温暖一座城”的相关报道

在图4-12中，第二张图是我们一个月摆一场公益市集，并帮助了很多孩子。5年前，一个孩子来广州治病，她患了白血病。这孩子很有才气，会画画，她的爸爸是理发师，当时我们正在给海珠区碧心公益服务中心做“一个故事温暖一座城”项目的公益宣传和公益市集，正好这个中心也有一个“全城义剪”项目，我们找到这个个案，正好她也是我们《爱心档案》报道过的个案，我们通过“一个故事温暖一座城”项目，帮助她募得了善款、治好了病，这个孩子现在成为她们全县最优秀的高中生，还获得了宋庆龄奖学金。其实，这类例子，项目里还有很多。

后面我也思考项目要怎么样进行下去，不能总是一个月搞一次，这对公益组织是一种打扰。每个公益组织都有自己的事情，后来我们调整为把腾讯“99公益日”与我们的项目做一个组合，每年“99公益日”我都会给所有公益组织一些资源，我们一起做线下筹款，再结合广州市慈善会做“善城汇爱”“99公益日”线下活动，这样，每年都会收获上千万元的筹款。我当时是这样想的，在“99公益日”，每个公益组织都要筹款，我就让大家聚力到共同的事情上，2022年我们给所有公益组织提供公交站场的灯箱广告和维多利广场、IFC、ICC的公益场景，让他们做展示、做互动，年底还会带着大家做全年盘点。

在这里，我还是想跟腾讯和阿里的同行做一个探讨，你们两家作为大平台去做公益，确实做了很多事情，从某些方面说，帮政府承担了很多，包括把企业、捐赠方、基金会还有公益组织搭成一个平台，做了很多实事。我在这里代表民间公益组织做个探讨。其实我自己也是个民间公益组织的负责人，每年都有参加“99公益日”筹款和集小红花公益活动，我记得第一年参加了集小红花的活动，但那个项目第一年做得很失败，当时我的小伙伴抱怨只募集了那么点钱，还要写一堆报告，投入产出比太小了。

在座的公益组织负责人都知道，公益组织人员流动性特别大，工资不高，应聘的人学历也不高，所以他的认知层面没有达到一定层级，不是说具体哪个公益组织，从整体来说是这样子，公益组织人少事多，每个人要负责好几个项目，一个人掰成好几个人用，有些公益组织根本没有筹募部，完全出于个人兴趣爱好做点事，这种情况筹款真的好难，面子刷光了，朋友圈问了一轮，还要做那么多后期报告。阿里巴巴的公益宝贝不是一般公益组织能达到的高度，类似满天星这样机构的战果，大家都会竖大拇指，但人家有专门的筹募部。

在这里，我有一个思考，就像宝马品牌会出一个X1，也会出一个X7，我们的筹款平台如公益宝贝，有没有可能出个X1级的，让民间公益组织够得着？当然，可能平台有他们的难处，我也只能在这里表达一下。

我知道，很多线上筹款平台支持公益组织，肯定要挑好的公益产品和好的公益组织来支持，那他肯定看不上我们这种普通人，这里面就有公益的质和量的问题。有的公益组织的项目量令人敬仰，但如果我们记者真的去走访（毕竟媒体需要对自己的报道负责任的）就会发现，以支教项目来说，很多项目就是去上一节课，整个学校的人就被作为他们项目的影响人数算进去了，在这里，我会打很多个问号，包括我现在做心理支教项目，我要对来上课的学生负责，起码每一个人我都要认识，我要给他们做个案咨询，每次我的个案咨询都要有记录可查，做完咨询还要做个案督导和复盘。在这里，人力确实投入了很多，但也真实改变着每一个孩子，这就是质的问题。

所以，我觉得公益行业的质和量是值得深思的问题。我也很高兴看到腾讯公益的小伙伴开始做评估方面的介入，他们的评估很实在，他们去走访项目而不是靠一摞资料应付。这其实是对公益行业很好的支持，他们看到了公益行业的需求，并做了很多调整。我也希望他们对民间公益组织有些倾斜，看到我们这些小而美、默默做事的公益组织。每个做公益的人都有一颗热忱的公益心，我们要保护他们的公益心！

现在的公益宝贝是千里挑一、万里挑一的好项目。在这里又有一个问题：公益支持是选秀还是普惠？我们民间公益组织每天都仰望着也希望着平台给更多资源，对民间公益组织有更多培育，因为整个公益行业的发展并不完全在于头部公益组织，它更多仰仗源源不断的新人发起身边的公益，解决身边的社会问题。

怎么样才能让公益有体验感？我觉得要走进这个公益组织，才能够看到他们是不是真的在做公益，公益项目是不是做得实。公益体验很难有一个评判标准，但公益项目负责人如果能够看到他的公益场所有人的需求，不仅是服务对象，还有志愿者或公众的需求，让这些人在公益项目里都获得很多公益体验感、价值感以及个人成长，这才是成熟公益项目、成熟公益组织需要做的事情！

我自诩作为民间公益的代言人，就讲这么多，谢谢大家。

公益现场：微信支付团队探索数字公益新模式

近年来，如果你留意网络新闻，就会发现各地都有爱心餐厅关注到环卫工人群体用餐难的问题，并慷慨提供免费餐食：

杭州的成良面馆，2013年开业以来就为环卫工人等有困难群体提供免费面食，5年来提供了近5万份，直到2018年12月小店老板去世。

成都一家餐厅连续5年为附近环卫工人提供爱心餐，他们认为，“就是多一双筷子的事”。

在山东一个叫高唐的小城，一名“80后”热心小伙把环卫工人请进自家小店，让其免费吃饭5年。

每一次这种新闻的出现都引发大众的强烈共情，也不断激发微信支付对社会价值创新的思考。微信支付于2013年上线，在助力商业进化的同时，推动可持续的社会价值创新，是微信支付发挥数字化工具“科技向善”价值、进一步探索的重要方向。

微信支付覆盖100多个行业，连接数千万商家门店，服务数万家社会组织和机构，如果能够联动各方，为善意的流动构筑一张数字化网络，或许能够为公益提供不一样的数字化路径。微信支付从环卫工人的每周一餐开始，与政府部门、公益机构、商家、服务商等共同探索针对某一特定问题和人群需求，提出具有较高标准化程度、可复制、可持续的公益解决方案。

微信支付爱心餐公益计划上线

2021年10月26日，微信支付爱心餐公益计划（简称“微信支付爱心餐”）在深圳上线，并联合腾讯公益、深圳市城市管理和综合执法局、美丽深圳公益基金会共同发起“美丽深圳·微信支付爱心餐公益计划”。通过该公益计划，深圳6万余名环卫工人能以1分钱在全市数千家门店享用一顿爱心餐（见图4-13）。微信支付爱心餐发挥数字化技术的力量，优化了传统公益项目的执行链条，实现了群体与资源的精准高效对接，让专业的人做专业的事。

（1）在受益人侧：环卫工人只需登录小程序，首次实名身份认证后，公益组织即可通过微信实名信息与环卫工人身份信息关联，实现公益福利的精准到人。环卫工人可“一键领取”爱心餐券，在用餐前，环卫工人只需扫码支付，就能以1分钱享用爱心餐。而爱心餐相应的采购善款也能即时到账。

（2）在公益组织和公益参与企业一侧：服务商为餐厅商户接入爱心餐公益插件提供免费支持；餐饮门店提供爱心餐食；清洁公司在工友群分享公益小程序码将“福利”通知到人；腾讯出资，编写爱心餐小程序认证环卫工人身份，实现精准触达。

（3）在普通用户侧：推出微信支付爱心餐公益小程序。用户可扫码登录了解项目信息，并为环卫工人捐赠爱心餐。

2022年3月，微信支付爱心餐公益计划上线数字化反馈新体验。用户参与捐赠的爱心餐被环卫工人领用后，可以通过微信支付推送的善款使用通知，第一时间了解到环卫工人的用餐时间、用餐门店、享用的爱心餐品，实现公益捐赠的瞬时反馈、资金链路的可追踪以及连接的有温度。这种透明、真实、及时的定制化反馈形式，为用户开创了参与公益的全新体验，将过往的支付网络、营销网络，升级到服务于捐赠者、受益人和执行机构的公益网络，让善意有回响，让社会有温度。

目前，该模式已走出深圳，走进延安、广州。在广州，项目由广州市城市管理和综合执法局、中华社会救助基金会、腾讯公益、微信支付共同发起，并试点全新的爱心餐模式与机制：服务场景从餐厅拓展到便利店，爱心品类从“餐”拓展到“餐+水”。广州6万名环卫工人每个月可以从爱心供餐联盟餐厅门店以及全市超过3000家便利店领用“一餐三水”礼包。用户可以在线上通过爱心餐小程序和腾讯公益关爱环卫工人项目进行捐赠，也可以在线下餐饮商家以点餐捐赠的方式送出爱心餐，或在活动时间内在参与活动的便利店购买指定公益商品（例如本期为农夫山泉天然水550mL）参与公益活动，向广州城市美容师送出一瓶爱心水。

微信支付爱心餐上线以来，全国已有26个餐饮品牌、数千家门店参与，项目共送出超过73万份爱心餐。在广州，环卫工人已累计领用超过10万瓶水，其中顾客参与送出近5万瓶水。

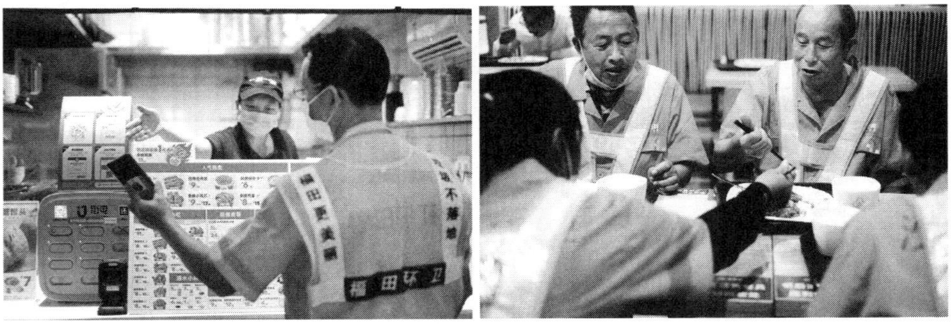

图4-13　2021年10月，深圳环卫工人在享用1分钱爱心餐

“做好事”的数字化转型

爱心餐项目为公益数字化打开了新的思路，如果“做好事”也能实施数字化转型，那么可以分为以下几步：

第一，精准识别并触达一个群体。微信支付作为一个数字化工具，在受助群体的实名信息关联及验证上，体现了安全、便捷、高效、灵活的特点。

第二，加深公益组织的敏捷性，提升社会资源对接的效率。通过公益组织和公益参与人网络之间的高效运转，实现更有效的协作和资源整合。这既可显著提升基金会的执行效率，减免招商、设点、采购、分发等繁复工作，又保证了公益链路和资金的透明、可追溯，最终在科技向善的引领下，实现可持续的社会价值创新。

第三，实时反馈链路，提升公益组织和用户之间的信任感。同时降低参与门槛，优化公益体验。微信支付作为公益数字化的技术和工具载体，可帮助更多社会组织和机构在不同应用场景开展新项目，共同面向受助群体，解决社会问题，创造社会价值。

例如，在困难群众大病保障方面，微信支付先后支持由腾讯公益慈善基金会通过广东省扶贫基金会向广州市慈善会定向捐赠的“穗岁康爱心保公益计划”，以及韶关市民政局、韶关市残疾人联合会、腾讯基金会和腾讯微保联合推出的“特需儿童守护计划”。只要1分钱，就可以帮扶低保人员、低收入困难家庭成员、特困人员、残障特需儿童等困难群体获得补充保险福利。

以“穗岁康”为例，参保时，可直接用医保卡个人账户里的钱给自己或家人购买，可通过爱心保线上页面直接校验身份，无须再烦琐地填单子，身份通过审核后就能直接投保，一步到位；理赔时，在出院时直接结算，即时报销，省去自己收集资料去保险公司的步骤。

“特需儿童守护计划”则通过与韶关市残疾人联合会、腾讯微保联手，实现数字化精准参保，韶关残联登记在册的特需儿童家庭可在腾讯微保与微信支付联合推出的指定小程序内填写投保儿童的身份信息，在与韶关残联数据库对比、校验信息通过后，就能直接对特需儿童及其父母进行投保，快捷而灵活。该计划首批覆盖韶关市仁化县、乳源县和新丰县的1130户残障儿童家庭，后续还将推广至全韶关市5000多户乡村残障儿童家庭。

微信支付，不止支付。未来，微信支付将继续做好数字化助手角色，不断提升产品能力，依靠自身技术和数字化能力助力社会发展，探索可持续的社会价值创新。

（第四讲文字由暨南大学新闻与传播学院2021级硕士研究生余安迪、张以禾整理）

03

公　益　创　新　力

第五讲

周如南

公益品牌和沟通管理

非常荣幸有这样的机会跟大家在这里相聚。我除了做公益学术和公益实践，还是广州社会创新中心的理事长，所以今天我会从行业的角度分享如何定位公益品牌，创新公益传播，做好公益沟通管理。

一、五本秘籍

首先，我给大家推荐《公益传播：理论研究与案例分析》这本书。我写的这本书里收录了全国公益机构的共十几个案例。

一说到广州和深圳的公益，大家就想到“壹基金”；一说到北京的公益，大家就想到中国青少年发展基金会和中国扶贫基金会等比较大型的基金会。但大家知道“蓝信封”这个组织吗？他们最早是中山大学的一个学生社团，社团早期让大学生做志愿者，一对一地和贫困山区的留守儿童结对子，承诺每个月写一封信，因为那个信封是蓝色的，所以这个公益品牌就叫“蓝信封”。在品牌战略中，蓝色属于最底层的设计，叫作VI，即视觉识别系统，这是公益创新的基础设施。我把对这些公益案例和设计细节的讲解都收录在刚才提到那本书里。

我要推荐的第二本书是《公益传播》，这本书是我们中山大学新媒体与公共传播实验教材系列之一，前一本书主要讲案例，而这本书侧重理论，今天要讲的很多内容都基于这本书的框架。

我给大家推荐的第三本书是《公益慈善品牌管理》，这本书重在讲品牌，是我编写的一套丛书中的一本。2016年9月1日《中华人民共和国慈善法》出台以后，我就编了一套公益慈善学系列教材，这是国内的第一套也是目前唯一一套公益慈善学教材。从2022年开始，我们国家本科招生目录中增加了一个公益慈善事业管理专业，目前已经有两所学校开始招生，一所是山东工商学院，另一所是浙江工商大学。

我未雨绸缪，率先编了国内第一套慈善事业管理丛书，这套丛书已经出了4本，大家在网上都可以搜到。第一本是刚才说的，我写的《公益慈善品牌管理》。第二本叫《公益慈善项目管理》，是中央民族大学李健教授写的，内容关于知法、懂法、守法、学法、用法。第三本是《公益慈善法律教程》，这本书的作者陆璇是上海一家叫“复恩法律”机构的律师。“复恩法律”是我们公益界唯一一家针对非营利组织做法律相关培训和法律能力建设的社会组织。第四本是西南财经大学谢晓霞老师写的《公益慈善组织财务管理》。非营利组织的财务和我们一般企业的财务管理很不一样，既要有专职的财务，专职的财务还要有对口的专业知识，如特殊的免税资质、税收优惠等。关于公益慈善组织的专业的财务内容，就在《公益慈善组织财务管理》一书里。

这套公益慈善教材还在扩容中，还有几本书正在路上，其中一本是我参与写作的《公益慈善学概论》，还有一本是《公益慈善伦理学概论》。什么叫伦理学？例如我们做公益慈善，你到乡村做慈善，受助对象是不是一定要接受跟你合照或者被你拍照？

我们刚才讲的都是关于公益慈善项目本身的内容。在座各位都是知名社会组织的代表，所以我也要讲一些公益组织建设的内容。

我要推荐的第四本书和第五本书，是一套姊妹丛书，由广州社会组织研究院和广州社会组织联合会主编。这套丛书一共有八本，其中与社会组织党建相关的有两本，分上、下册，因为党建对社会组织来说是最重要的。另外四本是《社会组织项目管理》《社会组织财务管理》《社会组织等级评估》《社会组织筹款管理》。最后两本是我写的，分别是《社会组织公共关系》和《社会组织品牌管理》，它们的内容更加偏向社会组织建设。

刚才推荐的是市面上唯一系统性讲公益慈善理论、公益品牌管理、公益组织建设、公益财务、公益法律的书。事实上，目前讲这个主题和以此命名的书并不多，更不要说是系统性讲“公益”的书。

各位英雄，至此你们已经收获关于“公益传播”的五本秘籍，带着雄心壮志想到公益的殿堂大展身手。但可能你们刚走出“新手村”就被保安拦住，保安会问你三个问题：你是谁？你从哪来？你要去哪？接下来，我们分别就这三个问题开始我们的公益传播品牌管理讲座。

二、公益三问

第一问：公益为什么要做传播？

回答：公益是为了让世界变好，而“让世界变好”不是一小撮人努力可以实现的。

我们知道，2008年被称为“现代中国公益的元年”。我上大学那会儿是中国现代公益的史前时期。那时中山大学开了一门公选课——公益慈善学概论。当时我们都疑惑，公益还要学吗，不就是捐钱，做好事，学雷锋吗？所以当时因选课人数不足，第一学期就开课失败，第二学期勉强达到了公选课开课的基本人数25人，结果来上课的人还一节比一节少。

老师讲课也没有教材，都是讲外国的案例，例如美国福特基金会、洛克菲勒基金会，比尔·盖茨做了什么，大家觉得讲的内容离自己太远了，上课兴趣索然，结果人越来越少。后来，随着中国公益的发展，国人对现代公益的重视程度越来越高，现代公益已经成为实现共同富裕目标的关键力量，所以这门课成了中山大学非常受欢迎的课。

但是，公益传播研究的还是边缘中的边缘。公益组织没钱没权力，可还是要搞宣传，因为公益要做最不可能完成的两件事：

第一件事是把自己的思想装进别人的脑袋，这叫公益倡导。你是做环保的，就要说服别人接受环保很重要的理念；你是做儿童公益的，就要告诉别人儿童很需要帮助；你是做残障人士公益的，就要告诉大家残疾人很需要你。更难的是第二件事，把别人的钱装进自己机构的口袋，这个专业术语叫筹款，这件事对我们来讲太难了，所以我们要做好品牌，重视宣传。

传播究竟有什么意义？大家可能会说有知名度，但我认为它更重要的是价值观。

我们先从抽象层面去理解：公益是什么？公益其实就是一群人一起通过行动让世界改变，我们有钱出钱，有力出力，帮助那些边缘的、弱势的人以及解决贫富差距、环境污染等社会问题，那么，做公益是不是做好事？做好事需要像在座各位这样成为全职公益人吗？不需要，成为一名志愿者即可，有空时出来做点好事就可以，而且必须将事情做好。我们看到过太多公益人想做好事，却好心办坏事，在错误的方向上用了错误的方法和错误的工具，不但没有解决社会问题，还带来新的社会问题。

举个例子。我所在高校的学生，在周末甚至没课时也愿意到周边乡村学校去做支教。我说，你们一定要克制住做公益的冲动，你是在做好事，但不一定在把事情做好。他们不服，说每次临走的时候，那些小朋友都拉着他的衣袖说“大哥哥不要走，什么时候你还来”，他感觉被需要。我说不是的，他们并不一定是需要你，只不过你在支教的时候，你把你的iPad给他了，他通过iPad学会了王者荣耀，学会了“吃鸡”，你走的时候把iPad送给他，看他还拉不拉你。他试了一下，果然走的时候就没有人挽留他了。所以，好心并没有真正解决问题，还带来了儿童沉迷游戏的问题，所以我说“做好事”和“把事情做好”完全是两个概念。

所以，我们做公益，项目设计究竟是满足自我感动需要，是满足某些考核要求，还是洞察并满足服务对象的需求？只有做到第三点才叫专业。专业意味我们要有专业的公益慈善项目设计、专业的公益慈善财务管理、专业的公益慈善品牌传播和专业的筹款。

根据中国民政部的统计，截至2021年12月31日，中国有92.3万个社会组织，而《中华人民共和国慈善法》认定的慈善组织只有1万多家，再除以14亿中国人，可见我们公益职业从业者占的比例非常低。还需要通过公益传播让更多人一起来做，让全社会人人都能够参与一点点。

中国慈善还有一个奇怪的现象，有人平时不筹款也不捐赠，但每年都会在一些重要时间节点捐赠。在广东，每年6月30日的“扶贫济困日”就出现筹款的高峰值。下一个筹款的高峰值是9月5日的“中华慈善日”，然后一个小波峰是在9月7—9日，即“99公益日”。腾讯“99公益日”2021年筹了大约36亿元，对比前面提到的2400亿元显得非常少。互联网小额筹款也是这个道理，不是一人捐很多，而是多人捐一点，聚沙成塔。

美国的筹款不一样，它更多是定捐，也就是周捐、月捐、季度捐。一般来说，捐款人会跟银行签订协议，到时间就扣除他银行卡或信用卡里的钱。当然，美国不少公益组织的捐赠人管理做得非常细致。2017年我在美国最好的公益慈善学院做访问时，发现那里的本科三年级有一门必修课叫公益筹款学，这门课专门教怎么搞筹款晚宴和慈善拍卖、如何进行捐赠人管理。你每个月给我捐10块钱，你生日的时候，我给你发一个电子贺卡；你每个月给我捐100块钱，你生日的时候，我给你发个纸质贺卡；你每个月给我捐1000块钱，你生日的时候，我给你买个公仔或者一个蛋糕；你每个月给我捐1万块钱就属于VIP了，我会派员工录一个祝福视频，甚至派员工到你家里送上礼物，做个小小的生日会。这就是捐赠人的精细化管理，把别人的一次捐赠当作一次消费行为，做好消费者体验管理以及售后服务管理。相比之下，目前我们的公益组织还比较缺乏这方面意识。

公益传播是为了让更多人一起做好事，接下来，我给大家讲两个公益传播的简单原理：沉默的螺旋和议程设置。

沉默的螺旋，就是即使做了很多项目、服务，但没有匹配到相应的传播，这样做的事在公众认知层面就是不存在的。

这听起来非常残酷，却是现实。我很喜欢的哲学家王阳明说："你未看此花时，此花与汝同归于寂；你来看此花时，此花颜色一时明白起来，便知此花不在你的心外。"你告诉我这个房间里有一朵盛开的红色鲜花，花蕊是黄色的，还有独特的香味，虽然你描述了很多，但我想象不到。只有看到此花，此花映入眼帘、进入脑海、留在心间，它对我才是存在。如果公众根本不知道你，怎么能够了解你、支持你、参与你呢？所以做公益，一定要避免沉默的螺旋。

避免沉默的螺旋，方法就是实现"议程设置"功能。议程设置，起源于20世纪50年代美国传播学者研究美国大选的过程。美国大选就是两个人互相争取选民支持的过程。他们一般都会做议程设置，如关于政策的实施。如特朗普大战拜登的大选，特朗普说要给富人征重税，拜登就说要给穷人多减税，特朗普说要发展制造业，拜登就说要发展高新科技产业金融业，大家都在同一个维度进行议程设置。但是，特朗普突然给拜登起了个外号，戏称其为"瞌睡乔"。选民的注意力就被转移了，开始思考：对啊！拜登年纪太大了，精力还足够支撑他当总统吗？拜登也不得不不断地自证健康，又踩单车又跑步。所以第二个原理就是"议程设置"。议程设置就是我不能够决定你怎么判断一件事，但有能力让你去想什么事，公益传播的目标就是进行议程设置。

第二问：公益在何处传播？

回答：在互联网上，在手机应用中。拥抱新的传播方式，培养互联网网感。

第二个问题是传播生态问题。

现在是信息化时代。14亿中国人中，网民就有10.3亿人，中国人平均每人每天使用手机4.3个小时，在座各位年轻人使用手机的时长应该约等于我们一天中清醒的时长。

互联网与我们的公益传播息息相关。在座各位都是传播者，假如你是你们机构公众号的运营者，你的公众号编辑好了，你在几点钟推出阅读量可能会高？它的时间规律是“3+1”，首先是3个小高峰，7：30—9：00，早上上班前，人们习惯坐在公交地铁里玩手机；12：00—14：00，中午午休时间，休息时间你要玩手机；17：30—19：00，你在下班路上又玩手机。1个大高峰，是在睡觉前，也就是21：30—23：30，大家都在躺着，齐刷刷地刷着微博和抖音，然后才会睡觉，所以公众号文章在21：30—23：30推送，阅读量会相对较高。假如以一周为周期，阅读量最高的一天是周三，因为人的心情是有变化规律的，星期天你的心情在一个高度，星期一上班，你的心情是往下掉的，星期二继续上班，星期三仍然上班，上得心如死灰。到了星期四，心情就开始有点愉快了，因为开始有盼头了，星期五激动了，星期六星期天玩嗨了，星期一又上班。只要你是正常的上班族，你的心情基本上是7天为周期规律性波动，周三的心情永远处于谷底，这一天你的工作也搞得七七八八，相对比较悠闲，你的心情指数又相对低，所以这天人们玩手机的时长更长，上线的人数更多，传播阅读量也会更大一些。

互联网现在已经进入了5.0时代，未来还有互联网6.0时代，如果不拥抱新的传播方式，没有互联网网感，就很难做好宣传工作。

第三问：公益品牌如何传播？

回答：重视传播主体的变化，善用社交元素驱动，借船出海。

传播革命在今天主要体现在三个方面。

第一方面是传播主体的变化。传播主体正在由组织化变为社会化。我们以往所有传播内容都来自组织化生产，如电视台、广播电视台、报社就是采用组织化专业化模式生产。什么叫社会化？就是人人都有麦克风，今天的微博、微信、抖音等社交媒体，非常重要的特点就是不局限于专业生产内容，更多是用户生产内容，人人都是生产者，人人都是传播者，人人都是信息传播载体。

第二方面是传播底层逻辑的变化。为什么传播做不好，为什么推文缺乏社交元素？你只是告诉别人，我很专业，我做得很好，我的服务对象很惨，请大家支持。大家会支持吗？这种链接感不强，而链接感来自社交感。

举一个社会化传播的经典案例。2014年，有一个公益传播的经典项目叫冰桶挑战，这个项目旨在让更多人知道“渐冻人”这种罕见疾病，因为冰水淋下来又冷又疼的感觉就是渐冻人每天的生活体验。这个游戏非常简单，参与者在网络上发布自己被冰水浇遍全身的短视频，然后在你的社交媒体上“艾特”三个好友让他接受挑战，被邀请者要么在24小时内接受挑战，要么选择为肌萎缩侧索硬化患者捐出100美元。他接受挑战之后，他也会在社交媒体上“艾特”三个好友，于是这个活动一传三，三传九，九传二十七，形成病毒式扩散，这就是社交驱动。最终这个活动一共筹得几千万美元的善款，还让全世界关注到渐冻人这种罕见病，达到双重效果。

2017年，上海有一家公益组织，叫WABC无障碍艺途，这个组织主要为精智障碍人士提供艺术疗愈服务和公众倡导活动，增强公众对这一群体的认知度与包容度，使更多精智障碍人士融入广泛的社会生活。当时这个项目计划筹集1500万元，没想到在腾讯公益上线后仅花了两小时就筹集了2000多万元，直接导致腾讯公益宕机，服务器带宽都不够了。大家会质疑这里面有大额捐赠，其实没有，这里全是小额筹款，都是筹捐一块钱。这个项目就是“一元捐画”，我们通常认为自闭症儿童可能在绘画、音乐、艺术等方面有天赋，虽然从医学角度来讲不一定，但这包含了大家的美好期待。于是这个组织找到经过绘画训练的七八个自闭症儿童，画了几十幅油画，做成精美海报，上线腾讯公益。你进入那个活动专题界面后，就能看到每个海报右下角都有一个筹款二维码，扫这个二维码就可以跳转到另一个界面。

这里有一个争议点，假如由你来设计界面，你是希望扫描二维码之后直接就跳到活动的专题界面，开始介绍WABC的成立背景、发展脉络，然后介绍特殊儿童的类型以及他们正在遭受的痛苦，最后是捐赠的按钮，还是希望在扫描二维码后立刻跳到筹款界面，一块钱的金额都给你提前设计好了。专业的人一般会选择第一种，先让人清楚整个公益组织和活动项目，再由他自己决定要不要捐赠，这是专业、负责的公益组织的做法。但是公益专业化和互联网特性存在一个矛盾，就是你要把那么多人的关注和感动在瞬间做转化，如果看完了洋洋洒洒几千字，人已经冷静了，你要点的就不是捐赠的按键，而是右上角的退出键，继续刷其他东西，这样会流失很多可能性捐赠。如果一扫码就可以直接捐赠，一看只捐一块钱，大家都抱着好奇心把一块钱捐出去了，然后会生成一个高清定制版的精美油画，还显示一行字"感谢某某某"，这个"某某某"就是你的微信名。看到这样一个定制油画，还收到做好事献爱心的感谢，你只有一个想法，就是发到朋友圈去，营造有爱心的朋友圈人设，你的虚荣心得到满足，这也成为整个筹款和传播活动的二次传播节点，这就是个体"自我效能满足感"的力量，整个活动的设计就叫社交驱动，利用的是社交原理，这是一个底层逻辑。

当然，关于社交驱动的案例还有很多，这本身也是互联网时代下做公益传播的一个重要原则，此外，做公益还有一些底线原则，大家切勿触碰。

第三方面是传播载体的变化。移动互联网时代实现了随时随地连接的传播形态，媒介融合的终极状态正在出现。简单来说，媒介融合就是传播形态非常多元，"长文不如短文，短文不如图文，图文不如视频，视频不如短视频"说的就是这个道理。为什么会出现这种情况？因为我们的时间被高度的碎片化阅读、浅层化的内容以及娱乐化的形式支配。更加重要的是，我们的传播权利正实现技术赋权，回归到个体身上，移动互联网具有非常强的参与性、公开性、交流性、社区性，因此我们必须用好移动互联网。

今天是一个自媒体时代，这句话可以被表达为"流量为王"，粉丝越多，影响力将越大，社群运营得越好，影响力和筹款资源就越好。在自媒体时代，如果粉丝量超过100，你就是一本内刊；粉丝量超过1万，你就是一本杂志；粉丝量超过100万，你就是一份全国性报纸；粉丝量超过1000万，你就是一个电视台，这就是"流量为王"的逻辑。

我还想再加一条逻辑，叫"内容为王"。渠道和流量很重要，所以如果没有扎实且富意义的内容做支撑，就算是网红主播也很快会过气。这条逻辑的背后还有一个技术变化的原因，叫算法时代。什么叫算法时代？就是大数据，但算法不只是大数据，它是基于每一个人的阅读习惯、兴趣痕迹，生成你的聚合式内容的推送，这叫投其所好。对我们公益传播者来讲，算法可能变成一种奖励机制，虽然你只有100个粉丝，但你创作的内容可能会达到1万阅读量。这是怎么做到的？只要100个人中有80个人点赞、转发、评论，算法就会认为这是一条优质的内容，从而给你进行随机流量的再次推送，所以很多人虽然不是你的粉丝，也依然能够看到这条内容，这就是算法带来的奖励，这就是我们必须做更加优质的传播内容的原因，我们既要做好社群运营，也要做好高质量内容的生产。

在这样的传播背景下，很多公益组织必须采取“借船出海”的策略。我遇到过很多公益机构，他们往往喜欢自己打造一个App、搞一个数据库，或者建一套系统，至少也要搞个小程序。在互联网时代，我认为大可不必，只需要借助现有的腾讯公益、抖音公益、阿里巴巴公益这些大平台，就可以做好自己的小品牌，这就是“借船出海”。如果你一定要做也没关系，这就叫“造船出海”，“借船出海”适用于大部分中小型公益机构，它们可借助现有成熟的新媒体进行公益传播，“造船出海”指的是通过技术赋权制作自我传播的新媒体工具。一般来讲，还是建议大家“借船出海”。

三、品牌五步法

（一）制定传播策略

讲到这里，除了五本秘籍，我们又收获了三条道理。但似乎我们知道很多道理，还是做不好传播。我给你们支几招，具体打法战术很多，先讲这套战术秘籍的总章，即两个战略性问题：制定清晰的传播策略；找到合适的传播渠道。

首先，要学会制定清晰的传播策略。传播策略指帮助我们实现总目标的蓝图，包括为了达到总目标而制定可实施、可监测的步骤，这是朝着目标前进的清晰道路。传播策略为什么非常重要？因为它确定了所有传播的整体目标，并且提供了必要性原则，定义了整个传播过程，所以传播策略非常重要。

怎么制定传播策略？这里给大家分享传播学的经典理论。拉斯维尔是现代传播学的奠基人之一，他最为知名的是“5W”理论，也就是说，如果要做一个有效传播，要思考清楚五点：第一，就是“Who”，谁来做，公益机构设置必须有专业的人才队伍，有相应匹配的资源，否则我们谈的全部是屠龙之术；第二，“Says What”，向受众传递了什么；第三，“in Which Channel”，找到合适的渠道；第四，“to Whom”，14亿中国人不是每个都对你的项目、你的机构感兴趣，必须从14亿人中细分出对我们项目感兴趣、可能成为我们重点捐赠人或传播对象的目标人群；第五，“with What Effect”，要取得怎么样的效果。

制定传播策略，应该反其道而行之，先确定想取得什么效果，为了筹款，为了品牌打造，为了甲方需求，为了影响政府，还是为了影响公众、利益相关方或未来影响受助对象，这是一定要区分的，不可能一条通稿走遍天下。如果想取得筹款，就要去找到潜在筹款对象。一个儿童项目最容易吸引什么人？有孩子的家长，家长里也得分，爸爸还是妈妈，一般是找妈妈，所以看到贫困山区儿童的公益项目时，做母亲的会心有戚戚焉。此外，这些母亲主要是上过大学的都市高知白领，对儿童乡村儿童公益可能更感兴趣。这就是受众细分的过程。

其次，要找到合适的传播渠道。有了合适的传播渠道，才能够达到传播目标。举个例子，之前有一家养老服务公益机构找我做咨询，他们最近拿到一笔捐助，准备开发一款App，主要给社区的失能失智高龄老人使用。我听了后觉得不靠谱，他们都失能失智了，手都不稳，怎么可以点准手机的按钮呢？我问他们如何界定“高龄”，他们说是75岁以上。于是，我让他们去做调研，看看70岁以上老年人使用什么手机，调研发现大部分老年人使用老人机，那么这个项目只能作罢。

后来有一个公益组织找我做咨询，想在一个工业园区里向进城务工青年做普法宣传，帮助他们学会维护自身合法权益。他们的服务对象都是青年人，都使用手机，所以不存在渠道问题。我认为也存在，所以让他们调研这些每天要上班的高工作强度年轻人的手机使用时长。他调研发现，这些人每天8点就从集体宿舍蜂拥而出，先去食堂吃早餐，然后从宿舍来到食堂，吃完饭从食堂进车间之前那里放一个“停机坪”，要把手机交出来，手机停在那，且信号屏蔽掉，在流水线上工作一天，到了12：00出车间，然后去食堂，吃完饭又从食堂进车间，到5点半又从车间到食堂，吃完晚饭又进车间加班，到21：00拖着疲惫的身躯回到宿舍，都累得不想洗澡了。我说他们似乎没有时间使用你的手机App，他说有个高频词叫“食堂”，于是我建议在食堂或食堂到车间每天往返六趟的路上搞宣传栏或黑板报，传播效果会更好。他们觉得这个方式过于简单，但事实上，有时候方法简单的反而更有效，我们讲互联网讲数字时代，但数字并不能够涵盖一切，还要找到合适的渠道，再找到合适的语言以及合适的人来做这件事。

这涉及我们传播学的五大研究领域：一是控制性研究，识别机构目前可用的资源；二是受众分析，确定需要去引导的人群和社群；三是媒介分析，找到合适的社会化媒体渠道；四是内容分析，界定什么样的内容可以被受众更有效地接收；五是效果分析，传播达到了什么效果，不能只看阅读量、点赞率这些量化数字，还要看基于传播目标的转化率，多少人通过这个传播进行报名，多少人通过筹款链接实现了筹款，又有多少人通过它完成了多少个志愿者招募。我们要有这些意识去考核。

（二）增加品牌认知

1. 公益品牌的定义

什么是品牌？社会组织的品牌指社会组织为了给利益相关方带来更高价值，给组织带来更高绩效，开发和维系一系列共享品牌。社会组织品牌战略有两大导向：一是为利益相关方提供价值感；二是对内带来更高的管理感，也就是绩效提升。

品牌究竟有什么价值？哈佛大学豪泽非营利组织研究中心一项研究表

明，社会组织做品牌不外乎四大功能。一是组织识别功能，例如“壹基金”是不是一个品牌？当然是。因为你知道它，这就叫知名度，是品牌的必要性条件，只有一个组织具有一定的知名度，这个组织才能被识别出来。二是信任促进功能，“壹基金”的工作做得很不错，这叫美誉度。品牌就是知名度加美誉度，别人首先要知道你，其次能对你产生正向性评价，所以知名度加美誉度对应的功能就是组织被识别、信任和促进。三是资源获取功能，因为这个机构做得很好，所以我想给它捐钱，我想成为他的志愿者，我会愿意为他背书、转发他们的消息，品牌本身就是一个资源获取的杠杆，它会极大地放大和撬动我们的资源获取力。四是管理优化功能。我在帮一个公益组织在做品牌战略时，常会把理事长关进一个小房间，把总干事或秘书长关进另外一个小房间，再把他们的项目官员关在不同的小房间，另外一些实习生、志愿者又关在一个小房间。然后，我让他们用一句话告诉我他们的机构是做什么的，我发现他们讲的东西不太一样。如果对外没有统一明确的品牌输出，内部管理就不能形成统一的文化标识，这就是组织的文化建设，无论是理事长还是实习生，大家对组织具有共同的理解和统一的对外说法非常重要，这意味着组织管理达成一种共识。

前面提到，社会组织品牌战略与市场营销最大的区别就是非营利性（见图5-1），主要体现在两个方面：第一，目的不同。商业品牌战略的目的是利润最大化；社会组织品牌战略的目的是让我们的产品、服务以及项目效用最大化，也就是力求帮助那些我们需要帮助的人，解决我们要解决的社会问题，这被称为“价值驱动”。第二，竞争不同。传统商业营销的竞争压力主要来自提供相似产品和服务的其他机构，商界有句话叫“同行是冤家，商场

	传统市场营销	社会组织品牌营销
目的	利润最大化	产品和服务的**效用最大化**
竞争	来源于提供相似产品和服务的其他机构	集中在目标对象目前的行为及这种行为目前带来的利益

图5-1　社会组织品牌营销的非营利性

如战场”；社会组织行业会和谐一些，主要关注目前的能力能否满足和回应我们的服务对象。

此外，社会组织在品牌功能、品牌管理和品牌资产方面与商业品牌也有差异（见图5-2）。传统商业的品牌功能是通过持续创造激发用户或者消费者对产品和服务的需求，从而带动利润以及培养受众的选择倾向和忠诚度；社会组织品牌更多是通过获取和配置资源，以实现机构的使命、创造信任和组织凝聚力。简单来说，社会组织是使命驱动，商业是利润驱动。

	传统商业品牌	社会组织品牌
品牌功能	通过持续创造、激发对产品和服务的需求带动利润；培养受众的选择倾向和忠诚度。	获取和配置资源以实现使命；创造信任和组织凝聚力。
品牌管理	定位竞争优势 维护顾客关系 保护品牌资产	定位带来清晰和合作 通过参与创造品牌大使 分享品牌资产
品牌资产	品牌忠诚度 品牌认知 品质解读	信任 合作伙伴 一致性 专注

图5-2 传统商业品牌与社会组织品牌营销的差异对比

2. 管好公益品牌

从品牌管理看，商业品牌管理的一个关键是定位竞争优势，“人无我有，人有我优”“一直被模仿，从未被超越”是商场的基本逻辑。客户关系维护和品牌资产保护也很重要，品牌意味价值，意味资本，所以要有品牌保护意识。在广东，王老吉大战加多宝就是旷日持久的品牌争夺战。对社会组织来讲，品牌管理主要通过定位带来合作关系，通过参与创造品牌大使，吸引人们参与公益项目，对社会组织产生正向评价。

提到上海的公益，大家会想到一家机构，叫真爱梦想。为什么它有好的口碑？因为大家认为它的财务管理做得非常好，完全是以上市公司的标准来做信息公开和信息披露，建立了自身公信力，公开透明，因此大家捐得放心。这种正向评价，就是它通过参与创造品牌大使，它做得好，人人都成了它的人际传播者，它就成了一种行业口碑。

品牌管理的另一个关键是分享品牌，但分享品牌的同时要有品牌保护意识，如果分享占7分，保护就占3分。没有品牌保护意识，这个行业会停滞不前乃至倒退，因为任何一个项目都凝聚了项目开发人员的心血。遗憾的是，好的项目很快会被复制，大家缺乏版权意识，不会质疑这个灵感的来源。如果你较真，对方还会理直气壮地问："我抄你怎么了？我为什么不抄别人？因为你做得好啊。"其实不然，这是我创造的，你为什么抄走了？他会告诉你："你在广东我在广西，大家都帮助儿童，让世界儿童生活得更好，这项目抄得越多，你应该越开心。"你再想想，还有哪里不对？这里每个项目都包含我们的心血和智慧，有一定的原创性，我们不是反对完全借鉴，但是借鉴也要尊重原创。

关于品牌资产，传统商业的品牌资产主要包含客户忠诚、品牌认知和品牌解读，而社会组织的品牌主要包含信任关系、合作伙伴、专注一致性。

很多人讲到了他们的品牌，他们说我们有自己的VI（视觉识别系统），但是VI并不是品牌本身，只是品牌的外显物，只是一个Logo、一个色系或一个字体，只是你的周边文创，这叫单向信息传播。可见目前我们社会组织的品牌认知仍然流于旧的范式，随着时代的进步，相关品牌认知观念亟待升级。

社会组织的品牌有很多维度，如果我们最终想以一个使命和价值观结合的策略性资产作为品牌的认知，它意味有三个维度。最底层的VI当然非常重要，往上是BI（行为识别系统），也就是说，只要是来自这个机构的人，就有一种与众不同的气质，例如志愿者一见面，大家不是握手，而是举起右手竖起大拇指放在左胸，这叫志愿者礼，一看他们的行为举止就能立刻识别他们的身份，这就叫品牌价值。BI再往上一层就到了MI（一个组织使命愿景价值观的价值识别系统）。

要在这三个维度上理解什么是品牌，就要知道我们品牌的目标是什么，有人说为了筹款，筹款为了搞公关，其实应该向内看，筹款是为了让组织的使命影响力发挥得更好。

刚才提到单向信息传播，这是什么意思呢？例如，把腾讯公益的Logo印在手册上，拉起横幅、X展架，这些各种各样的周边就叫单向传播具体形象。但我们现在需要更加重视参与式的沟通交流，通过体验让受众产生良好的感受和口碑传播。不能只是把公益组织的品牌故事讲给捐赠人，而要讲给内外部的所有利益相关方，传播品牌太重要，所有人都应该是我们的品牌大使，从理事会层面到志愿者，从上到下，从内到外，人人都是品牌官。

我们应该建立起一整套知识的概念，品牌管理是顶层设计，只有做好项目管理、财务管理、人力资源管理等，才能够在四梁八柱基础上构建一个组织的品牌管理知识系统。

3. 做好品牌定位

美国两位营销专家艾·里斯、杰克·特劳特写过一本书叫《定位》，被称为美国营销学“圣经”。做品牌首先要做品牌定位，品牌定位指根据受众对品牌的认知了解和重视程度，给自己的品牌一定的市场地位，从而培养我们的服务在受众心中的特色和形象，以满足受众某种心理需求的过程。

做好品牌定位，需要坚持五条原则（见图5-3）。

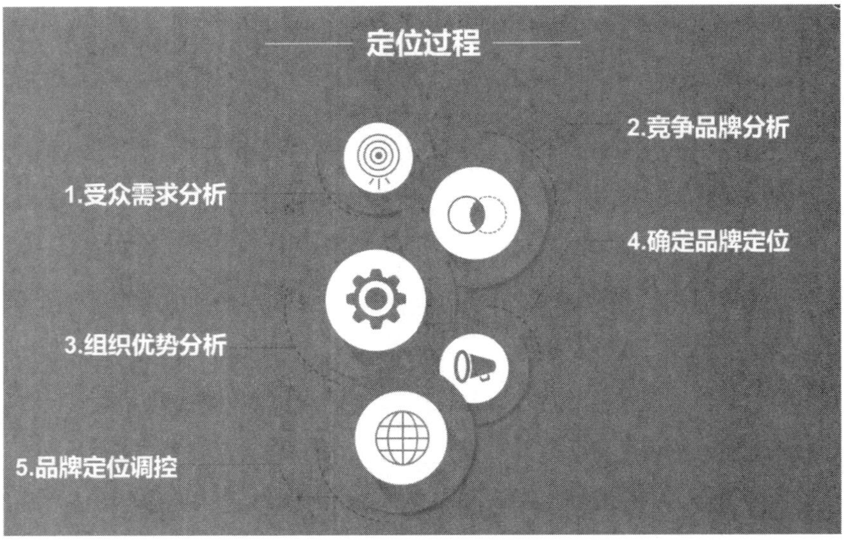

图5-3 品牌定位的五大原则

第一条原则，以受众为导向。这就是分析你的利益相关群体是谁，每个组织都有品牌或形象的调性，以受众为导向，最简单的就是把你的组织看成一个人，人分男女老少、高矮胖瘦，还分不同的性格。例如，说起中华慈善总会，你的脑海中会立刻浮现一个老者的形象，与之相对，壹基金的形象就年轻一些。品牌是有调性的，有的沉稳，有的轻快，有的是官方稳重型，有的是民间活泼型，这些符号印象关联沉淀在历史中，呈现在每个机构独特的成长的脉络中，成为利益相关方对品牌的认知。品牌定位要找到受众的需求和偏好，组织要有自己的定位，受众不一样，每个组织的定位也不一样。

第二条原则，品牌自身定位与组织实际情况相匹配。要避免言过其实或名不副实，就要保证品牌定位的合理性、可行性，以及发挥工作的效率和提高参与者的积极性。

第三条原则，差异化定位。我们很多项目都没有识别度，例如春天到了，公益组织都很喜欢组织公益徒步活动，壹基金有“为爱同行”“为爱奔跑”的项目，后来其他公益组织又有“为爱益行”“为爱攀登”等。这样，同质化太强，难以突出自身优势。

第四条原则，品牌定位简明扼要。复杂和空泛的定义容易模糊公众对品牌的认知，不利于表达品牌信息。好多机构的口号里都有“奉献”“热爱”“共享”，这些词汇换到哪个机构都适用，没有突出品牌定位。国际环保组织野生救援协会的口号让我印象深刻，他们邀请很多明星做出拒绝的手势，然后写一句“没有买卖，就没有伤害”，这个口号用了几个字就把“我是谁”“我在做什么”“我希望你们怎么支持我”三件事简明扼要地讲清楚了。

第五条原则，打造品牌项目、品牌机构。公益机构一定要有使命、愿景、价值观，并且保持核心业务不偏离，还要坚持做下去。我们刚才说，2008年被称为中国公益元年。我们要怎么样打造百年老店？时间本身就是一种品牌。一些百年老店用百年时间赢得尊重和口碑，成为一种品牌、一种品质的保障。你坚持做一件事，不用做花里胡哨的事，守住本身就会成为品牌。所以，投入巨大精力和资源后形成的品牌，如果随意改变，就可能引起公众的反感，带来损失。

（三）重视品牌传播

了解了什么是品牌，知道了品牌的定位，只是知道了我是谁，还需要大家都知道“我是谁”，这个过程叫品牌传播。一个学术性的定义，品牌传播是指向目标受众传递品牌信息，从而获得他们的品牌认同，并形成品牌偏好的过程，有效的品牌传播可以展示品牌形象和个性，增进公众对组织品牌的了解。图5-4为品牌传播矩阵。

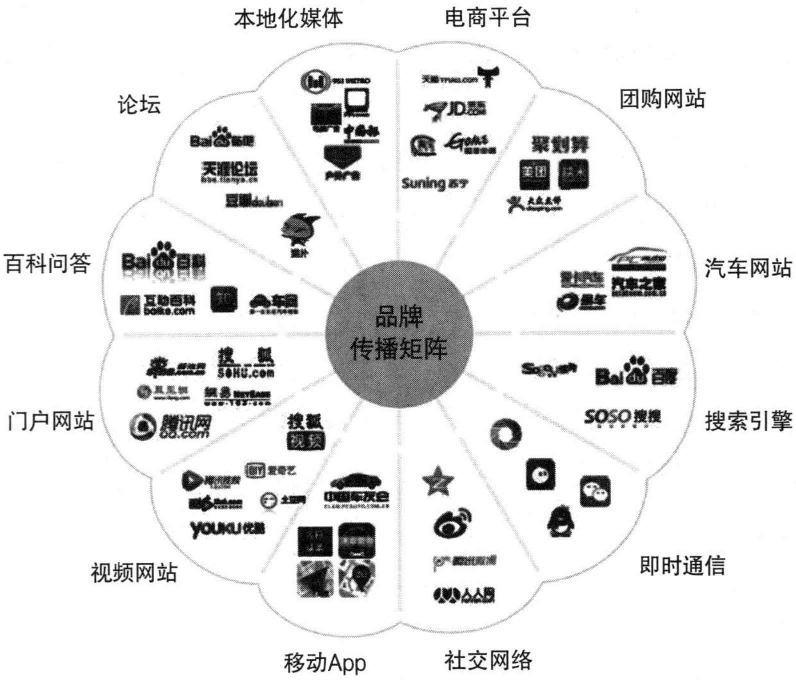

图5-4　品牌传播矩阵图

1. 品牌传播的五条路径

第一条路径，广告式传播，即泛传播。广告式传播不需要做受众分析，而是采用无差别的派传单、拉横幅等方式。一般是在品牌建立初期或者服务刚推出的时候，大家没有认知，通过这种传播方式让受众形成印象，其好处是见效快，缺点是成本高，广告传播需要有大量印刷品和媒体投放，这对中小公益机构来讲是难以承担的成本。

第二条路径，新闻报道式传播。我们在做活动的时候，要与跑这条新闻线的媒体记者、广播电视建立联系，及时给他们提供新闻通稿进行媒体呈现。其重要性并非体现在人们能通过报纸广播电视看到你的机构的信息，而是这些媒体本身具有背书功能。新闻报道式传播是低成本的传播方式，虽然平时和他们打好交道，或邀请媒体来参加活动需要一定成本，但对于建立形象、提升美誉度帮助非常大。

第三条路径，事件性传播。这就是通过营销来搞件事，它分为两招：第一招叫搞个大新闻，大家都要具备一定的新闻策划能力；第二招叫借势，借势营销在传播里经常用到，在商界尤其重视。一是借时间之势。如3月5日是学雷锋日，志愿者组织就可以进行密集性宣传；9月5日是中华慈善日，公益组织就要站出来。二是事件性借势。如果有热点事件，我们要去蹭热度，因为热点事件意味流量和关注，借势能够产生事半功倍的效果。

第四条路径，领导者传播。如果没钱打不了广告，事太小上不了新闻，宣传没创意做不了事件营销，可以尝试把你的机构负责人变成网红，通过个人影响力带动组织影响力，这也是常用方法。例如，想到董明珠就想到格力，想到马云就想到阿里巴巴，想到马化腾就想到腾讯，想到刘强东就想到京东，这就叫领导者传播。对公益组织也是这样，可以通过个人影响力拉动组织影响力，这个方法见效非常快。但这个方法的副作用也很大，因为个人可能说错话、做错事，人设崩塌后也会对自身机构或企业造成反噬。这招要慎用。

第五条路径，自媒体传播。前面我们已经讲了很多关于新媒体的内容，在此就不作更多展开。

2. 讲好品牌故事

做品牌一定要学会讲故事。人在本质上是社交动物，都爱听八卦。空洞煽情的口号很难引起人们的兴趣，而故事因具有传奇性、曲折性、冲突性、戏剧性、传播性、传承性而成为占据人心最有效持久的工具，所以讲故事被大量用在传播和管理中，成为告知和说服的最佳工具。

通过讲故事影响受众，也有很多技巧。

通过叙事影响受众有三部曲。第一，讲的故事要是大家听得懂、能产生共鸣的。第二，如果讲的是某个机构的故事，要能发动大家举一反三，思考自己机构发生过的类似事情。第三，讲的故事还要能召唤出大家的参与感，使得他们产生共鸣，产生参与的欲望。

品牌叙事具有四大功能。第一，品牌叙事能够抓住受众注意力，因为大家都爱听故事。第二，品牌叙事能够在受众记忆中停留较久。第三，品牌叙事能够使得品牌在人际中广泛传播。如果你想让一个人传播某件事，最好的方法是告诉他这件事我只告诉你，你千万不要告诉别人，那他一定会告诉别人。人是这样，对品牌也是适用的。第四，叙事使得品牌的诉求概念和核心价值由抽象变得具体，从而令受众感同身受，数据也变得更具可信度。

讲故事有三个原则。第一个原则是真实。真实性影响认知，只有受众相信这个故事，这个故事才能发挥影响力。第二个原则是情感。真情实感对于故事非常重要。情感比数据、理论更打动人。品牌如果有情感，就能够使受众产生本能的非理性偏好，让人们成为品牌的粉丝。故事不但有信息，还包含情感力量，这种情感可以是感动，也可以是愤怒。第三个原则是共识。一个好的故事必须符合受众的世界观，你不能讲与受众三观相冲突、背离主流价值观的故事。人们会通过故事学得一种价值，所以故事的讲述一定要符合他们的调性。

（四）有效筹款营销

公益慈善组织品牌最重要的目的之一，甚至最终目的之一，就是筹款。我们前面也讲到了整个中国筹款市场的结构和特征，分析了如何通过品牌战略来筹款，我们必须看到品牌战略营销和筹款之间一脉相承的关系。非营利营销者面对的最大挑战来自竞争，成功的筹款来自有效的营销，并直接影响到组织的运行和组织目标的实现。

我们必须分析我们在市场中的位置，关注那些兴趣和我们一致的捐赠人，从而设计出让捐赠人满意的筹款计划，不要把捐赠人或潜在捐赠人作为目标，而要把他们作为我们的潜在的合作性伙伴。

当前中国的筹款竞争日趋激烈化，筹款活动评价不断完善，市场不断细分，从这些趋势来看，要想做好筹款，要讲究五个战略。

第一个战略是公益广告。

公益广告不但能够产生品牌影响力，还可以进行资源整合。大家都看过20世纪80年代希望工程的一个平面广告，就是通过一个大眼睛女孩进行叙事，从而影响了一代中国人，希望工程也成为今天中国公益第一品牌。这是早期的平面广告时代，现在是互联网时代、媒介融合时代、短视频时代，我们要在新的媒介技术的风口，做好我们的广告营销，从而带来品牌和筹款的双重收获。

第二个战略是企业性合作。

企业是我们重要的合作伙伴，因此我们要制定企业合作战略。我有一个“战略性公益”的概念，就是告诉这些企业家，企业不要只是捐钱。这个概念是哈佛大学商学院的麦克波特教授提出来的，他认为企业如果只是捐赠，就只能为自己带来社会影响力，但这是一种零和博弈，就是说企业2022年赚得多就捐得多，赚得少就捐得少。事实上，公益捐赠不应该是这样的，它不仅要产生社会影响力，还要对企业产生商业回报，这样才是对股东负责。基于这个理论，我们在找企业筹款的时候可能找错了人，民营企业一般是老板说了算，但是如果来到了大型企业，建议大家不一定只找企业社会责任部，应该去找市场部或者是产品部，要把我们的筹款跟它整个业务模式、生产链条、供应链条结合在一起，使它捐得越多，企业回报越好，这才是一种共赢、可持续的合作模式。

当组织和企业合作开展募捐时，我们必须和企业的目标结合，最简单的方式就是帮企业宣传它的产品和服务，吸引消费者购买企业产品，然后企业将所得利润进行捐赠。1982年，美国旧金山艺术界和运通公司合作，他们制定了一个协议，人们每用一次运通卡，运通公司就为旧金山艺术界捐5美分，每有一个新卡使用者，运通公司就捐2美金，3个月之内，这次合作共筹得170多万美金。这一类通过合作开展的募捐，可以使营利性组织和非营利组织双方同时获利，因此被很多公益机构用在了筹款当中。在这个过程中，运通公司其实并没有捐钱，捐钱的是运通卡的使用者，这种逻辑在国内已经比较普遍使用了。

再举个例子。在座各位可能都曾经为上线淘宝的“宝贝计划”而努力。在这个项目中，每个商家都会点亮一个爱心灯牌，并告诉你，你买我爱心商家的产品，每买一个，我就会捐一分钱。在这个过程中，其实阿里并没有捐钱，只是提供了一个平台，把它的商业模式贡献了出来。

第三个战略是建立捐赠者数据库。

前面讲到，我们必须通过数据库的建立对捐赠者进行精准的人物画像，以便于组织运用不同手段精准地对捐赠者进行营销和关系维护，从而培养捐赠者对组织的信任。但是现在各大平台把控了捐赠人信息，各个机构不能够直接联系到那些通过平台给你捐钱的人。我一直向腾讯提议，把这个权利放给捐赠者，让他们自行决定是否愿意将个人信息推送给公益机构，但是平台的说法是隐私保护、商业秘密，事实上割断了捐赠者和受捐组织之间的连接感。

第四个战略是举办主题活动。

举办主题活动，如慈善拍卖、义演、义捐、义卖等，可以在宣传品牌的同时实现筹款，包括互联网筹款。新浪微博的微公益项目50%是医疗救助类，大部分是儿童类项目，这反映公众层面对公益的认知和我们专业人士对公益的认知存在差异。大家都认为轻松筹、水滴筹等是公益，事实上，它们被专业人士称为个人的、私利的救济。只有公益组织才有公开募捐的资格，才会被称为公益募捐，这又反映出法律意义上的公益和公众认为的公益是有差异的。

第五个战略是用好互联网和社交媒体。

新浪微博的微公益项目，61.31%由基金会发起，捐钱的大部分是21—30岁的年轻人，71.6%是女性。从个人捐赠的数据看，广东、北京和江苏捐钱最多。我们在做项目设计的时候要注意这样的数据。

腾讯“99公益日”，从2015年开始，2022年进入第七届。它每年的规则都不一样，现在越来越复杂，有各种算法。当年启动时的规则最简单，你捐一，我配一，大家一起将爱心翻倍。

现在，腾讯公益已经是当之无愧的国内移动互联网第一募捐平台，与

2014年相比，2022年筹款总额达到5.4亿元，捐赠人数有2000多万，整体呈现几何式增长，公益项目也从当年的1000多项增加到2万多项。移动互联网开启了新的公益时代，这是我们学界的基本判断。以前我们很多时候做公益还要电脑端，在2015年实现向移动端的转变之后，则完全进入了“指尖公益”时代。指尖公益，爱心永不下线，尤其到了晚上刷手机高峰时段，捐赠额还是挺多的，年轻人也是主力军，40%捐赠者是19—27岁的年轻人，献爱心最集中的仍然是广东、江苏和北京。

社交公益是腾讯公益的一大亮点，35%左右的捐赠来自社交公益。例如，你的项目设定一个目标，转到朋友圈并说准备完成筹款任务100元，请大家帮忙，很快你的朋友就会进去帮你完成这个目标，这个叫“一起捐”，这个模式筹集的资金一直占腾讯公益30%以上的捐赠额，这意味着腾讯公益的社交属性是非常强的。对腾讯公益7000多个项目进行分析发现，腾讯公益在项目分布上也很有特点，超过一半的项目是关于大病救助的，其次是教育助学类、环保类以及扶贫救灾类。

（五）防范舆情危机

前面给大家的是一根往前冲刺的矛，做好品牌和传播，最后要给大家一面风险防控的盾，否则品牌做得越大，风险可能就越高。危机，是指引起潜在负面影响的不确定性事件，它会对我们的组织、成员、产品、服务、资产和声誉造成巨大的伤害。

那么在危机2.0时代，我们应该怎么把控舆情？

建立一个应对危机的模块化管理结构，具体分为三大步骤：一是没有危机的时候，要有危机防范意识，这叫危机预防。二是危机一旦发生，就要及时处理。三是危机过去后，要有重新擦亮品牌的措施，这叫品牌修复。

刚才讲的“冰桶挑战”还有个插曲，就是冰桶挑战引爆北京瓷娃娃罕见病关爱中心（简称“瓷娃娃”）的故事。前面说到的冰桶挑战是外国的案例，我国公益机构也想发起挑战，但存在两个技术壁垒：第一，我们上不了推特，只能在新浪微博玩；第二，挑战失败需要捐钱，美国人捐给美国的公益机构，中国人肯定要找中国公益机构接受捐款，所以新浪微公益找了瓷娃娃。

中国版冰桶挑战也非常成功，两周内筹了800多万元。然而，网上突然出现一张“大字报”，有五家关注渐冻人的公益机构联合写了一封声明，指责北京瓷娃娃罕见病关爱中心不诚信、偷换概念、诈捐。如果你是瓷娃娃的负责人，你会怎么处理危机？

来看看他们是怎么做的：

第一，及时应对，他们立刻召开新闻发布会。

第二，真诚应对，他们的负责人王奕鸥亲自发言。发布会现场邀请了行业“大V”，徐永光老师等人也来了，他们对大家说瓷娃娃还不错，请大家不要骂，且听他怎么说。王奕鸥首先承认自己的不足，说由冰桶挑战筹得的资金最早在美国确实是捐给渐冻人的，而他们确实不太擅长。他们最擅长的还是做脆骨病患者的关爱工作，接着话锋一转，她站到了一个高点，说：“但是我非常痛心，我们都是关注罕见病的组织，现在我们这里不团结，我们的敌人不是彼此，应该是罕见病，我们应该向疾病宣战。”关键的问题是800万元怎么用。他们做了一个决定，网友捐赠的时候如果有留言，就先尊重网友的意见；而定向捐赠给脆骨病患者的钱，他们会留下来，结果留了几十万元，剩下700万元用于在中华社会救助基金会下成立冰桶挑战罕见病关爱专项基金，渐冻人、脆骨病等十几种不同的罕见病关爱组织都可以向这个专项资金申请使用。

第三，化敌为友，共同管理。瓷娃娃还邀请给这个组织写“大字报”的负责人加入专项基金，这个机构后来又专门成立了一家机构，即现在的北京市冰桶挑战罕见病关爱基金会。

（作者为中山大学传播与设计学院副教授、广州社会创新中心理事长、广东社会组织总会副会长，本文由暨南大学新闻与传播学院2021级硕士研究生高小雨整理）

第六讲

李红

乡村振兴战略的公益动员话语及其文本创新

各位学员、各位同仁！今天给大家分享的是我这一两年以来思考较多的乡村振兴问题，对应我们的培训，就是乡村振兴战略的公益动员话语以及它的文本创新问题。实际上，在现代观念里，乡村是落后、愚昧、不文明的，但随着这几年乡村振兴战略的提倡以及媒体和公众的介入，这一印象已经发生根本改变。

抖音、腾讯平台的短视频里有很多关于乡愁或很有诗情画意的内容，例如李子柒的视频反映了乡村话语的根本性改变。这种改变是建立在传统乡土文明与文化话语基础之上的。传统的“桃花源”“鸡犬之声相闻”“老死不相往来”等诗意化的生存方式，为救治当下现代性带来的压迫感提供了文化价值支撑，使得我们的心灵在“乡村”话语中得到安慰或安抚，有治愈功能。我的一个学生专门写过湖南卫视《向往的生活》里乡村故事具有怎样的治愈功能。现在很多人特别喜欢提“治愈功能”，最近“二舅”的故事讲的也是治愈功能，作者强调“二舅”治愈了他的精神内耗。所以，我们的话语是在改变的，我们的公益话语完全可以对接时代话语的变迁，如果搭上这些话语的东风，公益话语的动员效果会更好。

以上是我的思路和缘起，再详细看看讲课提纲：

第一，梳理思路，公益动员要解决什么问题，用什么概念捕捉这个问题，如果没有概念，是抓不住这个世界的。还有，通过什么样的文本来架构起对这个问题的思考，如果思考问题没有框架，思维就会漫无边际。

第二，思考问题的框架包括宏观国家战略、时代背景与乡村话语重构。

第三，乡村振兴公益动员的目标和愿景。要思考，在乡村动员过程中，最后要实现什么？我们的动员位于什么样的社会位置？

第四，乡村公益动员的话语主体、对象和方式。例如，我们是谁，谁在说话，针对谁在说话？

第五，乡村振兴公益动员的文化与话语资源，即运用哪些话语资源来动员。前面说到传统话语形态，如“桃花源”的话语、诗意化的乡愁话语，这对人们的乡村认知带来非常大的塑造作用，是来自传统文化的乡愁资源。

第六，乡村振兴公益动员的文本创新及功能。也就是说，这些话语负载在什么样的文本上。如果话语是内容，那么文本就是载体和形式，形式要承载话语的内容。例如“桃花源”，我们可以在陶渊明的《桃花源记》里看到对桃花源景象的描绘，古代很多画家也画过桃花源，李子柒的视频里也有这种感觉，抖音上的短视频也蕴含对桃花源的想象。话语可以不变，但文本形态可以千变万化。随着时代的变化、技术的更新，整个文本的形态也在不断变化。

一、公益话语动员的问题、概念与框架

公益活动主要依靠的并不是权力或经济的诱惑，而是情怀、精神和信念的动员，这种动员更多依靠话语去展开。公益动员必须加入话语研究，否则就停留在技术层面、技巧层面、具体实践层面。只有通过公益话语，公益动员才能上升到整个社会的价值观念、思维方式、理论体系以及国家话语体系。

（一）为什么需要公益话语

目前关于公益传播的研究，实际上很多停留在广告体裁的研究，这显然是不够的。我们必须进入具体的公益场景，而广告只是其中一个末端问题。

具体来讲，公益动员的应用场景包括面向基金的项目申报、面向政府的项目申报、面向公众的筹款、面向媒体的宣传、面向志愿者的动员、面向公众的动员等，也包括在产业上，每进入一个产业环节，就向消费者动员。面对不同的对象，需要采取不同的话语和立场，所以公益动员话语的核心就是：不仅要懂得传播技巧，还要懂得“道”，因为技巧是“技”层面的东西。公益传播之“道”是什么呢？就是你传什么的问题，也就是你在什么样的价值立场、什么样的社会位置，以及什么样的情怀支撑之下展开的动员。

在学术的脉络里，尤其是在米歇尔·福柯的脉络里，话语是一种权力，蕴含着资源和力量，更深层次则是一套思维体系、一套体制、一套观念、一套知识，它能够使相应行为合法化。没有话语，合法化是无法建构的。我们讲国家话语体系建设，实际上就是合法化过程，即必须把感觉说出来，而且要把它系统地、条理清晰地说出来，让人能够理解。

怎么样理解话语呢？以福柯讲的监狱问题为例。监狱之所以能够监控，就是因为它有一套法制的话语体系。如果你犯法了，被关在那里，你就会被监控。这是一套法制话语在决定监控的合法性。这种话语方式在我们日常生活当中也比比皆是。例如在课堂上，老师可以监视学生，是凭教育话语。家长可以监视孩子，孩子是很难反过来监视家长的，也很难监视老师，因为他

们手里不掌握这套话语。只有老师可以说“我是为你好”；家长说“我看你的日记是为你好，害怕你犯错误，害怕你心里胡思乱想藏着什么事儿”。实际上，这里的“看”是一套话语体系、一套观念体系，甚至是一套思想体系。在此，话语在建构我们行为的合法性，否则这个行为就是非法的。

（二）何谓公益话语

话语是一种语言实践，它包括文本，但文本只是话语的一个显现层面；话语还是通过语言进行的一个事件，是以此展开的一个社会实践。所以，话语有文本，有话语实践，有社会实践，是一个链条性的存在。

这样的话，话语不仅在呈现社会实体和社会关系，也在建构社会，我们的话语选择随时都在建构。《水浒传》里水泊梁山那群“梁山好汉”，不是靠各种各样的制度，而是“兄弟”，是基于伦理关系构建起来的政治的、反抗的共同体。蒋介石也善于搞这一套，所以他特别喜欢他的黄埔军校老部下叫他“校长”。这实际上是把冷冰冰的政治置于温情脉脉的伦理关系中，由此带出关于“天地君亲师”伦理上至高无上的地位，从而规避了政治领域那些冷冰冰、残酷无情的东西。在这里，我们看到的确可以通过选择话语来构建现实，以及构建我们行动的方向和合法性。

所以，话语是文本生产、表达和解释的过程，带出一套身份定位、关系建构和知识体系；文本则是一种编织物，是一种书面或口头的产品。在新媒体时代，文本的形式多种多样，我们需要考察文本的形式及潜能。当然，文本也会带来新的表达可能，例如微博的出现、社会化媒体的出现带来新的社会关系构建，拓展社会表达面，使普通老百姓也获得话语权。

另外，文档本身也决定一系列文本参与的实践或方式。2021年7月河南郑州特大暴雨期间，一个《待救援人员信息》的腾讯文档起了非常大的信息整合作用，它在短短一天内就有250多万次访问量，自动更新了270多次。这种文档的出现为“人人公益”提供了可能，每个人通过自己的行动参与公益，每个信息、每次转发浏览都是参与公益。这也使得新的话语表达方式成为可能。

但只有在新媒体语境下，互联网公益才可能实现，一些动员机制和话语方式也由此发生根本改变。互联网之下的公益话语，信息就是公益，行动就是公益，关注就是公益，随处皆可公益。参与跑步，参与冰桶挑战，也是公益。公益话语最活跃的场域就是网络舆论场域，也最先感受到互联网的力量。在“宜黄拆迁事件”中，邓飞对被堵截在机场的女孩进行现场直播，并引起了举国关注，由此，他看到了互联网的巨大力量，后来的免费午餐计划也是这个思路的延续。

所以，公益话语就是将相应公益目标，以某种知识体系、政策体系、价值体系、道德情感进行包装推广，以赢得目标人群的认可或支持，而相应的文本则是公益话语的具体实现。在具体功能上，文本就是话语表述；可以命名，给出一个概念，给出一个名字；可以聚焦，可以分类，可以指示，可以请求，可以警告……在这个过程中，有一套话语作为核心。例如，看幼儿园家长们拍的照片，很容易就知道照片是哪个家长拍的，因为他们的镜头主要聚焦自己的孩子。据此，可以从话语文本的聚焦点反推话语表达的主体。

（三）公益动员话语的研究框架

1. 抓住国家政策话语

抓住国家的政策话语研究公益动员话语，是一个宏观层面的问题。但是对于话语的转变，我们必须有敏锐的洞察力。话语不仅是说话问题，还涉及社会主流话语体系的变迁。例如，乡村振兴是当下讨论农村的主流话语，但农村话语实际上经历了“西部大开发”“三农问题”“脱贫攻坚”“乡村振兴”等的变迁，这个过程反映了国家政策以及整个制度、整个社会所展开的思路。只有捕捉到这些信息，才能够真正捕捉到整个社会的发展方向。

其次，要捕捉到理念、制度和问题意识的改变。例如乡村振兴的问题，你怎么去认知，又可以进入另一个层面，成为一个话语的学术性问题。

2. 抓住日常文化的深层逻辑

在日常对乡村的各种表述中，可以看出大众如何思考乡村或农村问题。很长一段时间以来，乡村被置于苦难话语中：破烂、留守教育、贫穷、污染；当然也有乡村审美话语，如李子柒的短视频、综艺节目《向往的生活》

等。还有乡村文化话语：非遗、歌舞、建筑等；乡村生活方式，包括慢节奏、简单生活、简单关系、农家乐等，展现逃离现代压迫感的生活话语。还有乡村生态话语，包括国家层面的“绿水青山就是金山银山”理论，以及健康食品、碳中和、诗意化生存等；乡村治理话语，包括文明素养、规则意识、各种乡村问题的治理等；乡村经济话语，包括产业结构、城乡关系、直播带货、碳中和、融资、市场等。这些话语都将乡村放在一个经济逻辑建构的体系中。所以，公益动员时要弄清楚在使用哪套话语，要明确在生活维度、道德维度、文化维度还是经济维度展开，否则可能文不对题，诉求点无法对接想要达到的目标。可以看到，公益话语对应当下很多社会问题，包括道德主义叙事，如同情心、爱心、公平、责任等。

另外，还有文化原型，它运用的是传统文化关于桃花源的想象类型。就当下人们的生存处境而言，我们强烈感受到来自现代社会的压迫感，所以会有“佛系”“躺平”等社会心态，而对应的是乡愁、怀旧等情绪。国家战略也在重拾这些传统，强调全面复兴优秀传统文化，同时还包括现代性改造。乡村改造的话语中，应该加以城市化、艺术化处理，推动农村的城镇化进程，使得农村人的自我认知获得新的话语基础。但是，城镇化是乡村振兴的未来吗？这在学术上是有很大争议的。

3. 媒体的热点倾向

媒体的热点是大众话语逻辑的反映。丁真的爆红，是乡土带来的对人欣赏方式的改变，是在纯真朴素、天真干净等维度欣赏人。乡村塑造的各种网红，如“天仙妹妹”就延续了这套逻辑，展现农村纯真、淳朴的逻辑话语。丁真后来成了四川旅游大使，使旅游本身的动力建立在乡土纯真无邪的逻辑基础上。所以，公益动员可以发挥想象，利用大众的情绪性话语资源。

二、时代背景、国家战略与乡村话语重构

（一）现代化和市场化背景下的乡村

故乡之所以成为故乡，正因为现代社会的出现让我们有了乡愁，如果我

们一直在故乡，就不会觉得故乡有多美，只有离开了故乡，才会发现故乡的美好，或者重新审视故乡出现了什么问题。鲁迅就因为当时中国整个社会面临一系列民族危机，才从危机中联想到乡村衰败问题。现在的乡村虽然衰败，但我们在话语上重构了一种乡愁、一种审美、一种桃花源式的想象。

前些年，很多记者返乡的时候，他们的叙事延续的是鲁迅那套话语，是从破败、衰落、荒凉的角度看待乡村各种问题。现在关于“二舅”的叙事，一方面让我们发现乡村苦难仍然存在，另一方面乡村给我们提供了解决精神内耗的精神资源。由此可见，话风开始转变，看待问题的视野在发生改变，不再跟随记者返乡或者是鲁迅的叙事方式，“二舅”的叙事就是对苦难人群的欣赏。现代很多作家尤其鲁迅时代的作家，他们在谈乡村的时候，基本是在苦难维度展开的。当然也有例外，沈从文笔下的乡村就有很多诗意化的东西。

古人是怎么描述乡村的？古人并没有把乡村描述成记者和鲁迅笔下那样，而是描述成充满诗意化的生存境域：“采菊东篱下，悠然见南山”“山重水复疑无路，柳暗花明又一村”“儿童散学归来早，忙趁东风放纸鸢”等。在这些描述中，整个乡村流淌着无限诗意。鲁迅和记者们回乡所描述的乡村，实际上是用“现代性”话语的眼光去打量的乡村，这样的话，乡村便处处不对劲，处处显得格格不入：农民是不文明的、愚昧的、无知的、呆滞的、自私的；乡村的结构是凋敝的、空心化的，存在留守儿童等各种问题。如此便形成乡村生活艰苦、教育落后、肮脏等负面印象。

所以，我们在讨论中，用一套城市话语去重构乡村，或者说代替乡村，这样可不可以？我觉得这形成了一种话语霸权。一定要警惕，乡村就是乡村，不可能是城市，乡村提供了乡村该有的价值，这种价值是工厂和学校不能提供的，不能用一个东西代替另一个东西。

农民的身份话语也在改变，例如过去叫“盲流”，后来出现了“打工仔”“农民工”这些称呼，然后是“进城务工人员”“城市的建设者”“农民兄弟”等，这些是官方特意的称谓。城市人称农村人是“乡巴佬”“游民”“弱势群体”等，在媒体叙事里，也许很多时候无意中使用了这套话语。例如，“北京的治安很乱就是游民问题，因为流动人口很多”，这么归因，就是用针对游民的话语体系。

所以，要随时警惕针对农民的那些话语。例如，认为他们“危险”，就排斥他、嫌弃他们。在微信里看过一个视频，一个小伙子专门到农村去展现农村人的淳朴。在农村，他找了在路上放牛、干活的小姑娘，问能不能到她们家去吃个饭。小姑娘们担心他是坏人，开始有点犹豫，他说自己不是坏人，就是肚子饿了，实在没地方吃饭，想到你们家吃饭。那家人就抓了一只鸡宰了给他吃。他说给你100块钱吧，对方不肯收钱。相比之下，在城市里，你可以到别人家去吃饭、讨口水喝吗？一般是不行的。城市人振振有词地用“隐私”这套话语来表述，农村群体则很难获得这样的话语。

农村人到城市总是战战兢兢，感觉各种压迫感，这些压迫感就是话语的压迫感，他总担心别人认为他没素质，担心别人觉得他脏。如果在农村，他不会觉得任何不对劲：他说话大声，因为农村的空间很大，几个大宅院，轻言细语是听不见的；在城市则不能高声喧哗，“禁止高声喧哗”实际上是一套城市话语，它构成了对农村人的压迫感，所以他们到城市就不适应。回过头想想上面提到的小伙子，他为什么敢请求到别人家吃饭？城市人到农村，他觉得天经地义，该怎么样就怎么样，这是一套强势的话语体系；农村人到城市来，他就不敢这样了，因为在城市话语里这是不合理甚至是冒犯性的。

我们说重振农民的话语，重振乡村的内生话语，实际上是重振乡村，要“从乡村去理解乡村”。费孝通在《乡土中国》中谈道：乡下之所以“土”，首先是因为它是跟土打交道的，必须在土里寻生活；另外，它缺少流动，而不流动的结果，用城市话语来讲就是“没见识”，也就是不知道丰富的东西。要从乡村本身去理解乡村，才能真正站在比较公平的角度看问题，否则只是站在城市中心角度看乡村。刘守英谈到“城乡中国”正在取代“乡土中国”的问题，就是说现在的城市话语很强势，包括所谓“城镇化”也是非常强势的话语。现在的农村孩子年纪轻轻就跟随父母在城市打工和生长，回农村都不会干活了。在“流动的孩子”记忆中，“乡土”正在逐渐消失，他们脱离了与农业和土地的关系。作家梁鸿讲到，在乡村可以看到中华民族那些深层次的情感，如爱、善、淳朴、朴素、亲情等，它们的确对现代性问题具有治愈功能。回想藏族小伙丁真那纯真的眼神，乡村的确能给现代社会提供所需的精神养分。

（二）乡村振兴的战略话语

乡村振兴的战略话语，首先是“社会主义新农村”。这是一个反哺话语，强调城市如何反哺农村，包括惠民政策、城市反哺、转移支付等。

其次是“脱贫攻坚”话语。实际上，这一话语是将乡村放在社会主义本质的角度论述，用于解决共同富裕问题，所以脱贫攻坚一定要解决绝对贫困问题。乡村的脱贫攻坚由政府主导，这个目标已经实现，之后要巩固脱贫攻坚成果，进一步推进乡村振兴战略。乡村振兴的表述，提到了农民对美好生活的向往。之所以要乡村振兴，更多是要追求美好状态，不是现代化、工业化的状态，毕竟现代化、工业化会带来压迫感，令人联想起追逐经济利益、唯利是图、残酷竞争等。毕竟在农村挣不了多少钱，从“利诱”话语角度很难实现公益动员，要从美好生活的角度去谈。

当然，乡村也有一些产业建立在美好生活基础上，所以乡村振兴有一些天然的内生话语，可以被表述为生活、文化、生态等内容。“农村”是一个地理概念，但以前的农村被称为“三农”之一，也就是强行把乡村问题狭隘到“农”去。按照教科书的表述，“农”就是第一产业，把农村放到产业的角度去理解，跟商人比有钱，从一开始就是不公平竞争，你怎么能从工业化的经济维度谈“农”的问题呢？“农”发不了大财。所以，我们的话语重启了“乡”的概念，十九大报告里就叫“乡村振兴”，把“农村”恢复为“乡村”。“乡村”就是一个相对“城市”而言的地域概念，不再是一个产业化概念。这样就彰显乡村的真正内涵。这表明，看待乡村不能只考量经济指标，还有丰富的环境、人文、生态、伦理等维度，这才是真正的中国之根。所以，《乡村振兴战略规划（2018—2022年）》就谈到乡村，认为它是“具有自然、社会、经济特征的地域综合体，兼具生产、生活、生态、文化等多重功能，与城镇互促互进、共生共存，共同构成人类活动的主要空间”。《中华人民共和国乡村振兴促进法》也强调经济与生态、文化等层面需要齐头并进。

三、乡村振兴公益动员的目标与愿景

乡村振兴公益动员的目标与愿景，核心问题就是乡村动员及公益动员要实现什么？作家梁鸿认为，每个居住在城市里的人都应该有原罪感，城市对乡村的剥削实际上是伴随改革开放而进行的一场掠夺，城市人的很多东西都是农村人在做，城市还抽空了农村发展的人才，把人全都赶到城市来。从这个角度看，城市是欠乡村的，城市是有原罪的。

那么，在乡村的公益动员话语中，主要包括以下五种方式：

（一）城乡平衡话语（经济）：发展维度

城乡不平衡话语问题，最突出的是城市对乡村的掠夺、城市霸权问题。怎样从人才、资金、体制上解决城乡话语不平衡问题？

在各种称谓改变中，我们看到整个社会对乡村的深度介入，如“大学生村官”“新农人”“支教”“新乡贤”等，实际上就是通过人才反哺的方式介入乡村。此外，国家还通过转移支付等方式进行二次分配、三次分配，以此从体制、机制角度解决乡村发展问题。

那么，怎样解决乡村产业问题？例如，可以把特色农业、特色旅游、特色文化等放在产业层面去理解，它所获得的与乡土、生态、健康、生活、宜居等相关的内容，又跟乡土话语有着千丝万缕的联系。从根本上讲，乡土性始终贯穿乡村振兴的话语，包括传统文化里的乡土性、审美的乡土性、居住环境的乡土性等。我们之所以到偏僻村落去旅游，就是因为想进入真正的乡土，不想要造作的虚假乡土。

其深层逻辑就是要解决乡土、乡村的问题，必须先解决其可见性和渠道的问题。在互联网时代，很多老百姓用自己的方式宣传他们的村庄，所以有了很多网红景点、网红城市、网红个人。一些爆款视频也能为当地旅游、经济带来机会。例如，丁真的爆款视频让我们知道四川有个地方叫理塘县，知道那里有藏族、有草原，因此带来乡村发展的机会，媒体及公众都被吸引、动员到这里来。如果村庄位置偏远，那么它很难进入媒体视野或话语体系中去。现在如何讲述呢？几个学生到井冈山的一个村庄去做调研，得出结论是：先解决公路问题，游客才可以亲身到现场去，同时在各种媒体上宣传。

乡村被看到后，会带来乡村的人、环境、生态的改变。具体怎么改变呢？过去农民不会说普通话，现在开始说普通话；以前穿着脏兮兮的衣服，有游客来，他不能穿脏兮兮的衣服了；他们还要了解国家大事，懂得外界的话语；面对游客的诸多疑惑，他们也要进行学习。当然还有生态环境的改变，要开发旅游，就要注意环境卫生，产业结构就要发生改变，以前养牲畜可现在不能养了，因为牲畜有粪便，现在要改成种果树，还能开展摘果子一类的农家乐旅游项目，这样，整个产业结构就发生了调整。

（二）农民权利话语（法律）：动员维度

免费午餐计划的表述，是从权利维度展开的讨论。免费午餐计划的使命是帮助困境中的未成年学童改善基本生存权、发展权，使他们的身心得到健康成长。其愿景是希望通过若干年的努力，使免费午餐计划成为中国儿童的基本权利。进城务工人员子弟学校、免费午餐计划、大龄儿童教育计划等，实际上是放在权利角度展开表述的，这样方为正面的态度。

（三）乡村生态话语（审美）：邀请维度

乡村的价值有生产价值、生活价值、生态价值、文化价值，也就是说，它可以为我们提供健康的食品、美好的生态环境、宜居的生活方式，还有深厚传统文化。所以，乡村可以邀请人来投资、来旅游，动员志愿者来扶持乡村，我们可以用这样一系列话语进行相应动员。

党的十八大提出了推进生态文明、建设美丽中国的设想，以及整个制度上的改变。党和国家重新提了“绿色GDP”的概念，就是要把生态资源、环境资源部分纳入到GDP的计算中去，这样的发展才是均衡的发展，这样的评估体系才是科学健康的评估体系。所以，千万不要小看一个概念的改变，它带来的是整个价值观念、管理体制和法律环境的改变。我们要善于通过相应概念的变化去捕捉概念背后那套体制性、观念性的东西，这样就能真正掌握概念所具有的深层社会动员力。

（四）乡村文明话语（精神）：内涵维度

乡村文明的维度，就是精神的维度，这是从内涵层面考量的，是农村存在的更大问题。那么这些问题怎么解决呢？我们可以通过各种各样的文化推广，如历史文化、戏曲文化、非遗文化、博物文化、娱乐文化、艺术文化等解决人心、道德的问题。但要解决人与人的关系问题，包括认同等问题，还需要让人们觉得待在农村是自豪的，自己是爱家乡的。

当年我大学毕业为什么不愿意回到贵州去？因为贵州当时没有发展机会。但现在我特别愿意回到故乡，因为故乡现在挺好。我们完全可以用这种乡愁的话语凝聚力来解决很多发展问题，包括人才。所以“爱故乡”计划可以用在人才上，例如新乡贤，把他们跟故乡的发展对接起来。

另外，文化对于人的塑造是非常重要的。甘肃通渭县是中国书画艺术之乡，那边的人写毛笔字、画画都特别好，那里的学生写字都特别漂亮，可见，乡村传统内涵的维度也值得挖掘。

（五）乡愁话语培育

2013年国家提出“记得住乡愁”，2014年提出“新乡贤”，2015年的中央一号文件就明确指出：“创新乡贤文化，弘扬善行义举，以乡愁乡情为纽带吸引和凝聚各方人士支持家乡建设，传承乡村文明。”国家的战略话语体系已经把这些东西都清晰地表述进去。按照文学评论家张柠的说法，“故乡”有三个层次：一是“现实的故乡”，二是“想象的故乡”，三是“被叙述的故乡”。现实的故乡就是农民眼中的故乡，它是现实而残酷的，农民不觉得故乡有多美，反而觉得它很艰苦；想象的故乡则是我们离开了的家乡，我们开始对它进行想象，故乡的一草一木，我们都觉得充满感情；另外还有被叙述的故乡，被表述到文学作品里完全虚构的故乡，它是虚构的桃花源。这些都可以运用到相应的公益动员工作中去。

四、乡村公益动员的话语主体、对象与方式

乡村公益动员的话语主体是“谁说”的问题，动员的对象是“对谁说”的问题以及运用的方式。乡村公益话语的主体包括很多利益相关方，所以公益组织动员要善于利用各种话语，搭上各种话语的翅膀才能够飞翔。

下面，就梳理一下有哪些主体在说话，针对谁说话，通过什么方式说话：

（一）政府宏观战略上为乡村振兴形成战略性话语

在申报各种国家项目的时候，需要对标到国家战略的高度，才能提升论证的大格局。写学术文章的时候，也要对标国家战略话语、战略问题。例如，在谈中国人为什么不善交流时，从跨文化角度看，因为中国人比西方人含蓄内敛，我的文章就准备将中国人为何不擅长表达自己用理论清晰地陈述出来，以解决中国话语在国际上不被理解的“话语体系建构”问题。

举个简单例子，一个男生是否要跟喜欢的女生表白？在现实生活中，可能不表白更好，因为他进可攻退可守。在交往过程中，大家都比较含蓄，这样就不构成伤害。含蓄是表达的智慧，是避免冲突的方式。古代人谈恋爱都需要媒人。现在我们都没有媒人，所以伤害比较大，彼此直接硬刚。古人有媒人回旋其间，不会直接应对。所以，中国文化有一种中介化传播现象。

基于这样的情况，从整个话语表述看，写一篇学术文章，与写一个申报书、写一个项目书、做一个组织介绍一样，都要对标国家战略，都可以对标国家乡村振兴的战略话语，如“脱贫攻坚”“文化振兴”“双循环”“产业振兴”“生态文明”等话语。“脱贫攻坚”是政治话语维度，“文化振兴”是文化维度，“双循环”“产业振兴”是经济维度，“生态文明”是生态维度。国家从这些维度讲述乡村，甚至提到民族复兴，即把乡村振兴放到中华民族伟大复兴的宏大战略中去，因而公益组织也可以在这些话语支撑下展开社会动员。

（二）媒体通过社会议题形成话语热点

每隔一段时间，媒体都会针对相应问题进行话语讲述，例如“留守儿童”话语，针对的就是城乡人员流动过程中出现的现象。除了留守儿童，还有“空巢老人”“留守妇女”等留守群体，这些问题都是在媒体报道过程中形成的，讲的是骨肉分离的问题。

解海龙拍摄的那一组照片在当时引起了很大的舆论反响。这些照片引发的舆论，将农村孩子上学问题成功地呈现到公共视野中去，使得“希望工程”最终建立起来。

在乡村振兴的动员中，“儿童”“教育”往往成为动员的核心话语。乡村留守儿童问题，也可以让很多话语获得依靠，而乡村污染、乡村文明、乡村发展等问题，都太宏大、太抽象，无法形成具体认知。该怎样动员社会力量参与其中呢？其实用一套关于儿童的话语去包装，就能解决问题。

（三）公益活动的口号化的处理

这讲的是公益活动中的一些命名。“活水计划”事关乡村振兴的活力建构问题，要从体制机制、渠道融资等方面解决。“大爱清尘”讲的是肺尘埃沉着病，“尘”使得肺尘埃沉着病被关注。仅仅强调保护进城务工人员还不够，还要把他们肺部的照片直接拍出来，让人们通过影像直接看到进城务工人员的肺变成什么样，这是非常触动人的。免费午餐计划讲述的是为农村儿童解决挨饿问题，这当然是幸福生活时代的“疼痛”了。

由著名公益人邓飞联合中欧国际工商学院多名校友发起的“e农计划”这样说道（方括号中内容为笔者所加）：旨在通过引入旅游和销售优质农产品【方法】帮助中国最贫困地区提升收入水平【目标】，引导进城务工人员回乡自我造血【机制】，系统而持续地解决乡村6800万留守儿童问题、空巢老人问题和贫困县域扶贫问题【愿景】。这个计划可以通过电商卖贫困山区的土特产、发展乡村旅游、促进山区开发等项目【具体措施】，倒逼乡村农业发展【机制目标】。乡村经济发展起来后，“e农计划”开始把一批批留守儿童的爸爸“带回家”【具体愿景】。

这个计划的愿景实际上对应到了“留守儿童”“空巢老人”的话语上。围绕这点，它便有了问题、政策、讨论、情怀、权利等话语潜力。

这些表述实际上带来一套话语，例如方法问题，解决的是产业、经济的问题，这就是经济的话语；引入旅游和销售优质农产品，这是从产业维度去讲述，以帮助中国最贫困的地区提高收入，解决经济落后的问题。在机制上的表述就是引导农民回乡自我造血，以系统而持续地解决乡村6800万留守儿童、空巢老人、贫困县域的扶贫问题。

他们通过电商卖山区的土特产、发展乡村旅游、促进山区开发等项目，倒逼乡村农业发展，解决机制问题。乡村经济发展起来后，就可以把一批批留守儿童的爸爸带回家，相当于把愿景加以具体化地陈述出来，解决的是留守儿童的问题。留守儿童的问题又建立在对乡村问题的解决之上，乡村问题不解决，留守儿童的问题就不可能解决，这样它就对应到宏观的乡村振兴战略当中。留守儿童、空巢老人的问题就对接到了国家层面，所以话语之间是一个联通且层层推进的关系。

（四）学者的研究与命名

学者们的研究和命名，总是能在概念上产生巨大的想象引领作用。例如温铁军提出的“三农问题”，李昌平提出的“农民真苦”“农村真穷”“农业真危险”等问题，国家在乡村发展过程中提到的“现代化”“市场化”“产业化”“城镇化”等概念，都可以运用到公益动员的文本表述中。这些概念不是肤浅的日常生活概念，而是蕴含一套理论体系和学科体系，是以学术化、理论化的方式，系统地进行论证的。

例如，温铁军在论证产业化过程中乡村处在什么位置时，就有一套自圆其说的理论，他甚至写过好几本书，专门讨论乡村振兴的问题。温铁军对于乡村问题的思考是非常深刻的。在乡村话语中，一方面是在表述问题，如“留守儿童”等概念；另一方面，温铁军老师讲“乡村作为压舱石，是应对全球不确定性的压舱石”，这里“村庄作为压舱石”的话语也有助于我们理解乡村。乡村在国家战略中起着压舱石的作用，它是一个大后方，所以温铁军特意提出“疫情为什么发生在城市不发生农村”的问题。实际上，乡村没有城市那么密集，它能够消化或自动解决一些疫情传播的问题。此外，乡村还能保障粮食安全。农民有了土地后，失业对进城务工人员的冲击就没那么大，因为他们还可以回乡种地，不至于饿死。要是把土地都流转，卖给别人，那无地的农民能去哪里？目前农村土地制度能让我们每个人都有退路。另外，乡村还有“根”的作用，乡村是我们的文化之根；乡村还有广阔的市场，农民开始学会用淘宝，开始网上购物，现在变富裕了。

（五）“新农人”“网红”等概念打破城乡身份界限

“新农人”“网红”等职业身份的出现，打破了城乡身份的界限，这是介于农村和城市之间的身份话语，能够带给人们对乡村的新认知。在过去的话语里，“农民”还是被认为没有文化、没有本事；当我们采用“新农人”等概念重新表述的时候，对“农民”的界定就不再是“土”的印板印象，就打破了身份僵局。

上学期跟学生一起做新文本训练的时候，我有意引导他们做一些关于乡村振兴的话语分析。例如“新农人”话语带来的是关于乡村振兴形象建构的问题，它建构的是部落式的情感叙事，也就是亚当夏娃的伊甸园式想象，是中国文化里桃花源式的想象。他们的身份建构是打造乡村的精英，他们不是农民，而是跨界身份。李子柒等人在内的“新农人”和“网红”也在通过积极的自我表达来展现乡村的各种潜力。

在这个过程中，还有“城市的凝视”的问题，是指从城市看农村的一套话语，农村老百姓的话语并没有表达出来。例如，在某农村的年货盛典上，在节目设计中，“新农人”只是一个卖货的人，农村与农民的话语看起来是有，但他们自己并没有表达出来。

五、乡村振兴公益动员的文化与话语资源

乡村振兴公益动员的文化与话语资源问题，实际上就是哪些话语资源可以用来进行公益动员的问题。

（一）传统慈善的情感动员话语

传统慈善的情感话语动员，就是诉诸同情心，这是一种居高临下的怜悯式表述。例如，我们买农户的产品就是把它放在一个怜悯、扶贫的维度。我们买他们的鸡，如果给到我一只非常好吃的鸡，我就很开心，贵一点也无所谓。这原本可以通过平等方式来实现，为什么要用居高临下的方式来表述？我们支持农村或农民，某种程度上是因为我们特别想吃到农村的无公害食品，但一旦他们满足不了我们的期待，我们就把这转化成一套是在帮助他们的道德话语。实际上，城市人特别需要这个东西，为什么反而把它放在我在做慈善、给你扶贫的维度呢？

这说明什么？很多话语完全可以放在平等角度去讲，不一定非要放到居高临下的怜悯、扶持、帮助或救助的角度。

所以，一方面，我们要反思话语背后隐藏的居高临下的问题。另一方面，现实中也存在很多在综合话语维度进行动员的例子。例如，高校的很多动员始终强调“扶危济困”“爱心捐赠”，这是基于慈善的朴素情感资源动员；“为乡村振兴助力”则是征用国家战略定位话语的动员；“根据省委省政府要求”是基于国家话语权威性的动员。这里存在三个层次的动员：一个是基于情感的动员；一个是基于体制的动员，即我们是国家的公民，所以我们应该响应省委、省政府的号召，积极捐赠；还有一个是从国家大战略角度进行的论证。所以，一个短短的表述里，话语具有非常清晰的层次感。

（二）经济话语：产业振兴

“产业振兴”是一种经济话语。中国扶贫基金会的“活水计划”运用的就是经济话语。它的表述是“针对欠发达地区的基层社会组织发展薄弱、资源动员能力不足等问题”，即内生动力不足的问题；“活水计划通过机构赋能和资源平台搭建”，即具体的“中介化”手段，链接社会各种资源；“专项支持欠发达地区基层社会组织发展以及社会资源引入”就是具体的作用；“助力欠发达地区发挥第三次分配作用”，则上升到国家的第三次分配的体系；“建立起社会力量参与巩固拓展脱贫攻坚成果和全面推进乡村振兴的长效机制”就是在回应国家的宏观战略。

经济话语实际上是回应国家的整体战略，包括“碳中和—碳交易”。碳中和的问题，可以从道德层面去讲述，强调我们要爱护环境、植树造林，要绿色、环保。当然，也可以从经济维度谈碳交易的问题，很多企业生产部门需要排放二氧化碳，就必须跟相应的生产绿色空气的单位或部门进行交易。要排放二氧化碳，就必要购买相应的氧来中和。这样空气就变得值钱了，农民种一棵树，这棵树排多少氧，产生多少绿色的能源，双方就可以进行交易，实现对等交换。所以在企业层面也可以谈碳中和的问题。当然，这是一个通俗化的理解，关于绿色能源、清洁能源的理论非常复杂。所以，习近平总书记讲的“绿水青山就是金山银山”的“两山”理论，不仅是一个比喻式说法，要把绿水青山变成金山银山更是真正的市场潜能问题，完全可以在经济话语维度去理解它。

（三）绿色生态话语：一种发展路径

绿色是一种资源，也是一种话语。我们可以把“绿色”作为包装或者标识，如“宜居”就是为逆城市化创造好的生存环境，“宜业”就是绿色生态带来财富的机会。食品安全、健康旅游、碳中和等都可以在绿色维度上展开。

与农村有关的公益组织，其标识大多是绿色。绿色已经成为组织或者项目的统一标识或者话语策略。很多企业在宣传的时候，也会先进行“漂绿”，即本来没有做与绿色有关的东西，但是表现得特别绿色。如果是这样，关于这种话语怎么审核、国家怎么监管，必须有一套标准体系对其进行系统化管理，其底层逻辑都是“绿”的话语。当然还有“土”的话语。现在“土”反而是很好的卖点。例如北京“小毛驴市民农园”，它的核心就是不断强调“土”，即“最土的服务”“最土的体验”“最土的生意”等等。

现在市场上很多产品也用“土”“自然”等字样来命名。我的学生做过海南芒果线上销售的话语分析后发现，在线上宣传标语中经常看到“树上熟”“纯天然”“远离城市”“无污染”等描述。他们还会通过词语、图片、视频、直播等形式展现芒果产地或者生产环境，以此表明这个产品与生产的土地之间具有密切联系，以带来信任感。他们还承认存在细小瑕疵，强化这个产品的安全性与可靠性，就像在市场上买菜时菜农会说越难看的菜是越有机的，有虫咬过的菜说明它没有打农药。这些都属于生态话语的建构。

（四）文化资源话语：一种精神归宿

文化资源话语就是给精神一种归宿。首先就是乡愁话语，如“眷恋之地”“叶落归根之地”等。在古代，官员或事业有成的人都要告老还乡，要叶落归根。这就有一套从古至今的乡愁式话语支撑他们。

无论是李子柒的视频，还是《向往的生活》等媒体产品，都有“桃花源”的原型。这就是文化资源的发掘，是文明保存的话语，是传统文化的叙事，各种非遗、乡村歌谣、村史等文化发掘或建构实际上是在重述文化话语。中国人民大学做的“爱故乡”计划及一系列活动就是在“故乡”情怀下展开的。这里面有情感、精神、信仰，才能够凝聚、发动那么多人参与其中。

乡村还存在文化重建的问题，例如村史的建构、歌谣的传唱等。孙恒以前在北京做大地民谣的歌手，起初他把到城市打工的人聚集起来，给他们演唱带有乡土气息的歌曲，然后组织这些打工人参与他的歌曲，还建立了一个打工文化艺术博物馆，做了个“村歌计划”项目，并准备拓展到100个村庄，他们到各个村庄，根据村庄的文化记忆、乡村风景等，与村民一起编歌，让村民参与其中，实际上，这也是农民重新讲述、回忆乡村的过程。他有个视频讲到村民抬石头的号子，但村民现在都不抬石头了，为了让他们拍摄，村民专门组织了一群人到山上抬石头，然后表演喊号子。他们到处发掘乡村里跟音乐有关的东西。

这个“村歌计划”有一个好处，就是将村庄的乡土气息与音乐结合起来。假如创作人有一定才气，也许能够发掘一些比较好的歌曲，甚至将其变成流行歌曲。歌曲一旦流行起来，就会把这个村庄带动起来。目前还是他自己在做，我觉得他可以发动音乐学院的学生参与进来。音乐学院的学生要采风，需要获得一些生命体验，把歌曲写在中国大地上。这样的话，学生们的学习就跟乡村的振兴、歌曲的项目、文化的发掘等结合在一起了。如果把这些资源都对接起来，会获得比较好的效果。

依靠文化塑造来带动乡村有两方面作用：一方面使得乡村可见，当然前提是歌曲真正流行起来，让大众听到这首歌就知道这个地方；另一方面，村民在参与编歌过程的时候就能重新感受乡村，重新回忆甚至重新地表述自己的人生经历，如当时开山辟路、建水库等场景。全部的记忆、经历等都融入歌曲里面，例如把村庄里标志性的建筑、标志性的事件等都讲述进去后，他们就能获得对乡村的重新认识和自豪感。

六、乡村振兴公益动员的文本创新及功能

乡村振兴公益动员的文本创新及功能问题，就是在新文本支撑下展开公益动员的问题。这里说的“文本”，包括文字的言说、视频的可见、元宇宙的体验、直播的现场化以及支付的参与等，这使得公众可以通过细小行为参与到公益当中去。

这里的核心是社交网络，只有在社交网络支撑下，公益才能发挥最大功用，否则就是自己和自己玩。有了社交媒体，丁真和李子柒才能那么火，才能让大家共享这些便利。所以，我们要把社交作为核心。

邓飞做的关于免费午餐计划的互联网矩阵显示，他们的传播、执行、筹款等行动都是依赖互联网展开的。支付也可以纳入文本层面去理解，例如，天猫商店、支付宝钱包、新浪微公益等也创造了各种各样的参与方式。

（一）微博是社交媒体的动员力量

邓飞在“宜黄拆迁事件”中看到了微博的强大社会动员能力，后来他也将这个逻辑延伸到免费午餐计划及一系列其他公益计划。在“宜黄拆迁事件”中，他看到了很多情绪是可以利用的，包括愤怒。邓飞对拆迁事件进行了微博直播，并将其命名为“厕所攻防战”，这个标题看起来不是很严肃，却带来了极大的戏谑性，这证明命名很重要，它吸引了全民的围观和参与。

互联网是一把双刃剑，也会为公益带来各种风险，公益必须经受社会的

监督或考量，接受社会审视的目光。公益自身的规范性非常重要，郭美美事件让我们看到公益事业的脆弱性，有时候可能一件无关的事件就会摧毁整个公益体系在社会公众中的形象。

（二）短视频让乡村可见，形成网红

短视频方便农村里不识字的人进行自我表达，它带来乡村话语的重塑，令他们重新表述或审视乡村，对乡村进行诗意化表达。孙恒的“村歌计划”唱出文化自信，通过视频挖掘乡村中跟歌曲有关的元素，再通过100个村庄汇聚成组合性的表达，形成一个项目的整体影响力。一方面可以创作歌曲，另一方面可以打捞与乡村歌曲有关的沉默元素，例如上文讲的号子，一些民间戏曲也可以带出文化记忆。

除了重塑乡村话语，网红也为乡村带来发展机会。有了网红后，边缘的地方变知名了，为乡村带去新的发展机会。网红还可以直播带货，直接参与经营活动。所以，短视频带来网红力量的快速提升，带来乡村的改变，甚至带来整个机会结构的改变。例如丁真，就带来那个地方的整个改变。

（三）直播技术让村庄被直接看见

网红直播让人看到直播带货的威力，电商平台可以直接对接乡村与市场。乡村的政府官员及普通百姓也开始了直播带货的销售模式。还可以认养农田，也就是那一亩农田，你可以认领来种，农民帮你照看或者耕种。现在已经有很多相关产业模式，央视还做了好几期相关报道。实际上，这是借助直播技术，你在这里认领，打开直播之后，就可以直接看到你的田。这就与你看风景画是一样的，而且你的农田更具有质感，毕竟你有归属感。这就意味着你认领下单后，还可以照料、观看甚至获得收益。“智慧认养农业”已经被写入数字乡村建设指南，它依赖的正是强大的直播技术。

（四）电子支付、文本协同编辑等促进人人公益

电子支付使得人人公益成为可能。电子支付使你可以跟自己的偶像一起

做公益，就是说你以偶像的名义进行捐赠，这是征用粉丝文化这套话语来动员。同理，也可以征用乡愁话语。如果我要捐赠，肯定首选捐给我的家乡，项目方在设计捐赠细节时，分省份进行捐赠，其实就是借助“乡情”来动员。在线文档的协同编辑技术，在河南郑州特大暴雨、山西汛情等事件中，都使得社会公众大规模参与，其他各种义卖、义跑、义演等体现的也是人人参与的公益方式。

（五）将文本写在大地上，重塑乡村景观

将文本写在大地上，重塑乡村的景观，就是为乡村带来一个审美化的表达，为乡村进行全新的视觉化呈现。例如，我们看文字“漫山铺金美如画，万亩梯田丰收忙”，就能联想到一种审美形态的东西。甘肃秦安县石节子村的乡村美术馆（见图6-1），馆长靳勒就借用北川富朗的表述：“用艺术来拯救农村，修复人和土地的关系。”这是一个典型的西北乡村，黄土地上没有绿色，但他把艺术植入农户家里，整个村庄都是用艺术作品装点的，每个农户家都是他的分馆，农户参与到创作和探索中。

图6-1　甘肃秦安县石节子村的乡村美术馆

别小看这种看似原始的创作，它能使农民重新认知自己。其实，现代艺术没有那么强烈的艺术和非艺术的界限，生活就是艺术。这使农民充分参与

到艺术中，重新认识自己以及周边环境。当他们这么表达的时候，实际上已经意识到他在表述这缺水的黄土地，农民就有了思考能力。他不仅是干活的人，也开始思考这个环境。艺术馆所带来的实实在在改变，就是让城市看见乡村，让村民看见世界。它带着这些村民以“艺术”的名义到北京、德国去进行各种展览，也去参观各种艺术作品展览，让他们见世面。另外，也让城市看见乡村。由于艺术话语是比较高级的话语，它跟农民对接起来后，就立马就变成媒体、政府的焦点，各种公益组织都会以对艺术活动或艺术馆感兴趣的名义进入这个地方，由此带来大规模的社会关注或参与。

由于西北的农村缺少绿色，或者说缺少生机，要真正把它变成一个“网红地”或“打卡地”不太可能。通过艺术，环境没有改变，但是人改变了。刚开始的时候，他们都觉得自己比不上外面的人，有时候见到外人连话都不敢说，有了美术馆后交流多了，他们更了解外面的世界，也就自信起来了。这是一个重建农民自信的过程。它的示范意义还不在于带来了多少经济收益，最重要的是农村人的改变，人的改变又带来了更多新的可能性。所以很多时候，公益可能不仅是产业上救助，还有人的改变这样一个深层次维度。

最近几年很流行去贵州旅游，很多动员话语也是放在审美话语上表述的，如语言的表述、图片的展示，都非常美。另外，就是文化的话语，主要强调各种文化遗存，当然也不可避免带有城市人奇观式的话语。还有那些独立的、避免世俗沾染的本土性或者土味，“与世隔绝”也展示了它文化上很多独特的东西，这才是它真正有魅力的地方。还有“桃源”话语，被表述为：“因为这里，守护着一个‘长江倒流’的世外梦。”此外，还有一些历史话语，即历史遗存，主要讲述关于石达开的故事。

六、总结：乡村振兴战略的公益动员话语的综合运用

实际上，公益动员话语是在综合层面上，利用各种话语层次进行表述，各种层次的话语会同时放到某个文本中，只不过要考虑这个文本是针对经济层面、价值观层面还是国家战略层面进行表述。

公益话语包括宏观、中观、微观三个层面。宏观有政治、权力、安全的话语；中观是城乡平衡话语、公平话语、地球生态保护、文化精神重建等；微观则是具体的价值观，包括道德话语、乡愁话语、责任话语、利益话语等。当然，利益话语也许很难进入直接表述里，一般私下表述。其实，做公益不等于不能讲“利”，也可以通过利益方式进行公益动员，带动建立公益得以展开的市场机制。

说一千道一万，在乡村振兴战略的公益动员话语中，核心问题就是农民话语权没有真正建立起来。农民怎么样真正地说出自己的心声？怎么样从乡土维度展开乡土话语的重构，而不是被某种城市话语、现代性话语绑架？如果我们始终在产业或者经济利益等角度谈论乡村，可能这些话语反而会离乡村越来越远。很多以“乡村振兴”名义进行的文化开发，最后不是振兴了乡村，而是破坏了乡村。所以，怎么样建立农民和乡村的主体性，真正界定清楚农民、乡村在国家社会当中的位置，是需要深入思考的问题。

（作者为暨南大学新闻与传播学院教授，本文由暨南大学新闻与传播学院2021级硕士研究生高小雨整理）

04

公 益 领 导 力

第七讲

唐攀

公益组织参与应急救援工作的现状、模式与路径

各位学员好，我是来自公共管理学院/应急管理学院的唐攀。我的专业是应急管理，对政府消防救援队伍、专业应急救援队伍开展了长期研究。2021年对深圳市公益救援队的队员们做了几次专访后，我们对公益救援队伍产生了浓厚的兴趣。特别是在7·20郑州特大暴雨以后，我们看到了公益救援力量在应急管理中发挥了巨大的作用，在应对突发事件的共同目标下，公益救援队伍对政府的应急救援力量形成了重要的补充。

记得在采访深圳市公益救援队的队员们的过程中，

我问了他们几个问题：怎么去现场，在现场做什么？如何做得更好？这些队员为什么加入这样一个组织，是什么样的力量驱动他们持续把这个工作做好？针对这些问题，我今天选取了“公益领导力”这个角度进行交流分享。

我们的课程分为五个部分：第一部分，公益组织参与应急救援工作的现状。汶川地震以后，公益救援队伍频繁出现在历次应急救援工作中，参与应急救灾活动已经成为公益组织很重要的内容，作为政府力量的有效和有益补充，我们做得怎么样？第二部分，公益组织参与应急救援的问题诊断。也就是我们的公益应急救援队伍存在哪些问题？第三部分，公益应急救援队伍的建设管理模式。这部分从队伍的角度出发，是对建设管理模式现状的梳理。第四部分，公益组织参与应急救援工作的模式。这就是我的专业了。第五部分，从一个重要参与方也就是一支队伍的角度，为提升公益救援队伍参与应急救援工作水平提出建议。

一、公益组织参与应急救援工作的现状

郑州市暴雨引发国内各个应急救援单位广泛的思考，我也参与了7·20郑州特大暴雨的多次研讨会，我们可以看到它折射出很多现象。我们主要从公益组织参与这次重特大自然灾害的应对过程中出现的问题，引入今天的课程。

2022年的郑州特大暴雨，降雨量确实很大，7月20日，河南省郑州市的降雨量达到了600毫米，接近它一年的降雨量640毫米，而且在17：00，这一小时的累计降雨量是200毫米，就是说这个小时下了一年1/3的雨，东部平原区人员的死亡和受伤主要在上下班路上造成，而山丘区的人主要是遇到山洪和泥石流的突然袭击。

（一）公益组织在应对突发事件中做些什么

7·20郑州特大暴雨灾害发生以后，累计15万社会人士参与了抢险救援的志愿服务，其中具备备灾防灾、减灾救灾能力的社会组织的应急力量达到

540余支，共1.1万余人。他们参与的工作主要包括搜救转移被困人员、实施抢险排涝行动、转移分发救灾物资、组织消杀防御等，可以说有所为，有所不为。从他们所做的工作，我们可以看到公益救援力量所做的往往是政府部门力量不够的环节，以此和政府的救援力量形成有效的补充。此外，相对来讲，公益救援力量主要负责的是一些不需要借助特别专业的器材就可以完成的工作，例如我们的志愿者完成救灾物资的转移分发等，既符合社会组织自身的特点，又形成对政府专业救援力量的有益补充。

公益救援组织现存的问题是什么？社会组织的公益救援力量具有公益性、自主性、分散性等这些特点，但也存在组织不力的问题，这会造成交通堵塞、灾区秩序的混乱、应急资源的浪费，甚至救援力量也可能变成救助对象，人多了不一定能把事办好，这是我们在7·20郑州特大暴雨中发现的问题。应对突发事件，公益组织只有不断提高领导力，更好地明确社会应急救援组织的定位、增强自身的能力，更好地融入地方政府主导的应急救援体系，才能更专业高效地完成自身使命，产生良好的社会影响。

在应对突发事件中，社会公益组织具体能做些什么？我们可以通过一些案例来了解一下。中国扶贫基金会在过去的一年中，主要围绕洪灾救援承担一些工作，包括灾情前期的沟通和调研、物资的需求供给，这与7·20郑州特大暴雨时期各公益组织的工作内容是重叠的，主要是常见的衣物、食品、粮油和保障箱等物资的供给。灾情发生后，他们能够弥补政府部门没有关注到或者力量不足的环节，负责桥梁坍塌、房屋修缮等简单小设施的修建和恢复工作，做社会组织力所能及的工作。

下一个案例，爱德基金会社区发展与灾害管理项目部在完成灾害救援工作之前，首先做的是线上筹款，形成文案，申请广西桂林水灾快速响应的资金。项目得到批复以后，他们马上实施灾害响应工作，主要是食品和生活物资的发放，支持救援组织开展清淤和灾后防御工作。在鄱阳湖区域防汛压力比较大的时候，他们在重点区域也调集了一些储备资金、备灾资金，联合当地救援伙伴完成一些准备性工作。南方地区的洪灾影响范围广、受灾群众多，所以社会组织在这类灾害救援的过程中参与程度最深，参与面也最广。

再来看看深圳市壹基金公益基金会，2021年一共开展了49次洪涝灾害救助行动，救灾工作的核心是根据需求进行救灾工作。例如武汉云豹救援队开展水情监测，灾情监测是灾害应急的重要工作；南昌雄鹰救援队完成群众转移和搜救工作，并在灾害的安置点、在受灾的农村区域开展紧急生活救助。

再来看安徽省广善公益助困服务中心，他们的行动分为两部分，一是联合当地救援伙伴参与应急部门的群众转移工作，二是联合地方公益组织开展应急物资的支持，与其他伙伴共同推动救灾工作的开展。过去一年中，他们在5个地市9个县共筹集发放了160万元左右的应急物资，并且注重与安徽省应急管理体系建立充分联动。

救灾工作由政府主导进行，后方公益组织如果想参与救灾工作，首先需要知道灾情在哪里，地方政府收集灾情的渠道和数据的权威性显然是最高的，与省一级管理部门联动就可以与其共享数据。然后，要弄清政府需要公益组织什么信息，所在组织的能力在哪里，有多少？在这个过程中，公益救援单位应重点强调和地方政府的数据共享和联动，有效融入和补充到政府主导的应急工作中，不把应急管理工作当作民间单独做的工作，而是与应急厅包括应急局建立联系，有效融入应急管理工作。

从这些公益救援队伍的实践工作中，可以发现几条规律：第一，公益救援队伍已经成为我们国家整体应急救援力量的有效组成部分，并且正在开展相当一部分工作，它的地位、功能、作用也必须得到社会的承认。第二，公益救援队伍所做的工作有自身的规律，它们主要在政府官方救援力量供给不足的环节，对政府官方的救援力量形成有效的衔接和补充，它们所做的工作也和组织自身的能力相匹配相吻合，例如公益救援队伍主要负责食品和救灾物资的发放。第三，公益救援队伍不能单独完成救援工作，应急救援是由政府主导而全社会共同参与的工作，我们的定位是参与，在参与的角度上思考如何提高参与水平，如何把事情做得更好。

（二）公益组织在应急救援中的地位是干出来的

2008年被称为公益力量参与应急救援的元年，2015年民政部首次将包括民间救援组织在内的各类社会救援力量纳入政府的规范体系，承认了它的作用和地位。2016年发布了《中共中央　国务院关于推进防灾减灾救灾体制机制改革的意见》，党中央鼓励社会力量参与常态的减灾应急救援、过渡安置、恢复重建等工作。2022年应急管理部印发的《“十四五”应急救援力量建设规划》将社会应急力量视为应急救援力量的重要组成部分，并且提出建立社会应急救援力量参与重特大灾害的现场协调机制。为什么要建立这个现场协调机制？因为存在混乱的问题，存在救灾的队伍变成被救助的对象的问题。以上就是我们从官方政策文件里梳理的社会救援力量的演变过程，我们看到公益救援力量在救灾过程中的地位逐步得到认可。

《“十四五”应急救援力量建设规划》对社会救援力量做了哪些安排？实际上，就是基于公益救援队伍工作的基础，为更好地推动社会救援力量参与救灾的过程，政府出台了社会救援力量参与救灾的未来的工作安排，从登记注册到应急响应、服务保障、奖惩评价、救援补偿方面都作出了制度性安排，对社会救援力量的行动进行规范和引导，开展社会应急力量理论和救援实践的培训，鼓励社会救援力量既参与救灾的活动，还参与社区灾害风险的隐患排查，进行应急知识的普及，就近就便参与应急处置，推动社会应急救援力量更好地与政府官方的救援力量一道参与到重特大灾害的应急处置过程中。

政策已经很明确了，我们看看当前的现状。目前我们国家民政部门登记注册的社会应急救援力量有1700支，截至2021年底已经有4万余人登记注册。我们的优势在哪里？首先，我们的公益救援队伍具有一定的规模与经验，这一两年来，在实践的过程中，参与救灾的人次达到30万，人数比较多。而且在救灾的过程中，这些救援力量也得到了充分的锻炼，这些经验可以累积，最终形成他们一种专业化的能力，并且得到长期的保持和提升，这些同志还可以培训其他队员。

我从实际观察的过程中，梳理了公益组织的两种运营模式。

第一种是品牌授权模式。典型的案例就是蓝天救援队。在7·21北京特大暴雨中，京港澳高速出北京17.5公里到南阳港的这一段，地势比较低洼的高速公路上形成了3公里的洪涝积水，上百辆车被淹没在这段公路上。当时，我们政府的消防救援力量没能够及时进行水下灾情的排查和安排人员搜救，是蓝天救援队完成了工作，这是公益救援队伍的特点，从此，全国各地大量成立蓝天救援队。在同一个品牌下，各个救援队伍加入其中，但是救援队伍之间没有隶属关系，而是品牌共用关系，在实际过程中形成品牌共同体，它是一种相对松散的社会网络关系，没法形成统一的管理。但是所有队员都要对品牌负责，一荣俱荣，一损俱损，类似加盟店。物流公司有两种，一种是加盟性质的，加盟性质的就是发展很快，分权管理，还有一种是直营模式，这个模式就是服务标准很统一。两种模式都有各自的优点和缺点，在物流领域能出现，在公益救援组织里也有这样的特点。

第二种是独立团体模式。多数队伍的运营模式可能都属于这一种，每支队伍都是一个独立的节点，队伍之间不存在业务范围以外的其他联系。它们都需要挂靠政府部门，需要在主管的官方部门注册成立，否则没法获得合法的身份。2021年我代表深圳市一个地方政府考察它的官方救援队伍和社会应急救援队伍，每一个救援队伍都要挂靠一个政府官方身份，导致这一类组织的认可度和信任度有待提高，组织之间的协同性不够高，吸收外部资源的能力不够强。

（三）从应对突发事件实践中总结的规律

我们再来看一看，社会救援组织怎么样才能发展得好，以下是我从社会救援组织项目管理部主任的谈话和反思中总结出来的：

第一，公益组织的筹款资源很重要，这个筹集资源不是由灾害的大小和需求决定的，不是说7·20郑州特大暴雨千年一遇，它的筹款能力就强，筹款能力是由公众对灾害的关注度决定的，与灾害本身规模没有必然的联系。公众关注度决定社会组织在灾害当中能够投入的资源和力量有多大，有多大的能力去汲取社会资源决定社会组织能做什么样的事，这点是多个灾害应对项目部主任都认可的。公众的关注度是由谁塑造的？由媒体塑造的，所以公益组织里负责灾害应对项目管理工作的同志，不仅要关注这个工作怎么做，更要引起公众对灾害的关注，因为我们参与救灾，在一定程度上也体现社会组织能力，以此作为汲取社会资源的一个着力点，所以我们做的工作就要积极引导公众去关注灾害、了解灾害、关心灾害，知道如何救灾，在这个过程中，受众会根据自身的经验评价哪个公益机构能用更专业的方法去救灾，他们就会把资源投放给相应机构，这样才能提升公益组织获取社会资源的能力。因此，公益组织项目管理的同志一方面要提供生产服务，另一方面还得获取资源，引起公众对灾害的关注。

我本人也是广东省应急管理专家，经常给各地市的应急管理干部讲课，这一两年来我发现两个很明显的特点：一是从群众到领导干部，大家应对灾害的能力都增强了，应对新冠肺炎的这些实践推动了我们去学习如何应对突发事件；二是人民群众的风险意识更强了，这也是新冠肺炎带来的集体深刻回忆。我们要引导公众关注应急救援活动，才能够把这种社会公众的关注度转化为我们公益组织获取社会资源的渠道和驱动力，最后才能把这种由公众的关注度获取的社会资源投入应对灾害的过程，这是我们从实践中总结的规律之一。

第二，社会组织要明确自身的定位，有些事没有专业的装备是做不了的。例如重特大危险化合物火灾的救援，我们极少看到公益组织做这样的事，因为没有这样的装备。消防灭火装备要五六百万元，维护成本非常高，要由政府部门去做。公益组织要更好地明确自身的应急职能定位，主要是在政府想不到或政府没想到的应急服务供给的需求盲区，做好政府应急救援服务的有益补充。

第三，公益救援组织要提供专业化的应急服务，还须注重平时的准备工作。要在准备的阶段加强自身组织建设，强化训练和演练，提高专业水平，这样在现场才能够更高水平地提供专业化应急救援服务，解决刚才说的应急部门分散、不够协调等问题。

第四，救灾工作和政府的体系不能两条线进行，它是一个整体，公益救援组织必须更好地融入地方政府的应急组织体系。公益组织和地方组织的应急指挥机构要积极联系，共享情报。7·20郑州特大暴雨的救命文档出现了多个社会救援组织的电话。为什么称为救命文档？因为灾民需要去找到救援队伍，但不知道在哪里求助，应急救援队伍不知道灾情的需求在哪里，一边是公众在找队伍，一边是队伍在找灾民。政府指挥部门也不知道群众需要什么，需要多少队伍，这些队伍能够提供什么样的帮助。在应对突发事件时，比力量更重要的是协调、管理。

因此，在突发事件的现场，公益救援组织首先要积极地融入政府的指挥体系，以此获取情报。这里说的是“融入”，不是“游离”，这是一套体系，不是两套体系，不是公益组织一套体系而政府另一套体系，派出的救援队伍必须有序融入现场的指挥体系，起帮助作用而不是添乱，成为作为救援的主体而不是被救助的对象。

二、公益组织参与应急救援的问题诊断

目前，公益组织参与救援存在以下几方面问题：

第一，身份合法性问题。我们访谈过的几个公益救援组织或者政府管理的这些救援队伍，首先是缺乏主管部门，公益救援队伍往往在民政部门注册，但挂靠政府部门，就要考虑熟悉程度、能力等因素，这就导致一些公益救援队伍无法注册，导致其在政策支持、募集资源、开展活动、公信力等方面遇到瓶颈，救援队伍的身份没有得到官方的认可，严重制约了公益组织的发展。

第二，运作资金匮乏。每一次救援都要耗费资金，这是很好理解的。我所调查的救援队伍中，相当一部分队员的救援资金是自己出的，个别救援队伍的发起人也自掏腰包去做救援工作。由于缺乏运作资金，救援组织当前主要靠社会公众和企业的捐赠、队伍内部的自筹、国内外基金会的资助、政府购买服务共四种途径来运行。但总的来讲这些资金来源不稳定，资金数额不够，难以维持队伍的正常运转，收入远比支出小。虽然政府专项资金以报销方式提供，但绝大部分政府资金是有出处的，要满足财务管理要求，而我们救援队伍很难满足这样的要求。据我们调查，一支中等队伍开展队伍培训、

救援行动、公益宣传大概需要50万元，这样的支出是公益组织资源获取的重要瓶颈。

第三，专业化培训不足。首先，救援队伍平时参与的应急行动涉及腐蚀清除马蜂窝、搜寻搜救人员、商业救援等基础技能，但不是每个队员都经过了这样的专业化培训。其次，救援服务类型非常多，国际上的标准也非常多，我们的救援队伍目前没有建立起科学的培训体系，专业技能掌握不够深入，这制约了他们应急救援能力的发挥。再次，国家针对救援队伍出台了一系列法律法规制度，但我们对这不了解，就不能有效利用自身优势，更好地去遵循。

第四，组织发展还不健全，公益组织还比较松散。一群热血的队员因为一个共同的理想而聚在一起，这是第一步。走到了第二步，慢慢形成了科层制的组织，还有统一的队服标识和队伍名字，目前就在这个层面。而想要和外部资源建立联系，打通组织得以持续发展的资源通道，以及规范组织的管理制度，进入成熟稳定期，还有很长的路要走。所以，未来公益救援组织要想可持续发展，必须进一步规范化，进一步明确自身战略定位。

第五，外部其他公益救援力量协调不足。突发事件的发生具有一致性、一次性的特点，如果平时没有连训连练，队伍间就很难协同沟通，所以应急救援力量以后要加强平时和战时的协同联动工作，提升联动水平，提升应急救援效果，特别是与政府应急指挥机构的协同。

此外，政府对公益救援组织的信任度还有待提高。一方面，这反映公益救援组织自身的专业化水平亟待提升，因为从政府的角度来讲，社会救援队伍参与救援的过程中，不免产生未经授权的核心信息被泄露、不实的消息被发布的担心，所以政府官方和民间的信任水平还有很大提升空间。

另一方面，不同救援力量间也存在缺乏沟通、演练深度不足的问题，有些地区救援力量比较发达，地区的公益救援组织超出了本地的救援需求，例如广东省，特别是深圳市，其民间力量是比较发达的，社会组织发展形势都比较好，也孕育了多支如深圳市公益救援队这样的社会组织。有的地区力量相对薄弱，发展水平比较低、发展不平衡，各救援队任为了争夺政策的支持和分散的救援资源，产生了竞争，没有差异化发展，协同配合能力也不够，所以没有形成一盘棋，整体规划、有序救援的格局还没有形成。

第六，制度落实还不够。刚才提到，2008年以来，特别是应急管理部出台的应急救援力量规划，明确提出了社会应急救援力量未来的发展方向，并规范了社会力量发展的几个重要方面。虽然这些制度越来越完备，但是具体落实的制度还在制定中。有的时候是有制度而我们不清楚，有的时候是有制度但不同单位理解不一样。重庆市蓝天救援队在参加完贵州省一个事故救援后，在返回重庆途中，有的收费站没收费，有的收费站如万州的五桥收费站，就对救援队伍收费，我把相关文件梳理了一下，发现其实不应该收费，但条件是出去了要报备，因为收费的是收费站，收费站是交通运输部门管理的，但是我们是应急管理部门批准的，政府部门间没有有效落实制度规范的要求，现在在搞报备的系统。我相信，免收过路费指日可待。

三、公益应急救援队伍的建设管理模式

（一）公益应急救援队伍的定位与方向

刚才讲的问题都是现象，目前公益救援队伍在发展过程中存在的问题，促进我们对队伍职能、发展方向进行思考：

1. 队伍职能

第一个问题，我们队伍的定位是什么？也就是说，我们是做什么事的，承担的应急救援功能是什么？例如深圳市公益救援队，我们深圳市旅游景点比较多，容易出现区域旅游突发事件，造成人员被困，我们看到深圳市公益救援队主要参与一些山地救援，原来都是靠消防、街道的干部去搜救，效率不高但成本很高，我们公益救援队做得也不错，很专业，弥补了政府的能力短板。所以应急救援队伍的定位，是保持独立性，获取社会资源，还是找一个政府挂靠部门，从政府获取资源？这是两种不同定位，大家要想清楚。

第二个问题，定位清晰以后，如何形成相应应急能力？社会公众会对不同救援队伍进行评价，哪个是最专业做这件事的救援队伍，我们就把资源给

哪个，所以如何加强自身建设，选择什么样的发展模式，是我们必须回答的问题。救援队伍的职能定位直接决定我们平时值班备勤、训练培训和应急演练，以及参加突发事件应急救援和处置工作的内容，我们的职能也涉及应急知识的科普宣传、重要时段重大活动期间的应急保障。我们的职能定位基本上是这其中几项，不仅包括灾后救援，还包括灾前应急知识宣传，我们就是从这里找到一项或几项作为应急救援队伍的定位，这也直接决定我们未来的发展方向。决定定位后，救援队伍就要根据定位做长期的应急准备，在没有突发事件、不参与救援的时候，对可能面临的情况，如商业救援、水上救援等进行响应，思考要做些什么工作，并对完成的工作进行任务分析。

第三个问题，完成这些任务需要有什么样的能力，要训练什么样的技能，配备什么样的装备？这些是应急准备工作的基础。现场面对不同的情况，有了预案，才能够对队伍进行演练，训练其形成这样的技能，把能源和装备用起来，不断地优化我们演练方案、应急预案，不断提升自身的能力。所以，队伍的建设重在平时，重在以情景构建，以我们的功能定位为依据，以情景为基础，不断提高自身能力，核心还是编制预案和开展演练，不断强化现场的应急救援能力。

2. 发展方向

我们队伍的具体发展路径和定位是什么？

第一种模式是慢慢地把公益救援队伍办成政府专业救援队伍，拿政府的资源，接受政府的管理，这一定程度上会丧失独立性，但优势在于能够获取政府的经费保障、装备保障，政府在表彰大会还给你表彰、宣传，给你获得吸引社会眼球的机会。第二种模式是保持独立性，还是参与政府的救灾过程，但更多是围绕社会需求，围绕社会期待去建设管理我们这支队伍。第一种模式是获得政府的支持，公益救援队伍对标政府专业救援队伍，通过获得政府的支持，取得政府主管部门或专业救援队伍的身份，以此获取资源，它的优势在于能够获取更多政府资源。第二种模式是保持独立性，做好后备军，与政府的关系没那么近。不管哪种路径，最后都需要提升队伍自身的建设和管理水平，才能促进队伍的发展。

我们的应急救援队伍分为几种。第一种是国家综合性消防应急救援队伍，属于主力军。第二种是行业职能部门成立的专业救援队伍，如建筑住建部门成立的建筑工程事故抢险队。第三种是排涝专业的应急救援队伍，深圳市水务部门也成立了排水公司。公益救援队伍要找到政府的挂靠管理主体，有的挂靠民政局，相当一部分队伍去挂靠应急局，这样可以更好对接灾情信息，还有的挂靠群团组织等。应急救援队伍有不同的挂靠部门，至于挂哪个部门，模式不一样。

2021年，我向深圳市大鹏公益救援队的几个队员详细了解过，他们中有人是建筑物工地的建筑工程承包商，有人是民宿老板，都是时间、金钱比较自由的人。相当一部分政府公务员也参与到这个队伍里，在一定程度上，这支队伍是政府内部的公职人员以公民、公众的身份加入其中，这使得这支队伍与政府的联系越来越紧密。经过了解得出，我们要融入政府应急救援体系，深圳市及其下十多个区和功能区都出台了专业应急救援队伍的管理办法，我们是按照专业救援队伍的要求对其中的社会应急队伍进行考核和评比，以规范它的建设。

（二）公益应急救援队伍的管理模式

1. 基本条件

首先，队伍要有统一的队伍标识，服装统一，还需要配备必要的基础设施，满足日常办公、值守备勤、训练需要。上面提到的那支队伍的场地由民宿老板自己提供，民宿的一层楼就作为办公场所，并按照本行业本领域的风险特点和实际工作需要，配备相应的应急救援器材和物资，这显然需要一定的经费支持。

其次，应急救援队伍的队员要有相关专业知识和救援技能，具备良好的身体素质和心理素质。对标专业级救援队伍建设，深圳市对专业应急救援队伍有一个要求，就是市级专业应急救援队伍的人数不得少于20个人，区级专业应急救援队伍的人数不少于10人，主要负责人和管理人员要有相应的资质。

2. 管理制度

一是在管理制度方面，救援队伍要建立健全岗位责任制、应急值值守、紧急出动训练培训、应急演练、总结评估等管理制度。这样的队伍管理办法对于公益救援队伍提高自身的管理水平和业务能力具有很强的帮助和指引作用。

二是在日常管理方面，要建立领导带班24小时值班制度，设立值班电话。灾害随时可能发生，救援队伍要保持24小时手机通信畅通，制定完善的工作计划，健全工作台账，把平时的管理工作规范起来。

三是在物资管理方面，救援队伍管要建立物资清单，做好应急救援物资的管理工作。这是救援的基础，应做好应急装备器材的维护保养，确保正常使用。

四是在训练和演练方面，要定期有针对性地开展训练和实战演练，特别是和政府官方队伍进行联训连练，增强不同单位间的合作和互动。

五是在队伍培训方面，要进行应急救援相关法律法规的培训。前面提及的类似高速公路收不收费的问题，实际上是要求应急救援队伍对政府的制度安排有一定了解。此外，应急救援队员也要对安全保障、危险物质急救的基本技能，应急救援装备器材使用技能，以及与应急救援队伍需求相适应的专业应急处置技术技能和本行业、本领域的救援案例进行培训。

六是在信息共享方面，要和政府的主管部门和属地应急管理部门建立共享制度。这是为了使应急救援队伍更好地融入政府主导的应急救援工作，了解突发事件的信息，接收救援的指令，上报队伍的信息，更好融入地方政府的应急救援体系。要密切关注突发事件，做好响应准备工作，一旦接到救援指令，就要立即赶赴突发事件的现场。如果要离开行政区域参与应急救援工作，就要及时和上级的主管部门报告，获得批准后才有相应的法律授予的权利。在本区域开展应急响应和跨区域开展应急响应，要求不一样。在救援程序上，跨区域开展应急响应，一到现场不是忙着救灾，而要向现场总指挥报告，服从指挥，现场总指挥安排什么任务就执行什么任务。没有现场总指挥的批准，是进不了现场的。根据应急救援任务的方案，按照现场应急指挥的指令，一切行动听指挥，才能参与应急任务，才能保持现场有序。

具体的救援也有要求，服从命令，听从指挥，优先救援被困人员，注重队员的安全，防止队员的群死群伤，佩戴个人防护用品。事态变化和发展了以后，撤离现场并且向指挥部报告，既要救助群众，也要保护自己。结束应急响应后，救援队伍要清点好队员，经现场指挥部同意以后才能离开，一切行动听指挥，保持现场的统一领导。每次救援结束以后要进行总结，针对救援程序、救援措施的不足之处进行整改，并且把整改内容融入下一次培训，这样才能不断地提升救援能力。将经验融入应急演练和培训的过程后，能力提升以后，等着下一次救援活动。

3. 资金来源

深圳市按照以上管理方案去规范社会应急救援队伍，还给予了经费保障、政府主管部门的保障以及为队员配备了必要的保险。《生产安全事故应急救援条例》写得非常明确，人为的责任事故，都由应急管理部门负责统筹应急救援力量救助，但是救援的资金由责任单位负责。也就是说，只要是责任事故就一定有责任人，救援单位形成的费用支出最后报给应急局，应急局找这个责任单位去承担这个费用，否则出事的单位没有成本，谁出事谁负责，这个负责就体现在救援的费用由这个责任单位承担。自然灾害就不一样，自然灾害是非人为的因素。只要是责任事故，都是由应急局统一调度救援队伍去现场参与救援工作，但是最后产生的费用是由责任单位出，产生的费用标准，不同的地方政府制定了不同方案。所以参与救援工作要根据应急救援活动、突发事件的性质去划分责任，明确事故的责任主体，建立经费支出的规则。经费支出的规则不明确，责任主体无法追缴的，由调度部门在年度预算里面列支或者申请本级政府突发事件应急专项经费。

在装备保障方面，主管部门采取为救援队伍配备先进适用的装备，或者委托应急救援队伍管理使用，这时挂靠部门就有一些优势，它能够帮助救援队伍解决装备经费的保障的问题，并且对于提高队伍的公信力和合法性，在奖励表彰、提高社会认可度上也具有一定的优势。如果队伍保持相对独立，政府资源的获取渠道就少，但也要满足刚才所说的装备保障、资源共享、调用补偿和保险保障等要求。

以上一整套体系，是我们在深圳市应急救援队伍的管理模式，是参照专业应急救援队伍对辖区内的应急救援队伍进行管理的制度安排，明确了队伍从怎么建到怎么用再到怎么保障整个环节，提升了队伍的发展能力。

四、公益组织参与应急救援工作的模式

前面我们都是从社会组织角度去看社会组织的发展，接下来，我们再从政府角度看看社会组织怎么样参与救援工作。注意，根本原则是政府主导，而公益组织只是参与其中。

我们国家的应急救援体系，首先存在一个后方指挥机构，也就是应急救援指挥，如三防指挥部、地质灾害应急指挥部。如果出了突发事件，应急预案启动后，指挥部要运转起来，但指挥部只管指挥，不直接应对突发事件，各个救援单位要把信息报送给指挥部，指挥部再指挥它的下级单位，这个下级单位的核心还是政府的职能部门和党委职能部门，包括电信、联通、移动等国有企业（见图7-1）。

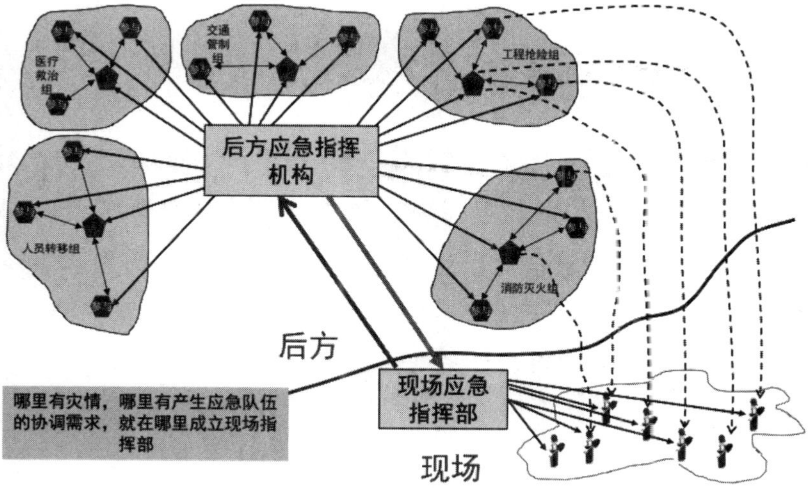

图7-1　整体性的应急指挥组织体系

我很欣喜地看到，蓝天救援队也存在于广州市某个区的应急指挥部的成

员单位之中，政府认可救援队身份纳入专项指挥部成员单位这种模式。单位专项指挥部在平时已经成立，平时这个指挥部的成员单位都按照专项预案和专家的安排行动，接受指令后，每个单位要承担什么责任、做什么工作都由应急预案明确规定，指挥部启动应急响应后，哪里有灾情，哪里就是现场，一个灾害有多个现场，如7·20郑州特大暴雨中郭家嘴水库出现险情，这是一个现场；而郑州地铁5号线出现险情，就是另一个现场。哪里有现场，哪里就要成立现场应急指挥部，这是第二个指挥部，叫现场指挥部。现场指挥部的指挥长是后方指挥部派去的，担任现场总指挥。现场指挥部的救援单位是后方指挥部成员单位带来的，现场的总指挥是后方指挥机构直接派的，例如蓝天救援队就是把当天值班的队伍派到现场，消防是把当天的备勤队伍派到现场，水务局的排涝抢修队也是把当天的值班队伍派到现场，这些人就在现场成立现场指挥机构。现场指挥部的人因为一次突发事件而聚，突发事件应对结束以后就解散，回到各单位去，他们没合作过，所以管理难度很大，加上队伍间并不认识，现场情况非常紧急，情况极其复杂，救援难度就很大。

1. 后方应急指挥体系

后方指挥部不是临时成立的，国家的三防指挥部已经成立几十年，它只是间歇性启动。类似三防指挥部，后方指挥部成立以后间歇性运作，平时是休克状态，出了事就间歇性启动，所以应急管理工作的体系是前方和后方同时运作的。体系的后方是各个成员单位，如我们的蓝天救援队和深圳公益救援队，平时就建立和后方指挥部的联络，这样才能找到灾情；也只有这样，指挥部才能找到队伍，可以整合公益救援组织的队伍和资源，把现场人员和指挥人员整合起来应对现场的灾情，在后方指挥部领导下形成前方和后方共同的运作模式（见图7-2）。

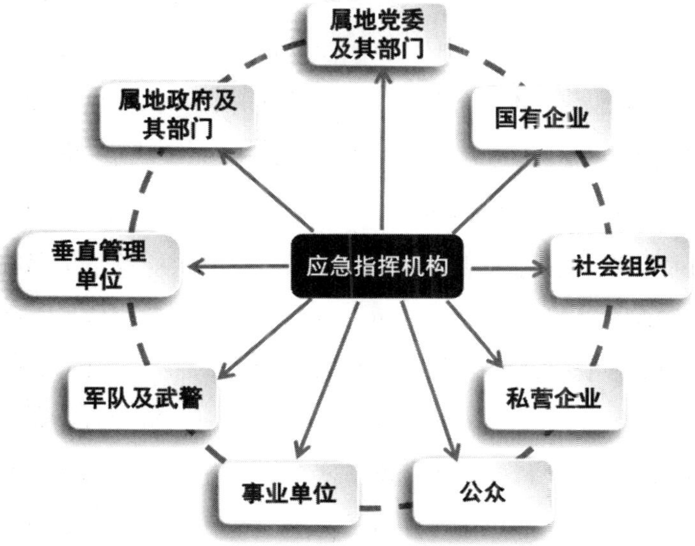

图7-2　后方应急指挥机构

后方一级机构指挥部要指挥的对象很多，统一指挥，协调应对，党委对应急管理工作的指挥不是直接指挥，而是授权一级指挥机构去指挥。这其中一个社会主体就是社会组织，社会组织要接受属地应急指挥机构的统一领导，接受它派遣的任务，也要把自身的救援资源和救援能力上报给应急指挥机构，才能和政府指挥体系联动起来（见图7-3）。

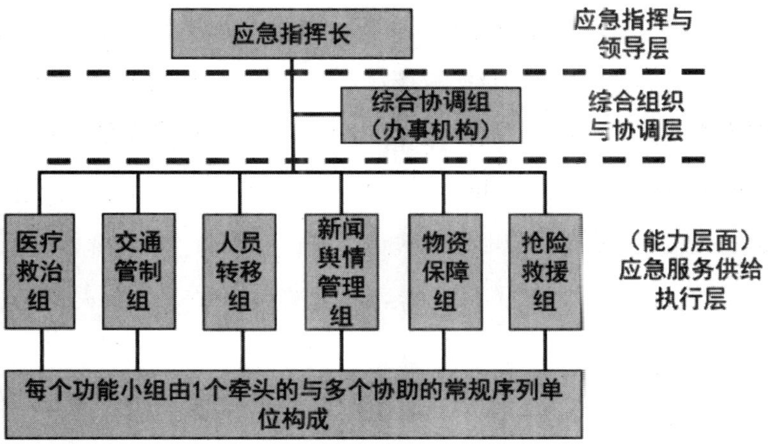

图7-3　应急指挥部的组织结构

再来看看指挥机构内部的组织模式。三防指挥部启动后，肯定有个指挥长，指挥长一般是分管应急管理工作的副省长或者副市长这样一个级别，这个办事机构，在南方地区叫“三防办”，长江及以北地区叫“防汛抗旱指挥部”或“防抗防汛抗旱办公室”，三防指挥部下有各个功能组，分别完成不同功能，各个功能组由不同成员单位人员抽调形成。作为应急救援队伍，我们平时打交道最多就是综合协调组，也就是三防办，应急指挥机构的办事机构，把我们的资源和信息报送给三防办，积极地和他们保持社会联系，获取救灾信息，我们才能被列入政府社会组织体系。

突发事件发生以后，办事机构作为值班值守机构，首先需要接报突发事件，接报后研判这个事件到达几级、严不严重，然后报送给指挥长。指挥长接到信息后研判这个事件到了几级，召集开会，才能决定启动一级响应、二级响应、三级响应还是四级响应，响应级别很重要。在应对突发事件时，“三停”［停工（业）、停市、停课］所损失的社会成本有时候是值得的，应对突发事件的原则很简单，就是让人脱离风险的暴露范围，这个决策就是由指挥长做出的。

指挥长做出决策后，具体工作由下面的能力供给层、各个功能组完成。例如帮助转移、搞交通运输，还有的部门去做警戒治安，就是这样一个完整过程。我们国家广东、广西的三防指挥部建设时间最长，启动次数最多，以这两省的指挥部为例，在应对突发事件过程中，指挥部要完成信息的监测、报送、共享、分发等工作。指挥部的信息从哪里来？主要依靠各个信息报送单位把灾情逐步上报，把舆情、浪情、潮情都报给指挥部，指挥部是信息的枢纽，要集中掌握与突发事件相关的所有信息，掌握信息权，信息决定成败。相应地，应急救援队伍要了解灾情信息，就要和指挥部建立联系。

指挥部在了解信息、了解灾情后，需要做出决策，在灾情信息研判基础上，召集各个成员单位作出重大决策，例如在重大汛情发生的时候，作出“三停”或者是启动二级响应的决策，指挥部做重大决策有时是很困难的。例如2022年5月10日，广州市三防办、应急局给广州市民群众都发了一条短信，就是暴雨预警要启动二级响应，二级响应是停学不停工，当天的暴雨在广州周边城市下，中山在下暴雨，清远在下暴雨，广州那天却出了太阳。网上群众骂声一片，因为停学不停工，小孩子都带到办公室去了。所以说指挥部的决策很关键，不是简单按照应急预案里确定的几条规则，而要根据具体情况研判，所以应急决策需要指挥长召集会议共同决策形成。

指挥长一旦确定了决策，应急功能组就要开始发挥相应的功能，执行人员转移、交通运输、山地救援、水上搜救等任务。我们的应急救援队伍是执行功能组里的成员，指挥部把这个工作分解到某一个公益救援队伍，公益救援队伍就要把当天值班的能够筹集的救援力量抽派到现场，交给现场指挥官，这是完整的流程。在指挥部的安排下，应急救援队伍要执行有力。指挥部会跟踪应急响应方案的执行过程，对各单位参与应急工作的情况进行评估，进行结果反馈，实现科学评估。

从掌握信息到科学决策到执行有力，到最后评估，形成一个完整的管理闭环，这就是后方指挥部的管理体系。也就是说，应急响应是从后方开始的，应急队伍首先是从指挥部了解灾情，接受指挥部的命令，再把队伍派到现场。

信息的监测、报送、共享和分发是应急管理的第一个环节（见图7-4）。现在信息的监测收集和报送渠道更多了，特别是自媒体等渠道非常多，每个群众都可以发现灾情，并把灾情传到后方指挥部统一掌握。我们的公益救援组织也要把自己掌握的灾情，通过自己的信息渠道传给指挥部的值班值守机构。有时候，发现问题比解决问题更重要，看得见的管不着，管得着的看不见，管得着的是救援力量，看得见的是信息发现、信息报送的主体。在新冠肺炎疫情初期，媒体上经常出现一个词叫“吹哨人”，谁第一个发现突发事件，谁就是吹哨的，谁在灾情现场，谁就是吹哨的，谁是事故发生的企业，谁就是吹哨的，谁是当地的灾情监测员，谁就是吹哨的。我们要早监测早发现早报告，再把这个信息报给政府，最后汇总到应急指挥机构的办事机构，由它统一掌握突发事件的信息。

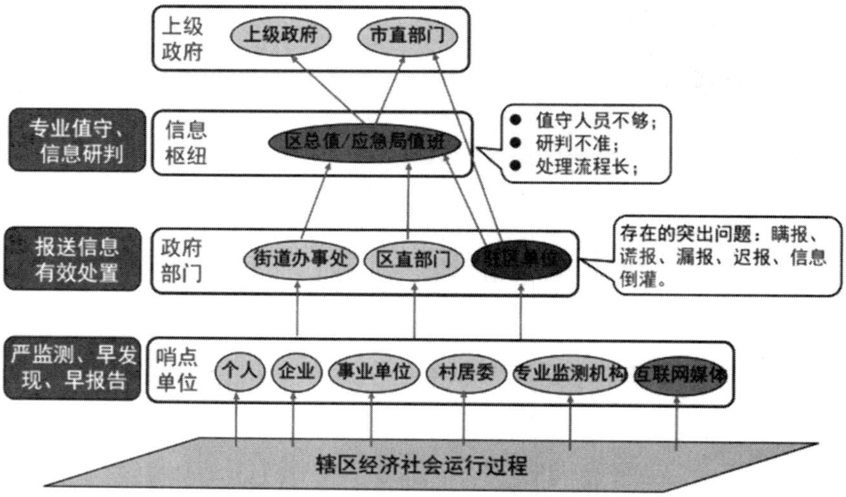

图7-4　信息的监测、报送、共享和分发流程图

了解灾情、构建应急管理架构后，应急指挥部要决定应急目标转不转移，这是指挥长作出的抉择。做出决策后，指挥部的办事机构要把指挥长的关键性决策转化为具体实施方案，决定调哪支队伍去转移灾民，动用哪个运输力量去完成能源运输。公益救援机构要融入这个方案，要和指挥部联络，明确我们有哪些队伍的能力可以嵌入到内部制定的应急行动方案，积极主动参与到这个过程中，所以救援前提是和指挥部的办事机构联络，既了解灾情，也上报自身的能力和资源。最后，指挥部将任务分解到各个单位执行，公益救援队伍就接收指令，按照这个指令把当天的值班队伍派到现场，交给现场指挥官（见图7-5）。

在掌握突发事件情报后，第二个环节就是以应急方案为核心，形成决策流程（见图7-6）。这个方案要科学，指挥部将制定的应急目标进行逐层分解，形成各个单位的行动方案。公益救援队伍作为一个单位，是整个指挥部综合行动方案的一部分，要和其他单位的方案相协调，按照指挥部的统一指挥和部署开展应急救援工作。公益救援队伍积极从指挥部的办事机构获取信息，融入方案的制定，接受指挥部的指令，才能参与突发事件的应对过程，否则它就成了一个自发性工作，在应急救援工作中极容易缺乏协调，导致行动不统一。

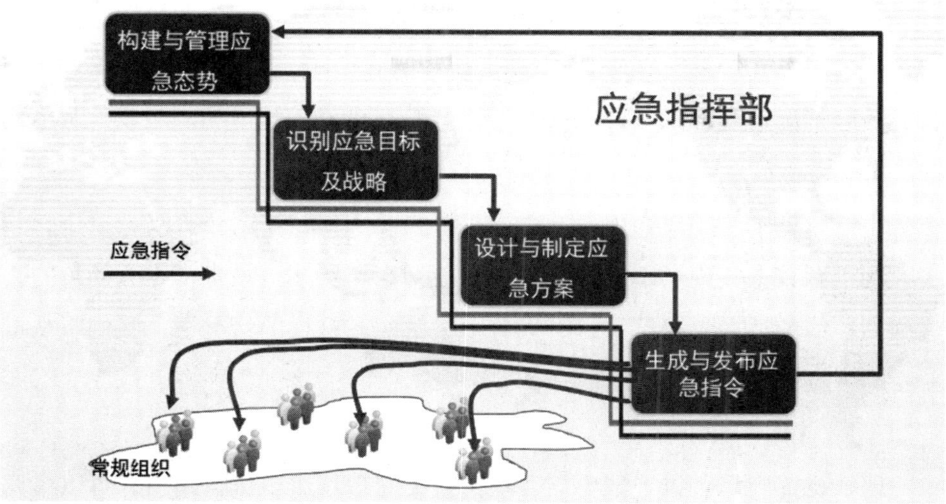

图7-5　应急指挥部工作流程

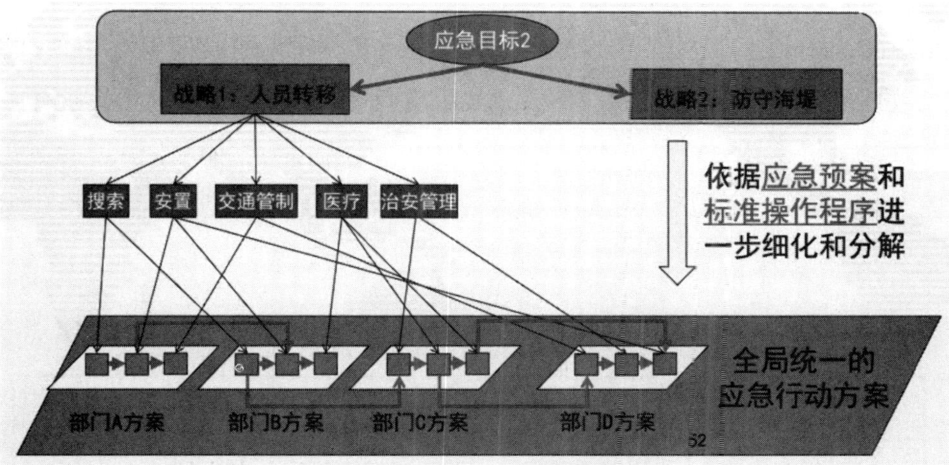

图7-6　应急指挥部决策流程

2. 现场指挥机制

接受指令后，队伍到了突发事件现场，首先就要找到总指挥，在现场总指挥的统一指挥下开展工作。现场总指挥一般穿着马甲或者带着袖标，突发事件现场的乱，就是从不知道谁是现场总指挥开始，所以现场指挥机制应注意以下两点：

第一，谁掌握的信息多，谁就当指挥官。7·20郑州特大暴雨期间，当天17：46，当事故列车进入到地铁5号线海棠寺站的时候，没有人比海棠寺站站长更了解情况，在地铁隧道里没有人比地铁司机更了解情况，应该听听他们的决策。

第二，谁了解领域知识，谁就当指挥官。例如，在森林火灾救援中，很多人到了森林火灾现场却不了解相应救援知识，要知道喷水枪是有仰角的，碰到高压线的话后果很严重，有人并不了解。在这样的情况下，我们听从谁的安排，应该把职位放在最后一个环节考虑。

（1）编组与分工

现场指挥官具备以上能力后，我们就要对现场组织进行编组，可以参照三三制战术：在进攻过程中，三名士兵组成一个战斗小组，一人负责进攻，另外两人负责掩护和火力支援，三个战斗小组组成一个步兵班，以三角形的形式来进行进攻和三角协防，三个步兵班便可以组成一个战斗群，以“散兵线”进行展开。在突发事件现场，应急现场总指挥不可能指挥所有应急救援队伍，必须对现场的组织进行编组，形成现场指挥的组织体系（见图7-7）。

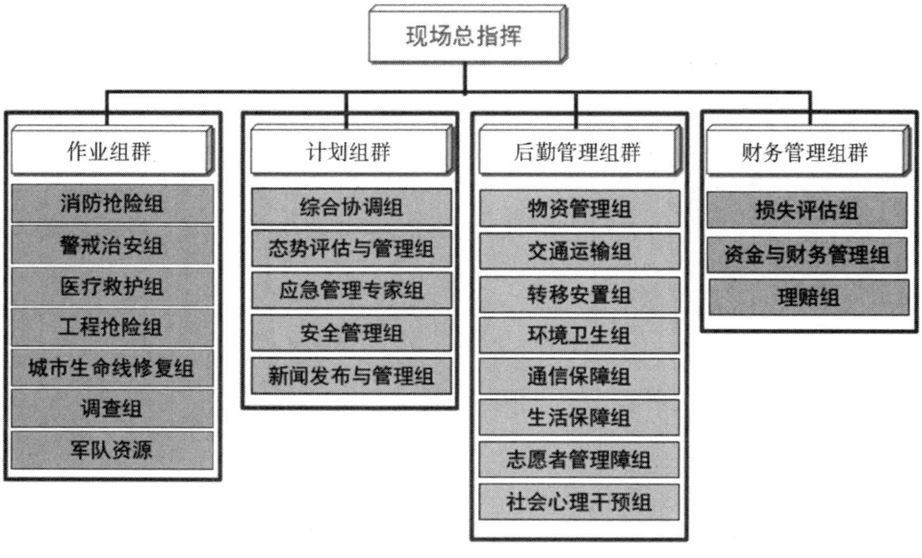

图7-7　现场指挥的组织体系

在突发事件现场还有这样的启发：每个单位到现场后，应急现场总指挥就要把参与现场应急救援的单位编组到各个不同组织单元。例如，某个社会应急救援力量小分队是医疗救护队，就把它放到医疗救护组，设置一个集中的组长，完成工作后向组长报告。应急救援队伍不直接向总指挥汇报，不直接受理总指挥的任务，而是融到现场集中统一的组织体系去，完成现场应急处置工作。通过编组，我们在现场总指挥到现场每个救援队伍间建立了清晰的指挥链，这个指挥链很好地解决了突发事件现场人员间缺乏协调的被动局面。例如，一个人是医疗救护组的人员，另一个人是工程抢险组的人，工程抢险组同志发现易燃易爆物资，爆炸风险比较高，但他不知道周围还有没有医疗救护组在爆炸风险范围内执行医疗急救任务，怎么办？这时可以把情况上报给工程抢险组，把出现爆炸风险的信息报给现场总指挥，现场总指挥了解现场救援力量的布局和分布后就能调整周围的救援人员，包括医疗救助的人员的紧急撤离。为什么现场总指挥的决策是科学的？因为每个救援单位的信息都报送给他，他集中掌握了现场所有突发事件信息。

同样，指挥官是最有权力的，他制定下达的指令，所有单位都得执行，实现现场集中统一领导，能够保障人员安全，不会出现群死群伤的状况。同时，听指挥官的命令，能够解决问题，实现目标，统一指挥的优势在于能够解决现场混乱问题。

（2）运作机制

各个应急管理责任单位，包括社会应急救援组织的队伍，到达现场后，不是去救灾，而是向综合协调组也就是向现场指挥官报告，我们携带了多少人员，带了什么装备，能够做什么工作。现场总指挥给特定队伍下达任务后，会把相应人员编到某个组去，融入现场统一的指挥体系，再开启这一次现场应急救援，过程中有几点需要注意：

第一，由于现场是被封锁、被警戒的，队伍受理任务后，要进行沟通，最后执行指挥官下达的指令。

第二，现场有多个警戒核心区域，是风险的暴露范围，区域内可能存在爆炸或危险化学品泄漏风险，进入风险区域的人要有防护措施。所以，进入到突发事件的核心现场，救援现场要警戒起来；第二层是应急指挥所，属于救灾单位的报到处，紧挨核心救援现场，但属于安全区域；第三层是家属、媒体的聚集区，这些人员并不参与救援工作。救援队伍去现场后，在第二层向现场总指挥官报告，现场总指挥官根据其受理的任务判断能不能进入第一层，现场空间要有序安排，否则容易出现救援队伍现场牺牲的情况。

第三，救援队伍开展工作中若出现了问题或是掌握了现场信息，应上报给现场总指挥。没有下级单位的报告，现场总指挥是做不出科学决策的。在救援过程中，要时刻接受现场总指挥的指挥和指令，因为现场工作是不断调整的，在救援过程中，信息自下向上，指令自上向下，两个过程同时运转，才能推动现场救援工作向前开展。

第四，现场总指挥要与后方联络，保证后方的资源。应急救援队伍到突发事件的现场以后，救援工作由现场完成，但现场所有物资装备和支持都由后方提供，现场能不能执行救援操作，取决于装备能不能筹集。我们把队伍派出去后，要给队伍支持，不断根据队伍的要求增援现场。但是记住，现场队伍要听现场总指挥的，而不是听我们公益救援机构的救援基地的，因为突发事件的现场是交给现场总指挥的，他最了解情况，他才能做出正确的决策。

第五，指挥权转移和公益救援队的关系不大，接受指挥权的新单位来了后，原来单位还不能离开现场，要继续待在现场接受新指挥官的指挥。我们特别关注指挥权转移过程中的风险，它类似护士交接班产生的医疗风险。新的指挥官不了解情况，极容易出现指挥失误的情况，所以原来的指挥官不能离开现场，直到突发事件得到控制，次生灾害得到消除，各项应急工作完成后，现场指挥官可以缩小应急规模，或者说结束应急响应。

（3）组织解散与结束

现场指挥部是由后方指挥部设立的，所以现场指挥部撤不撤销不由现场指挥官说了算，而是由后方指挥部批准，谁设立谁撤销，这是闭环。现场指挥部的撤离需要由后方指挥长提议，经过后方指挥部批准才能结束应急响应。同样，我们的公益应急救援组织派到现场的力量离开现场前，一定要经过现场总指挥的批准，进入现场也一定要向现场总指挥报到，形成一个完整的闭环，保持现场的有序和统一。

五、提升公益救援队伍参与应急管理工作水平的建议

以上介绍的是现场和后方应急指挥体系的全景式概况。我们作为参与方进入应急体系。我根据实际经验，给大家参与应急管理工作提几个建议。

第一个建议，突发事件是需要整个社会共同应对的难题，政府力量再强大，也需要社会组织参与应急工作。

应急救援工作对资源的需求是海量的，作为政府，要尽量做好以下几点：

一是要更好地承认社会组织、信任社会组织，使其参与政府工作，这也是大家共同的理想。目前已经出台的法律法规，我们还不太了解，刚才举了个例子，收不收过路费的问题，我相信在应急救援力量“十四五”规划后，法律法规制度的安排会进一步强化，从整个队伍的培训管理到平时的建设以及参与应急救援工作的战时管理，相应的制度会不断强化。今天讲的是深圳模式，这个模式以后可能会推广，并在更大范围内实施。

二是要完善保障机制，根据本地的经济、自然、文化习俗等配套政府的投入，更好地促进社会组织的发展。

三是要提高协调联动水平，救灾信息要和社会组织分享，现场组织和救援环节要提高公益组织的参与度。在某些环节，我们看到广州和深圳的公益组织参与水平和能力是很强的，能够做一些政府想不到的事。

此外，还需要完善考核机制和监管，毕竟我们的公益组织要挂靠政府部门进行强化管理。

第二个建议，公益组织要规范组织管理，建立完善的管理结构，提升组织纪律和内部管理制度的建设。公益组织应急救援力量的组织管理水平还有很大提升空间，这个过程中会出现一些样板的公益组织，我们要对标，提升我们公益组织的组织管理水平，强化平时的建设和战时的专业处置能力，建立科学的培训体系，锚定我们的应急救援职能，针对这个职能对我们的队员

进行专业技能培训，并通过比赛促建、强化训练等各种方式强化专业化应急处置能力。

第三个建议，要扩大影响力。我们有相当一部分资源是从社会获取的，社会资源的筹集来源于群众，来源于公众对灾害的关注程度，只有把他们对灾害的关注程度转化为对组织的选择和信任，才能获取更多社会资源。除了加强党建工作和队伍的宣传，还要开展公益活动提高社会影响力，这是我们获取社会资源的基础。

总结一下，今天我们从社会组织发展的现状，特别是应对突发事件、进行灾害应对过程的现状，从我们观察的现象里进行提炼，然后从深圳市的经验探索出社会组织参与救援工作的基本模式，给来自全国各地的学员做了简短的介绍。社会组织为社会服务，它的职能定位、使命目标、参与突发事件的应对能力是必不可少的，也是形成社会影响、得到社会认可的重要方面。只有强化自身的建设，融入政府主导的应急救援体系，才能实现使命目标。最后，希望我们每个学员所在的单位和组织发展更好，谢谢大家！

（作者为暨南大学公共管理学院/应急管理学院应急管理系主任、教授，本文由暨南大学新闻与传播学院2021级硕士研究生高小雨整理）

第八讲

顾作义

从《论语》看优秀志愿服务骨干的综合素养

志愿服务骨干的综合素养有两个方面，一个是基本素养，另一个是核心素养。核心素养就是公益精神。我今天讲的就是，中华优秀传统文化里的公益精神。

公益慈善和志愿服务有不同，但本质上是一致的。它们都是行善、施与，只是志愿服务以出力为主，公益慈善以捐献财物为主。当下，公益慈善和志愿服务走向融合发展，取长补短，相得益彰。

志愿服务骨干的综合素质包括五大基本素养：政治素养、文化素养、心理素养、身体素养、专业素养。从政治素养来说，要强调在国家的现代治理体系中去理解志愿服务。公益慈善是弥补国家治理、市场失灵不可或缺的手段。也有人概括做公益需要五个商：德商、智商、情商、健商、逆商。这里包括精神品格、道德修养、专业技能、心理素质、情绪管理。

在中国的汉字里有丰富的公益精神。首先是“公”和“私”。“公”和“私”是辩证关系，以“私”为基础，“公”一定要尊重个人利益。“公”的上半部分则是一个“八”，“八”是公平公正分配。“益”加了三点水就是“溢”，汉字的“益”其实是一个容器，水满了以后就会流出去，所以公益还是要在自己的基本生存的问题解决后才能去做。

除了“公”“私”，还应该有10个字：“慈”“善”“人”“道”“博”“爱”“施”“舍”“济”“助”。

传统文化里有丰富的内容，“一源三流”中也蕴含公益精神。“源”指的是《易经》，“流”则是儒释道三家传统文化。《易经》中讲“积善之家必有余庆，积不善之家必有余殃”就体现了这种道德精神和慈善精神。《易经》里有两个卦，一个是损卦，一个是益卦，两个卦是相对应而存在的。老子在《道德经》里说“为学日益，为道日损，损之又损，以至以无为”，讲的是学问要不断积累，而人的欲望应减少，最好能无欲无求。而儒家主张“天下为公，大同社会”。佛学强调有出世的精神，要破我执，要无我相、无寿者相。道家也一样，主张“要以天地之心为己心”。

我们做慈善，文化是最根本、最基础的东西，如果没有文化的视角，就没有思想的动力。所以今天就用《论语》作为经典的范例来讲核心素养，其实就三个词：情怀、能力、境界。

第一是情怀，主要解决“为什么做”的问题，解决态度目标和动力的问题。做公益不是一时的事情，是做一回还是做一辈子，做的质量和水平达到什么程度？要做得很极致，做得很持久，情怀是基础。做公益，首先要看带着什么感情和态度去做。我现在做了三年多，体会是要靠自己的情怀去做，没有情怀做公益是做不好的。所以这几年做公益，我奉献我的智慧，奉献我的时间，奉献我的财物，奉献我的人脉。

第二是能力，解决有没有知识、有没有能力、有没有方法的问题。领导力和执行力是相辅相成的，领导力主要是统筹、协调、动员，但最后没有执行力还是不行，所以还有方案和组织落实的问题。

第三是境界，解决最终目的问题。佛学说出世，儒家谈入世，其实是两个方面，要结合起来，以出世的心态做入世的事业，就是不要有功利的心，不要想要得到什么，不要想得到名，也不要想得到利，做公益就是奉献，实实在在地为弱势群体服务。我们可以从小我开始，到大我，最后追求无我，就几乎达到圣人境界了。《论语》讲“修己以敬”“修己以安人”“修己以安百姓”，那是宽广的眼界和博大的情怀。

一、志愿服务组织骨干应当担当什么样的角色

领导者有三个要素：“位”“能”“职”。“位”要摆得正，不要错位，不要越位，更不要缺位。首先要找准自己的位置，在其位谋其职。志愿服务骨干往往充当四个角色：项目规划师、活动工程师、项目施工员、组织管理员。

第一，项目规划师。目前全省志愿服务组织有13万之多，项目也很多，但普遍存在小、弱、同质化、品牌不鲜明的问题，有的还成为“僵尸”组织，有名无实，没有项目就没有存在意义。我们正在研究志愿服务组织活跃度评估指标体系，包括开展活动的频次、参与规模、影响力和效果等。好的项目应当具备品牌性、专业性、创新性、成长性、可复制性。尤其是成长性，你的项目应该能够成为将来的公益创投项目，如果项目不可成长，做完后很快就会失去生命力。还有很多公益组织，项目东一榔头西一棒子，最后品牌性无法体现。要对项目进行优化，往规模化、专业化的方向发展。

项目策划，需要注意的第一个问题就是围绕中心，服务大局。志愿服务存在与公益慈善组织同质化的问题。从2022年开始，我们在巩固原有项目的基础上，凸显优势，错位发展，侧重于政治引领、思想和文化引领，大力倡导、策划、组织思想道德建设和构建国家现代社会治理体系的项目，如已

成立艺术助残志愿服务、南方非遗传播志愿服务队、器官捐献倡导志愿服务队、红色文化传播志愿服务队、广东家风家教志愿服务，正在筹备健康教育志愿服务、安宁疗护志愿服务、乡村振兴艺术志愿服务行动等。

此外，还要坚持需求导向，发挥各自的专业优势，要有创新性、成长性、可复制性。如茂名的助盲跑项目，受到了世界举重联合会副会长、马来西亚王宝荣拿督的邀请，跑出了国门。收入来源也很多样，包括马拉松赛事广告赞助、特色跑步赛事、黑暗团建产品①、电商销售、政府购买、募捐筹款等，具备自我造血能力。

第二，活动工程师。志愿服务组织负责人在项目设计完成后要精心调度、组织，调配好各类资源，调配好人、财、物，科学地组合，合理安排时间节点，有序、扎实地进行。

第三，项目施工员。志愿服务活动必须经历统筹项目开发、项目实施、项目评估等阶段，在这个过程中，实施是关键环节。这要求有很强的执行力，保证达到预期目标。目前有些项目还是比较粗放，缺乏精细化的管理。如支教和乡村振兴志愿服务还有提升的空间，存在着重开头、轻过程、轻结果的现象。为此，我们正在研究项目绩效评估指标体系。

第四，组织管理员。志愿服务的组织管理，主要通过活动策划、有效沟通、组织实施、志愿激励、协调解决志愿难题等方面维系和凝聚志愿者。志愿者是志愿组织最宝贵的人力资源，志愿服务带领者要营造良好的志愿者团队互助合作的氛围，促使团队高效能运作，不断提升团队协作能力，提高团队创新能力。而这些主要在于提高向心力、活力和凝聚力。底线是人员和财务的安全，还要有共同的愿景、使命和价值观，以及良好的运行机制。

举个实例，郭明义是一名优秀的志愿服务领导者，我们从他的身上可以学习领导者的素质与能力。郭明义是鞍钢矿业公司齐大山铁矿生产术室采场公路管理员，他追求纯粹，矢志不渝地追求真善美。1990年开始，他坚持无

① 黑暗团建产品，指企业员工蒙上眼睛体验黑暗中奔跑或者参与各种残健共融游戏来进行团队建设。

偿献血。2008年，鞍山市第一支“无偿献血志愿者服务队”成立，郭明义被推选为队长。他把扶危济困、播撒爱心当成毕生追求，积极参与社会公益事业，被人民群众亲切地誉为“爱心使者”“雷锋传人”。

作为郭明义爱心团队的领导，郭明义推动志愿团队发展壮大。郭明义爱心团队正式成立于2009年7月29日，设希望工程爱心联队、无偿献血志愿者应急服务大造血干细胞捐献志愿者大队、遗体（器官）捐献志愿者俱乐部、慈善义工大队、红十字志愿者急救队和红十字志愿者服务队等七支大队。随后，团队在全国20多个省、直辖市、自治区拥有将近7500支分队，拥有爱心志愿者230万人。

作为志愿服务领导者，郭明义感召、激励和引领志愿者从事志愿服务事业。爱心团队的广大志愿者积极投身捐资助学、无偿献血、捐献造血干细胞、捐献遗体（器官）、慈善义工、红十字志愿服务等社会公益领域，致力于服务帮助弱势群体，给无数困难家庭、困难学生送去帮助和希望，以实际行动倡导无私奉献精神，引领社会文明风尚，为推进社会主义核心价值体系建设、构建社会主义和谐社会作出了积极贡献，逐渐成为具有全国影响力的志愿者团队品牌。

作为志愿服务领导者，郭明义组织爱心团队实施一系列改革与创新措施：团队建设日趋完善，主题活动特色鲜明，先进典型层出不穷。在郭明义爱心团队中，涌现出了李超、孙利东、曹贵德等一批先进典型，他们借助报纸、杂志、电视、网络等媒体平台，对郭明义爱心团队各分队的各种献爱心活动进行了广泛深入的报道。同时，充分发挥雷锋纪念馆、郭明义爱心工作室等学习宣传主阵地的作用，创新了“雷锋文化研究会”“郭明义精神研究会”，以及利用微博、微信等载体，加强对爱心团队志愿者的教育引导，持续营造跟着郭明义学雷锋活动的浓郁氛围。

从案例中可以看出，郭明义作为志愿服务组织的领导者，对爱心团队的发展影响深远。在他的身上，我们看到优秀志愿服务领导者所必须具备的组织建设能力、项目策划能力、资源整合能力、网络运用能力等。

二、情怀："仁者爱人"

中国志愿服务事业之所以能薪火相传，源于中华优秀传统文化的文化基因和沃土。中华优秀传统文化有四大功能：坚定信念、激发情怀、升华境界、提高能力。可以解决志愿服务三大问题："飞多高"，即高度；"走多远"，即长度；"做多好"，即温度。

所以，谈"仁者爱人"，其实有三个层次，即修养性情、提升生命、圆满使命，下面详细讲解。

（一）修养性命：做一个"仁者"

修养性命是道德层次。我们做公益，是基于道德、责任、义务。"仁"字左边为人，右边为天地，人站立于天地之间，天地人之道，要人效法天地，"圣人"以天地之心为己心，天地仁爱、无私、公平。阳光、雨露等创造了很多东西，可天地从没有要求得到什么回报，总是无私奉献。

"仁"同样是人与人间的相处之道。用人道相处就是要把人当人看待，"己所不欲，勿施于人"。所以，"仁"是基于道德的义务的最基本要求。

《论语·颜渊》记载："樊迟问仁。子曰'爱人'。"孔子的弟子樊迟问孔子"仁是什么"，孔子回答"仁"就是要亲爱他人，即君子时刻要有一颗仁爱之心。"仁爱"也是一种人道主义的情怀。仁从"人"，表示仁来自天性，是做人的本质要求，也是人和动物的最大区别，还是做人的基本准则。

那么，仁爱有什么内涵呢?

一是"仁者爱人"是对他人尊重和关爱的情怀。

二是仁爱是一个人安身立命之本。

三是仁爱以爱为起点，从爱他人延伸到爱万物。

四是仁爱之心的施予要适当，防止出现"斗米恩升米仇"。

五是仁爱不是停留在口头上，而是要立即付诸行动。

（二）提升生命：学会“爱人”

一个健全人有五大要素：身、心、性、灵、社。第一是身体健康，没有疾病或重大疾病。第二是心理健康，心情愉悦，心态平和。当代社会最大的问题是心理问题，很多心病比身体的病还严重，许多人处于焦虑状态。第三是品性，品德高尚。第四是灵，代表理想、信念、智慧。第五是社会身份、社交、人际和谐、人与自然和谐。

“爱人”表达了一种心愿、一种情感，所以“志愿”两个字都以“心”为基础，这就是心之所向。“志”从“士”，从“心”。士，指具有某种技术学识或品德的人，又有担重任之称。心，指人的心脏。《说文·心部》：“心，人心，土藏，在身之中。”又有“心者，生之本，神之变也”。古人以为，心是思维的器官，引申指思想、心意、内心、情绪、思谋。志，用心所向往，会意向、意念之意。《说文·心部》：“志，意也。”本义为心之所向。中医认为，志是一种志意，可应时而动。志意者，《黄帝内经·灵枢·本藏》：“所以御精神、收魂魄、适温寒、和喜怒者也。”

儒家认为，无恒产而有恒心者唯士为能，士之志为欲之所使，是气之帅，骨之主，是德义之府，忠信之途。孟子讲：“夫志，气之帅也。”《国语·晋语》云：“志，德义之府也。”《鬼谷子·阳府》曰：“志者，欲之使也。”因此，志士是有高尚的志向和道德情操的人。志士仁人不求生而害仁，敢杀身成仁者，志在创业建功，志在利国利民。一个人在生活起跑线上，选择什么样的目标，树立什么样的志向，关系到他的前途命运和对社会贡献的大小。志向对一个人来说是前进的动力和方向，高远的志向决定一个人努力的方向和拼搏的热情。

《论语·公冶长》：“颜渊、季路侍，子曰：‘盍各言尔志。’子路曰：‘愿车马、衣裘，与朋友共，敞之而无憾。’颜渊曰：‘愿无伐善，无施劳。’子路曰：‘愿闻子之志。’子曰：‘老者安之，朋友信之，少者怀之。’”

孔子与弟子三个人各讲了自己的志向。子路志在重情义：“我希望做到自己的车子、马匹、衣服、棉袍与朋友分享，即使坏了也没有一点遗憾。”颜渊志在修养品德：“我希望做到不夸耀自己的优点，不把劳苦的事推给别人。”孔子志在至善：“使老年人都得到安养，使朋友们都互相信任，使青少年都得到关怀和照顾。”

所以，“志愿”两个字要求挺高，并不是一时的事情，要有坚定的理想。志愿发自内心，是心灵深处的召唤，是一种“本愿”，是一种追求和向往，因此，要有意志坚定性和主观能动性；志愿的实现在不同阶段表现出不同的层次，从初始的某种兴趣、爱好，即动机，逐渐上升到为一种向往和期待，并最终升华为个体一种发自内心的理想，成为激励一生的目标；志愿一旦确立，就能产生巨大的愿力，成为一种动力和能量，激发人们不怕千辛万苦地实现它，这就是愿力转变力行，使人乐此不疲，痴心不改，勇敢前行。

购物优惠、就业加分虽然可以作为嘉许的措施，但是，一些物质的激励机制产生不了持久动力。从事志愿服务工作要从心出发，而不能来自外在压力，这种情怀来自参与志愿服务中获得的“五感”：

一是满足归属与爱的需要、尊重的需要，获得归属感。

二是满足他人的需要和自尊的需要，获得荣誉感。

三是满足“被需要”的需求，获得存在感。

四是满足认知和审美的需要，获得幸福感。

五是满足实现自我价值的需要，获得成就感。

（三）圆满使命：大同社会的理想

这其实是要实现天下为公、大同社会。“天下为公”集中体现在《礼记·礼运》。《礼记》把“天下为公”的思想具体为“大同社会”的理想目标，“大同社会”的社会理想有如下特征：

一是共有共享。大道施行于天下的时代，天下不是一姓一家所有，而是为天下人民所共有。

二是选贤任能，和谐人际。天子、诸侯，都是选择贤能者来担任的，人民淳朴守信，相处和睦。

三是幼有所教，壮有所用，老有所养，残有所助，社会公平、互助、友爱。那时候的人们不只关爱自己家的老人，也关爱别人家的老人，不只善待自己家的孩子，也善待别人家的孩子，使老年人获得精心的赡养，能够安心终老，壮年人有用武之地，幼童能够得到良好的抚育，丧偶者、孤独无依或者身有残疾之人，都能得到妥善的安顿。

四是热爱劳动，安居乐业。每个男子都有一份从事的职业，每个女子都能嫁得良人。在这样的社会里，人们会嫌恶财物被糟蹋浪费，但并不一定要这财物为自己所拥有，会有嫌恶有力气而偷懒不干活的人，但不一定要这力气为自己服务，于是各种阴谋诡计都没有机会发生，偷盗和作乱都不会产生，家里的大门也不用上锁。

所以，做志愿服务，要提高至大同社会的高度。志愿服务要与“两个一百年”同行，要延伸到社会主义市场经济、民主政治、先进文化、和谐社会、生态文明等领域，从孔子的“仁者爱人”到孟子的“老吾老以及人之老，幼吾幼以及人之幼”，从“修己”到“济人、利人、惠人”，志愿服务任重道远。

我国志愿服务事业与发达国家相比参与面还不够广、距离“全民志愿”的目标还有很长的路，这就要求我们增强使命意识，将服务领域向经济、政治、文化、社会、生态等各领域拓展，努力提高志愿服务的质量和水平。

三、能力：“博施济众”

志愿服务的力量来自中华文化的“仁爱之心”，并必须以能力为依托。

《论语：雍也》记载：“子贡曰：‘如有博施于民而能济众，何如？可谓仁乎？’子曰：‘何事于仁，必也圣乎！尧舜其犹病诸！夫仁者，已欲立而立人，已欲达而达人。能近取譬，可谓仁之方也已。’”

孔子的弟子子贡问孔子:“如果有人能够做到博施恩惠给百姓，又能周济大众，怎么样呢，可以说是达到仁了吗？”孔子说“怎么会只是仁呢？一定是圣人啊！尧舜对此或许还感到困难呢！至于仁，是自己想成功，也让别人能成功；自己想通达，也让别人事事通达。能够在近处找到例子，推己及人地去做，可以说是实践仁德的方法了。”孔子讲“博施济众”是实践“仁”的途径，真正做到也不是一件容易的事。

（一）能力是由“博施”到“济众”的桥梁

志愿服务要有一个正确的取向。第一是公共，第二是需求，第三就是行动，要有助人的效果，但没有施舍的痕迹。

把汉字的“施”拆开，“方”指方法、方向，右上是一面旗帜，是慈悲与博爱的旗帜。右下则是宛若蛇形的“也”，意味着曲折的前行，讲究助人的艺术思路。

（二）“博施济众”的原则和方法

1. 周急不济富——雪中送炭

孔子在《论语·雍也》中说：“君子周急不继富。”意思是君子周济急需的，不给富人增添财富。也就是说，做好事要少做锦上添花的事，多做雪中送炭的事。

2. 惠而不费——小投入大产出

孔子在《论语·尧曰》：“子张曰：‘何谓五美？’子曰：‘君子惠而不费，劳而无怨，欲而不贪，泰而不骄，威而不猛。’子张曰：‘何谓惠而不费？’子曰：‘因民之所利而利之，斯不亦惠而不费乎？’”

子张问：“五种美德是什么？”孔子说：“君子给百姓以恩惠，而自己却无所耗费劳动百姓，而使他们不怨恨，追求仁义却不贪图财利，安逸舒泰却不骄傲，威严而不凶猛。”子张说：“给百姓以恩惠，而自己却无所耗费，该怎么做到呢？”孔子说：“顺应百姓的利益而使他们得利，这不是给百姓以恩惠而自己无所耗费吗？”

“惠而不费”要求帮扶到根本上，要用小的投入获得较大的效果。我们帮助他人，要帮到根本上，要治本，而且要讲效果，不能适得其反。对于穷人，你越帮扶他，他可能越懒，越不进取，效果反而不好。

3. 己所不欲，勿施于人——尊重人格

施予人，不要让对方有受施舍的感觉。帮助人，要给予对方尊重。居高临下的布施，是对人格的伤害。

一些做慈善的人给小朋友送书包，然后拉着小朋友到处拍照，其实这对小朋友不是很尊重。有的大学通过统计饭堂消费数据，把每餐都吃三块钱以下的同学名单收集起来，静悄悄把钱打到他们卡里，这就是尊重他人人格的一种方法。

（三）提高六大能力

要想做到“博施济众”和“惠而不费”，就对我们的能力提出了更高要求。管理学中有一个“领导力”的概念，中国科学院“科技领导力研究”课题组从领导过程入手提出了领导力的“五力模型”，具体包括感召力、前瞻力、影响力、决断力和控制力。弘扬志愿精神，推进志愿服务事业，是所有志愿服务领导者的根本责任和重要使命。要履行好这一根本责任，达成重要使命，从宏观方面而言，“五力”不可或缺，具体到组织开展志愿服务工作时，志愿服务带领者还必须提高六大能力，分别如下：

1. 创新发展能力

五大新发展理念中，创新排在首位，创新发展能力或者创新精神，最主要的是创造性思维。接受新事物的能力要强，能够突破传统思维框架的束缚来看待问题和解决问题：一是有新的内容；二是拓展新的领域；三是运用新的手段，特别是互联网工具。

“新”在于有创意、有突破、有创造，做别人没有做过的事，这既可填补了空白，也可形成自身独特的品牌，如探索公益创投项目。

2. 组织建设能力

个人能力总是有限的，要充分发挥每个人的作用。一个优秀的组织负责人一定是一个能够让组织充满活力和生机的人。他是善于团结人、号召人、调配人的领导，能形成团队的合力、向心力。这种组织人员可以是松散的，但心是齐的，行动是一致的，在组织内部是团结和协作的。

提高组织建设能力：一要明确共同目标，同心同向，志同道合；二要用人所才，发挥专长，要合理组合，优势互补；三要建立充满活力的运行机制；四要建立规范的管理制度；五要率先示范，甘于奉献，做出榜样。志愿服务领导者只有具备相应能力，对成员不以指挥与控制为基调，而是加以激发与引导，才能充分有效地运用志愿服务资源，并监督这一过程的合理性及有效性，更好地促进志愿服务事业的发展。

3. 项目策划能力

近年来，随着项目化管理理念的普及，志愿服务项目进入了专业化、精细化、品牌化的时代，过去仅仅是有爱心、有服务热情就能满足群众需求，现在则需要科学设计、精准操作、细致服务。可以说，志愿服务项目的项目化运作最需要创新、创意、创造，并将其合理转化为可操作、可实现的具体行动。要贴近现实，贴近百姓，贴近需求。

例如，在公交车、人行道上有人需要急救，你会怎么办？多少人能抓住“黄金四分钟”进行施救？广东医科大学充分利用专业优势，积极策划“移动生命线——公交急救宣教”项目，旨在打造以公交车及公交司机为主体，乘客、行人为延伸，医院平台为拓展的院外应急救援项目，为群众及时提供专业服务，该项目也荣获第四届中国志愿服务项目大赛金奖。

4. 资源整合能力

一是主动申请、承接和实施政府购买服务的项目，与行政部门合作。

二是善于利用商业化合作的项目，如志愿者证和银行卡的合一等。

三是利用好媒体资源，具有影响力的媒体的号召力是很大的。在这方面我们还未充分地利用。

四是充分用好每个志愿者的人脉资源。志愿者在日常工作、生活和学习中，有各自不同的社交范畴和人脉圈子，每个社交活动都可能潜藏着重要的社会资源支持，只要志愿服务组织领导者平时做好志愿者自发挖掘服务资源的培训介绍，让志愿者们有发掘服务资源的认识和意识，就有可能为志愿服务组织带来形式多样的资源供给。

5. 文化培育能力

一个志愿服务组织就是一面旗帜，而这面旗帜与众不同的特质就是组织文化。一般来说，组织功能体现在内、外两方面。内部包括认同功能、导向功能、凝聚功能、控制功能四种功能，外部则表现在标识功能、适应功能。因此，完善的志愿服务文化对一个团队或组织的影响至关重要，对于志愿服务领导者而言，必要的文化培育能力不可或缺。如用一句话概括组织的共同价值观和宗旨，就是要有共同的行为规则、激励机制等。

6. 网络运用能力

志愿服务工作从招募、培训、受理到资金募集，包括志愿文化的传播都离不开网络。志愿服务领导者要主动提升网络运用能力，积极运用“互联网+”方式，通过网络组织、策划、发布志愿服务项目，吸引更多青年群体参与志愿服务活动，让奉献友爱的志愿服务成为一种风尚、一种潮流、一种健康有益的生活方式。网络公益是一个值得深入开发的新天地，例如我们曾尝试开展家庭闲置旧物转让的公益活动。

四、境界：修己安人

孔子在《论语》中提到“修身之答”。《论语·宪问》：“子路问君子。子曰：‘修己以敬。’曰：‘如斯而已乎？’曰：‘修己以安人。’曰：‘如斯而已乎？’曰：‘修己以安百姓，尧舜其犹病诸！’”

这段话的意思是：子路请教怎样做才能成为君子。孔子说：“修养自己，而且敬慎从事。”子路问：“这样就够了吗？”孔子说：“修养自己，从而能安定别人。”子路又问：“这样就够了吗？”孔子说：“修养自己，从而能安定所有的百姓，尧舜也会觉得这是很难做到的事。”在志愿服务过程中，志愿者是从修己出发，逐步提升自己的思想境界，从“小我”到“大我”以至“无我”。

孔子在这里讲了志愿服务的三个境界：第一个境界是修己以敬，第二个境界是修己安人，第三个境界是修己以安百姓。

（一）修己以敬

人们参与志愿服务的过程，其实也是修己的过程，在这个过程中，心灵得到提升，道德得到陶冶，能力得到提升。具体包括三个方面：礼敬（公益礼仪）、敬畏（无功利目的）、敬业（乐业、专业、精业）。

志愿服务作为一种道德实践和生活方式，会给个人带来四大好处：好处一，修心养性。志愿服务的实践过程可以培育一个人对弱者的同情心，对残者的怜悯之心，对苦难的慈悲之心，也就是修一颗善良的心，这是心灵的修炼和升华。同时也是养性，养成宽厚、仁慈、温婉、恭敬的品性。好处二，修能进业。好处三，实现人生价值。好处四，颐养天年。

（二）修己安人

修身在修己的基础上，可以安人，即安定他人，利好他人，这有三个方面。

第一，要关注老、幼两大群体。先天条件、自然规律和各种社会因素决定，任何社会都存在弱势群体，如失独的老人、残疾人、病人等，这些弱势群体都应该得到社会的关爱、照顾。为此，志愿服务要努力让每个社会成员不但能身安，更要心安。

要聚焦社会老、幼两大社会群体。目前，我国已进入人口老龄化快速发展阶段，随着人寿命的延长，老龄人口会越来越多。据国家统计局，2020年，我国60岁及以上人口达到2.6亿，占总人口的18.7%。世界银行预计到2027年，我国65周岁及以上人口比例将达到14%，进入深度老龄化社会。老年人既是志愿服务的主要对象，又是志愿服务的生力军。

要在全社会树立以儿童为中心的发展理念，为儿童的健康成长提供条件、环境，满足儿童在立德、求智、运动、审美等方面的需求，在这方面我们仍然有大量工作可以做，如欠发达地区的支教，关爱留守、流动儿童，关爱失学女童，近视眼的预防与矫正，0—3岁的早教等，都可以成为志愿服务的项目。

第二，要关心他人的需求和爱好，始终把群众需要、群众喜爱、群众满意作为志愿服务活动的出发点和落脚点。《论语·为政》提到“视其所以，观其所由，察其所安”，即要看他的所作所为，了解他走过的道路，观察他的爱好。这里的安人就是深入了解他人的内心世界，关爱他人，为他人分忧解愁，达到利他的境界。

第三，不但要关注人们物质生活的安，更要关注人们精神世界的安。使人既要身安，也要心安，当然，身安是心安的前提，每天为一日三餐发愁是不可能心安的。要关注让人身安的项目，更要关注让人心安的项目。这是志愿服务向高质量发展的要求，也是志愿服务的广阔空间。随着物质生活的日益改善，广大人民群众对精神文化的需求急剧增长，学文化、学科技、学艺术的需求很强烈，满足这种需求，是志愿服务的生命力所在，也是提高中华民族整体素质之根本。特别是在社会急剧变动、竞争激烈的时代，许多人出现了焦虑、浮躁、忧虑等心态，无法得到心灵的安宁、心态的平和、心境的宁静，为此，志愿服务要关注人的生命的安顿、情绪的管理、心态的调控，把心理疏导作为志愿服务的重要内容。

（三）修己以安百姓

修己以敬是安人的前提，君子还要努力达到更高境界，那就是胸怀天下，心怀百姓，在修己中提升自己的能力和境界，达到安百姓的目标。

我们要努力成为优秀的志愿者，成为卓越的志愿者领导者更要有高远境界，这个境界就是“修己以安百姓，修己以安天下”。这是从大我向无我的转变，是更高的要求，这是大情怀、大志向、大格局。我们要有中国传统文化中金、木、水、火、土五行的五种品格。

第一种品格如土，厚德载物。土有三大特质。一是长育、化育、包容。由于万物都是从土中生，故有“土为万物之母”之说，土具有生化、承载、接纳的本质。为此，《易经·坤卦·象》讲“地势坤，君子以厚德载物”，坤卦象征地的形势，君子应该效仿之，增进美德，厚载万物。二是厚实、厚道。土本质上朴实无华，保持了做人的本真、纯真。三是具有正直、方正、广阔的品质。

第二种品格如木，强基固本。木有慎重而仁厚的品质，道家认为，五常的仁、礼、信、义、智中的“仁”便属木，换言之，即仁厚的美德恰如木；木长于幼苗，万物生自微末。木，从“屮”。屮，即草木萌芽初生的样子。《道德经》说：“合抱之木，生于毫末；九层之台，起于累土；千里之行，始于足下。”木之根深扎大地，才能枝繁叶茂。

第三种品格如火，充满激情。火指物体燃烧时产生的光焰。火的产生伴随着动能、热力，有热力就有动力，就能前进、向上和有所作为。首先，火代表光明，可以点亮人生。“火”字的甲骨文字像地面上的三股腾腾热焰，《说文·火部》：“火，炎而上。”意思是火光熊熊，气势向上。在燃烧过程中发热，给人带来温暖和希望，给人坚持下去的动力。志愿服务要传播仁爱、善良，代表着正能量，带给人温情、温暖和温度。其次，火代表热情，让事业绽放绚烂的火花。火除了指物体燃烧时发出的光和焰，还指发出的热，因此“火”字也有热烈的含义。一个人做事要有火一样的热情，有了热情，就能不怕万难，到达成功的彼岸。我们做志愿服务也要有火一般的热情，积极、主动，充满激情地工作。最后，火代表阳光，就是阳光的心态。乐观向上，工作中不怕碰到困难、挫折，勇敢地面对，用积极的态度加以克服，同时，也给他人带去快乐。要注意自我的心理调适和管理好自己的情绪，克服心理焦虑、困惑和失落。学会自我放松、释放心理压力。

第四种品格如金，坚韧不拔。《论语·子路》：“子曰：‘刚、毅、木、讷，近仁。’”孔子说刚强、果断、质朴、言语谨慎，近于仁德。一个人一时做志愿服务不难，一辈子做就不容易了。在志愿服务的过程中会碰到各种困难，是迎难而上还是打退堂鼓，就看是否有金的坚韧，因此，要有不达目标誓不罢休的精神和持之以恒的干劲。

第五种品格如水，无求无我。水最可贵的品德是无私、奉献、无我。老子在《道德经》中说：“上善若水，水善利万物而不争。”老子说，最高层次的善就像水，有利于万物，却不和万物相争，无欲无求。水造就了海的辽阔、江的博大、河的奔腾、溪的潺潺，也给大地带来翠绿。水一方面牺牲自我，恩泽大地；另一方面泰然安于低处，甘居下流，水有无私奉献的精神。水的境界是修己到安人，安百姓到安天下，从小我到无我。真正的行善积德没有功利之心，假如有功利之心，则功德全无。

真正的行善并不是为了名和利，假如有了功利之心，就变成等价交换。佛学认为要破除我执。我们常说的积阴德，是指看不见的功德，是不求回报的功德。一个道德高尚的人要“忘却有恩于人，记住有恩于我”，即施恩不记，受恩必报。

《论语·雍也》中说：“子曰：‘智者乐水，仁者乐山。’”孔子说：明智的人欣赏流水，仁爱的人欣赏高山。首先，我们在志愿服务中要学习水的智慧和品格。要有不争的境界，即无求，不求名、不求利，默默地做，埋头苦干，不求功名利禄，即使做了好事也不张扬、不自夸、不居功自傲，要把它作为本分、作为责任、作为义务，而不是作秀。其次，要施而不求报。有这样一句话，叫“善恐人知乃真善”。其道理何在？因为行善来自内心愿望，没有功利的目的。假如为了满足虚荣，到处炫耀，那么行善动机就不纯洁了。最后，要讲求灵动和智慧，志愿服务要讲求科学的态度和方法，要讲究艺术，要适人、适时、适度、适法，办实事、求实效。

（作者为广东省志愿者联合会会长，本文由暨南大学新闻与传播学院2021级硕士研究生李晓艺整理）

05

公 益 政 策 力

第九讲

郭洁莹

加强社会组织法人治理，完善社会组织自身建设

一、法人治理的基本框架

2022年《政府工作报告》再次强调健康发展，推动社会组织健全内部治理机制。

2022年全国民政工作会议在2022年的民政工作重点任务中明确要培育发展现代慈善组织、慈善行业组织和枢纽型组织。牢固树立自愿捐赠、平等互助理念，引导鼓励有意愿有能力的企业和社会群体投身慈善、回报社会。

可以说，法人治理是社会组织的立业之本和发展资本。那么，什么是法人治理？从广义上说，法人治理是指法人的人力资源管理、员工薪酬、激励约束机制、财务制度、组织发展战略以及与组织管理控制有关的一系列制度安排。从狭义上看，法人治理是指在法人所有权、控制权、经营权的配置，理事会、执行机构、监事会的结构和功能，理事长与高层管理人员的权利和义务以及相应的聘选、激励与监督等方面的制度安排。

社会组织主要分为三个板块：社会团体、社会服务机构、基金会。社会团体以会员（代表）大会、理事会、监事会等机构为主体，有责任明确、相互制衡的组织架构，以及民主、科学、高效的决策、执行和监督机制。社会服务机构由理事会、监事会、执行机构为主体，有权责明确、相互制衡的组织架构及其内部治理制度和运行机制等相关的制度安排。基金会包括理事会、监事会（监事）、执行机构及其各自的职责和相关关系。这是法人治理的基本范围。

法人治理的核心是政社分开、权责明确、运转协调、依法自治、制衡有效。归纳起来有六点：健全组织机构、健全运行机制、完善规章制度、党组织参与重大决策、实行民主办会、自我约束自我管理独立承担法律责任。

在组织结构中，理事会是基金会的决策机构，负责领导本会开展日常工作；监事会是基金会的监督机构，负责检查基金会财务和会计资料，监督理事会遵守法律和章程的情况；秘书处是基金会的日常办事机构；党组织是基金会的政治保障机构。

以广东省社会组织总会为例，会员大会下设监事会、理事会。理事会下有内设机构和各工作委员会。工作委员会根据会员工作需求设置，法律工作委员会排在最前面，专家委员会有专家库，公益慈善工作委员会专门负责公益板块，金融保险和中国人寿共建，体育事业发展工作委员会是篮球明星李群做主任，健康管理工作委员会由中山大学附属医院院长发起。此外，广东省社会组织总会在全省18个地市建立了办事处和《大社会》杂志通信站。

秘书处有几项核心工作：一是执行决议，落实理事会的决议，执行理事长的指示。二是当好参谋，秘书长须提出本年度工作规划、计划。三是管理下设机构，包括内设机构、分支机构、代表机构等，各地办事处没有独立法人资格，要依托秘书处来管理下设机构。四是处理日常事务。五是协调各种关系，包括本会内部、党政部门和社会各界的关系。

党组织方面，根据中央相关文件，社会党组织的主要职责有六条：保证政治方向、团结凝聚群众、推动事业发展、建设先进文化、服务人才成长、加强自身建设。需要特别指出的是，书记一般由社会组织的秘书长以上的负责人担任，党组织书记要对本组织的重要决策、重要业务活动、大额的经费开支、开展涉外活动等事项提出意见，参与理事会的决策。

党组织在内部管理中有以下具体要求：

第一，写入章程。社会组织党的建设有关内容具体表述为："本会（基金会、中心、院等）根据中国共产党章程的规定，设立中国共产党的组织，开展党的活动，为党组织的活动提供必要条件。"社会主义核心价值观有关内容具体表述为："遵守宪法、法律、法规和国家政策，践行社会主义核心价值观，遵守社会道德风尚。"

第二，管理运行有序。党员管理到位，党员全年集中学习培训时间累计不少于32学时。运行机制完善，党支部每年至少一次向上级党组织和党支部党员大会报告工作，接受上级党组织和党员群众的评议和监督。活动记录规范，做好日常、专题活动的记录，便于查阅使用。

第三，活动阵地完善。

第四，考核机制健全。制定创建方案、做好评星定级、开展达标创优、抓好考核运用。

第五，组织生活正常。定期召开"三会一课"。党支部书记每年至少讲1次党课。高质量召开组织生活会。认真开展民主评议党员。创新开展主题党日。严肃组织生活纪律，对没有正当理由，连续6个月不参加组织生活的党员，按照党章和党内有关规定，及时做好处置工作。

（一）法人治理的运行机制

1. 自觉接受政府部门的监督管理和指导

根据我国相关条例、章程范本，登记管理机关即民政部门对社会组织具有管理监督的职能；业务主管单位对社会组织具有业务指导和相关管理职能。

2. 实行自我约束、自我管理

这是社会组织的本质要求。社会组织是独立的法人主体，必须自我约束，自我管理，独立承担法律责任。

3. 依照相关章程开展活动

章程是社会组织的行动纲领，社会组织必须按照相关章程规定的宗旨、业务范围和规定开展工作。

4. 确保组织机构正常运作，依靠制度来去管人管事，坚持非营利性原则

前面所述五大组织机构的设置、职责、履职要求、会议合法性、决议有效性等要依照相关规定进行，实现民主选举、民主决策和民主管理，达到权责明确、运转协调、制衡有效的要求。

5. 依靠制度管人管事

社会组织不是行政机关，没有行政权力，民间化、松散型特点突出，人员流动性大，必须建立、完善各种制度，坚持用制度管人管事，形成良好的运作方式和管理办法。

6. 坚持非营利性原则

社会组织不能开展以营利为目的的活动，其合法收入不能用于会员分配，只能用于章程规定的业务活动、行政成本和工作人员的工资福利。另外还要处理好会长与法定代表人的职责定位。

（二）内部管理

1. 人员管理

建立健全专职人员进出、升降、考勤、奖惩、岗位职责、工资福利等制度。落实社会组织负责人（指会长、副会长、秘书长）任职资格、任前公示等制度，以及法定代表人离任审计制度等。

2. 财务管理

严格执行《民间非营利组织会计制度》，制定财务管理制度，确保资金收入合法、依法纳税、使用合理、单据规范、审批手续完善。同时，建立固定资产管理办法，保证公共资产不流失。

3. 活动管理

严格按章程开展活动，落实重大活动、涉外活动、重要会议、发布重要新闻信息等重大事项事前报告制度，确保各项业务活动依法依规。尤其注意严格执行广东省民政厅《关于进一步规范社会组织举办评比达标表彰活动的通知》，不违规开展此类活动，不向参评单位收取任何费用。

4. 分支（代表）机构管理

依法依规建立分支（代表）机构，确保分支（代表）机构不发生违法违规行为。注意不得设立地域性分支机构，分支机构下不得再设分支机构。

5. 会议管理

建立会议制度，保证会议按时召开，决议合法有效，并形成会议纪要，保存会议资料。

6. 文件档案管理

建立档案管理制度，指定专人，分门别类，妥善保管。建议有条件的社会组织建立档案室。

7. 会员管理

社会组织首先要认真履行章程规定的会员权利，全心全意为会员服务，不断增强凝聚力、号召力。在此基础上，可制定会员管理办法，明确会员履行章程规定、遵守行规行约、开展诚信自律活动、履行社会责任等义务，促进会员队伍建设。

（三）信息公开

第一，信息公布义务人应当在每年规定时间内，向登记管理机关报送上一年度的年度报告。

第二，基金会、境外基金会代表机构在遵守本办法规定的基础上可以自行决定公布更多的信息，除年度报告外，可以选择报刊、广播、电视或者互联网作为公布信息的媒体。

第三，信息公布义务人不得任意修改信息，确须修改的，应当严格履行内部管理制度的程序在修改后重新公布，并说明理由，声明原信息作废。

第四，基金会应当建立健全信息公开制度，并指定专人负责处理信息公布活动的有关事务。对于已经公布的信息，应当制作信息公布档案，妥善保管，保证捐赠人和社会公众能够快捷、方便地查阅或者复制公布的信息资料。

二、法人治理要做好哪些工作

（一）建立健全和执行各类内部管理制度

社会组织做好法人治理，突出表现为在社会组织登记管理机关主导开展的等级评估、年度工作报告，以及各类登记、备案工作中，根据要求标准，主动地按时间安排、按工作流程给予配合，并在相关要求和指导下，建立健全和执行好各类内部管理制度。需要注意的是，建立相关制度，必须注意社会组织不同于企业的非营利性特点，不得直接套用企业的管理制度。

省级基金会应当建立以下内部管理制度：项目管理制度、专项基金管理制度、持有股权的实体机构管理制度、内设机构制度、法人证书保管使用制度、印章保管使用制度、人事管理制度、奖惩制度、业务培训制度、志愿者管理制度、财务管理制度、资产管理制度、信息公开制度。

社会组织也应根据自身实际情况，建立以下内部管理制度：党建工作制度、新闻发言人制度绩效管理制度、项目管理制度、后勤管理制度、信息公开制度等，尤其要做好章程的修改与备案。

什么情况下章程需要修改呢？第一种情况是党建要求。第二种情况是须对章程内理事会、监事会等相关规定进行调整或变更的。第三种情况是其他需要修改的情况。

（二）社会组织换届业务——以基金会为例

1. 会前

（1）成立换届筹备领导小组

这一步应至少提前三个月，且须包含监事。

①制定换届工作方案，并应提前经理事会审议通过，方案应明确换届领导小组成员、换届指导思想、换届时间、程序方法、提名推荐候选人等。

②研究工作报告、财务报告。需要注意的是，换届的工作报告和财务报告与理事会的年度报告有所不同，后者是以年度为单位做的，前者以届内作为一个时间节点。

③确定召开理事会。理事会换届改选时，由理事会、主要捐赠人共同提名新一届理事，经理事会表决通过。新一届理事会负责人由新一届理事选举产生。换届结果报业务主管单位审查同意，报登记管理机关备案。

④理事会会议须有2/3以上理事出席方能召开，理事会决议须经出席理事过半数通过方为有效。

（2）秘书处做好筹备工作

①制定换届大会具体方案、分工执行表（注意须另外单独制定选举环节的执行表及流程图，设计好选举办法、计票统计表、总监票人主持词和结果宣读稿）。

②撰写往届工作报告、新一届工作计划、大会主持稿、领导讲话稿等。

③发出并收集汇总新一届理事拟任级别意见征询表（建议附《负责人备案表》）。

④组织换届领导小组会议，准备大会议程、拟任新一届理事会监事会名单等相关材料。

⑤会议报批业务主管单位后向登记机关备案（无业务主管单位的报党建领导机关后向登记机关备案）。

⑥联系并落实选举有关人员（监票人、计票人、唱票人）的具体工作，提前到达会议现场彩排。

（3）进行换届审计

在召开大会之前，应委托有资质的会计师事务所进行换届审计，出具审计报告，并草拟换届大会上向理事公开的财务报告。

（4）备案报批

（5）发出大会通知

①召开决议重要事项的理事会会议，召集人原则上须以书面形式，提前不少于7日通知或公告全体理事、监事，会议通知中应列明决议事项，原则上不增加临时议题。

②换届选举方案预审未获通过之前，不得正式印发换届选举会议通知。

2. 会中

（1）彩排

务必在大会正式召开前就大会全部议程彩排一次，强调岗位职责，排查问题漏洞。

（2）签到和迎宾

尽快协助出席人员完成签到工作，指引就座，避免签到现场拥挤。人多的时候建议分组签到，可以采用电子签到并导出数据。

（3）大会召开

一般按照工作报告、财务报告、章程修改（无记名投票）、其他重要内容说明、换届方案说明、计/唱/监票人提名、候选人提名的顺序进行现场表决或投票。

（4）大会召开

现场有序进行选举，由总监票人宣读结果。换届选举要注意以下细节：

①召开理事会。

②通信方式无效。

③基金会召开理事会须2/3以上理事出席（社会服务机构召开理事会须1/2以上出席），一般决议须出席人数的1/2以上同意方可生效，重要决议须出席人数的2/3以上同意方可生效；换届选举一律采用无记名投票方式进行。可实行等额选举，鼓励实行差额选举。

⑤换届选举应当制作选票，选票须载明会议名称、届次以及被选举人信息、选举意见（赞成、反对、弃权）等内容。

换届选举的一般议程则包括：

①核对出席人数与应出席人数，宣布大会有效。

②上一届理事会理事长作工作报告，审议该报告。

③上一届监事（长）作财务工作报告，审议该报告。

④章程修改说明，进行无记名投票。

⑤说明选举办法，及监票、计票、唱票人员名单。

⑥向理事介绍理事长、理事、选任制秘书长、监事（长）候选人。

⑦无记名投票选举新一届理事会理事长、监事（长）、理事、选任制秘书长。

⑧监票人宣读选举结果。宣读结果，则选举完成。新任理事长讲话，登记管理机关或业务主管单位等相关领导讲话，大会完成全部议程。

此外，还应注意细节。如选举过程应遵循安静、安全、有序、高效的原则，尽量避免现场过多人员起身走动投票。提前准备好选举现场用品，含选票（选票封面须盖章才有效）、投票箱、计算机、铅笔、橡皮擦、钢笔、纸等；提前进行人员分工，座位表的安排也应从提高现场投票选举效率角度考虑，确定每人（组）负责的选区或协助进行计票；主席台可设置固定投票箱，领导逐一投票，主席台下区域应由工作人员手捧投票箱接受代表投票（基金会、社会服务机构因出席人数少设置2—3个固定投票箱也可）。

3. 会后

（1）向业务主管单位报备

换届大会召开5日内（建议时间）应向业务主管单位、党建机关报备，在相关须备案的材料上加盖公章。

（2）向登记管理机关备案

业务主管单位、党建机关预审完成后，应尽快向省社管局报备（加上业务主管单位前置审查，应在大会召开后30天内开展此工作）。

换届选举结束后30日内，登录广东省社会组织信息网，将变更内容或备案材料，《法人换届备案表》、会议纪要（应准备一式两份，如有业务主管单位则准备三份）、新章程（应准备一式两份，如有业务主管单位则准备三份）、理事、监事备案表（基金会、社会服务机构）等报送登记管理机关，办理变更登记或备案手续：有业务主管单位的要先呈送业务主管单位核准盖章，无业务主管单位要报党建领导机关再向省社管局报备，涉及人员的备案，也应先由该人员所在单位出示同意的意见。

（3）资料归档

所有备案工作完成后，召开换届大会的主体单位整理大会相关材料并进行归档管理，资料包括：省社管局有关换届选举工作的文件、换届筹备工作小组成员名单及推选情况材料、换届选举工作方案、发布的有关选举文件、参选理事登记册、上届协会理事会和监事会（监事）成员名册、候选人提名的资料、会议纪要、选票式样、选举大会议程、有关工作人员名单、选票及检票结果统计、选举情况报告单、本届理事会成员和监事会（监事）成员名册、理事会会议纪要及其他记录、任期和离任审计结果、工作移交情况、选举工作总结，以及其他有关选举材料、资料。

三、社会组织法人治理存在的主要问题

近年来，社会组织因决策引起内部纠纷，大部分是因为社会组织内部未形成矛盾纠纷解决机制，未能依照其章程的规定进行决策和开展法人治理，社会组织相关人员法律意识欠缺，很少通过法律途径依法解决问题。当前部分社会组织法人治理的风险点具体有以下几个方面：

（一）社会组织法人治理决策风险点

（1）理事会会议出席比例不够。会前也没有签到和清点人数，导致会议无效。近年来已经发生多起因开会人数不清导致向业务主管部门和登记管理机关投诉会议无效的事件。

（2）未设立监事或监事会，或者监事未尽到监督职责。

（3）按照章程规定应由会员大会或理事会表决的事项，由常务理事会或会长办公会议代替表决。

（4）重大资助、投资项目支出，未提交理事会会议审议通过，未形成决议。

（二）活动管理风险点

（1）重大活动、涉外活动未报备。

（2）违反规定开展评比达标表彰并收取费用。

严格遵守《社会组织评比达标表彰活动管理办法》，未经批准保留的社会组织评比达标表彰项目一律停止。

按要求，社会组织开展评比达标表彰活动，应当向业务主管单位提出申请；直接登记的社会组织向登记管理机关提出申请。申请内容包括：项目名称、主办单位、理由依据、活动周期、评选范围、参评总数、评选名额、奖项设置、评选条件、评选程序、奖励办法、经费来源和表彰形式等。业务主管单位和登记管理机关按归口分别请示省委和省政府。省评比达标表彰工作协调小组征求省民政厅意见并进行审核后，按程序报省委、省政府审定，经批准后由省民政厅向社会公布审批结果。

（3）违反规定举办庆典、论坛等活动。

《社会组织举办研讨会论坛活动管理办法》（民发〔2012〕57号）严格规范"一讲两坛三会"活动开展，即讲座、论坛、讲坛、年会、报告会和研讨会等活动。严格执行《社会组织举办研讨会论坛活动管理办法》（民发〔2012〕57号）规定，举办论坛、研讨、讲座等活动应当按照章程规定，履行内部程序，并向业务主管部门报批报备手续，邀请的主讲嘉宾要经其单位审批。同时，应当接受登记管理机关、业务主管单位、纪检监察部门和审计机关的监督检查，在年度工作报告中作为重大业务活动事项进行报告。

根据《社会组织举办研讨会论坛活动管理办法》（民发〔2012〕57号）举办研讨会、论坛等活动，应注意以下要点：不得违反党和国家大政方针政策，不得违背社会主义核心价值观，不得损害国家利益，民族团结和社会稳定；主题和内容不得超出章程规定的业务范围；不得利用党政机关名义举办或与党政机关联合举办；不得以挂名方式参与合作或者收取费用，不得强制其他组织或者个人参加，不得强行收取相关费用或变相收费；不得进行与收费挂钩的品牌推介、成果发布、论文发表等活动；不得借机变相公款消费、旅游，不得发放礼金、礼品、昂贵纪念品和各种有价证券、支付凭证；不得邀请党政领导干部出席与本职工作无关的研讨会、论坛等活动，不得对党政领导干部的出席情况进行虚假宣传；不得邀请或允许不具备新闻采访资质的媒体或个人进行采访报道和网络直播；基金会开展重大公益项目，未签订资助协议的，不得约定资助方式、资助数额以及资金用途和使用方式等；不得以报纸杂志、广播电视、网络媒体、传单、手机短信、微信等方式发布涉嫌非法集资的广告咨讯。

（三）资金管理风险点

（1）收入来源风险：违规捐赠，违规涉企收费，挪用政府专项资金，违规投资。

（2）资金使用风险：支出违反中央八项规定，虚列支出设立小金库，公益支出依据不足。

（3）项目运作风险：公益项目存在商业目的，受益人选择不规范。

（4）保值增值风险：制度缺失，未经集体决策，一味追求利益。

（5）分支机构风险：挂靠运营，收入不纳入总部核算，卖牌子收管理费。

（6）专项基金风险：以公益行商业之实，监管不力，舆情风险。

（7）纳税管理风险：专家增值税，增值税进项风险。

（四）基金会负责人管理风险点

（1）负责人未从理事中选举产生。

（2）理事长、秘书长由同一人兼任。

①理事会负责人包括理事长、副理事长和秘书长，从理事中选举产生。

②理事长、秘书长不得由同一人兼任。

③基金会理事长为基金会法定代表人。本基金会法定代表人不兼任其他

组织的法定代表人。

④本基金会法定代表人应当由中国内地居民担任。

（3）现职领导干部、退休领导干部、国企领导干部兼任社团负责人未经有关部门批复。

（4）现职领导干部、退休领导干部、国企领导干部兼任社团负责人领取报酬。

新时代、新征程、新机遇，我们应把法人治理当作必修课题，不断强化社会组织自身能力建设，整合资源，开放共享，多元服务，适应经济社会的发展需要。以活力、合力、实力，实现社会组织大联合、大交流、大促进、大作为，共同开拓进取，勇立潮头。

（作者为广东省社会组织总会常务副会长，本文由暨南大学新闻与传播学院2021级硕士研究生李晓艺整理）

第十讲

林爱珺

公益传播中的伦理规范

一、基本概念

（一）公益传播

公益传播承载着人们普遍推崇的价值观念和道德理念，在实现社会整合、引导社会健康发展方面起着积极的主导作用。

传播在一定程度上具有整合社会的功能，而公益传播正是通过它带来的一系列价值观和行为范式将社会串联起来，形成某种有利于整个社会的“共识”，创新社会治理新形态，进一步促进社会整体进步和发展。

（二）公益伦理及其价值选择

“伦理”一词常与“道德”一词通用，“伦理关系”即“道德关系”，但也有学者主张将其分开使用。相对而言，伦理更侧重于社会，更强调客观方面；而道德则侧重于个体，更强调内在操守方面。

公益伦理可以界定为：在对弱势群体实施人道救助的公益活动中调节救助者和被救助者即弱势群体各方面关系的道德原则和规范的总和，是公益救助活动中各种道德意识、道德心理、道德行为的综合体现，是依据一定社会伦理道德的基本价值观念对公益救助活动的客观要求所进行的理性认识和价值升华。

著名学者克里斯琴斯把生命本身的存在、尊严和神圣性作为伦理的根本原则，在此基础上，他提出将人的尊严、真实性和非暴力作为媒介伦理规范。

1. 人的尊严

归根结底，人性尊严还是关于性别、种族和民族的问题。法律规定人的尊严不是对人外在品性的褒奖，而是对人平等身份的确认。人的尊严不是权利和基本权利，而是表征人在社会中立足和在法律中存在的与他人平等的法律地位。我国诸多规范性法律文件直接规定人的尊严，并将保障尊严确定为国家重要任务。

一方面，公益慈善救助要以提高人的可行能力、实现人的实质自由和发展为目标。只有提高了弱势群体自身的可行能力，他们才能获得社会机会的再分配，充分参与经济活动和政治活动，从而真正实现个人的自由和发展。“扶贫不仅仅在于为贫困者‘输血’，更在于帮助贫困者恢复和增强其自身的‘造血’功能。”

另一方面，公益慈善救助要充分彰显分配正义的内在价值，有尊严地实现人的生命价值。根据罗尔斯的正义理论，公益慈善救助应建立在基本权利平等和机会平等基础上，并在充分满足这两个原则的情况下，同时实施差别原则，以实现最不利群体福利的最大化。就公益慈善救助而言，应该在财富的二次分配中彰显正义，以缓解不平等的贫富局面，实现社会弱势群体的尊严平等。作为社会救助的有效方式之一，公益慈善救助体现了一种社会伦理正义，伦理正义对人们道德行为的基本要求或规范首先是一种起码的道德正当性要求，即起码的公正或正确要求，而不是某种目的的善的“最优化要求”。所以，对于那些老年人、残疾人等无民事行为能力者或半民事行为能力者，他们存在可行能力方面缺陷，大大降低获取收入的能力，同时，他们将收入转化为可行能力比一般人更困难。公益慈善救助应尊重弱势群体的生命权利，彰显社会公平正义，使丧失劳动能力的弱势群体有尊严地活着，实现生命价值。

2. 真实性

真实性是新闻原则中最重要的，这是全球共识。

部分“互联网+慈善”网络平台存在恶意竞争的现象，有的平台为提高自身知名度，吸引更多大病患者使用平台，强行让患者在网上求助，对求助者上传的资料审核流于形式，审核原则是“存在”而不是“真实”，甚至打出数秒发起筹款的口号；还有的平台对用户举报的门槛设置过低，出现对方平台用户恶意举报的情况，给部分真正求助者带来麻烦，耽误其筹款进程。因此，迫切需要建立行业自律组织，对网络平台的行为进行相互监督。大病求助类慈善平台常出现求助者信息公开不足的情况，求助者只需上传平台要求公开的患者基本信息、医疗证明和经济状况等信息，再设置求助金额，即可发起求助。但是平台并没有审核求助者的真实资产状况，求助者为筹得更多善款也不会主动提及其他隐形资产，“‘80后’夫妻边募捐边开奔驰”“罗尔隐瞒殷实家境与营销公司合作炒作”等事件正是求助者信息公开不足导致的。求助者的目标筹集金额也是自己设置的，是否具有合理性并没有依据。

针对公益传播中的虚假信息和谣言等，可以发展区块链技术在互联网公益中的应用，提高信息可靠性，通过技术手段保障公益项目相关信息的真实性。区块链技术具有数据不可篡改、去中心化、可靠性高、全程留痕等特性，其独特性天然适合公益慈善场景。早在2016年，区块链技术已应用于互联网慈善领域。从支付宝公益平台首个区块链项目“听障儿童重获新生”到蚂蚁金服公益平台旗下全部项目和捐赠信息都引入了区块链技术，其应用范围已涉及教育助学、医疗、扶贫等多个领域；腾讯公益也利用区块链技术建立了公益寻人链，供多个公益平台共享。2020年新冠肺炎疫情期间，区块链技术也应用于抗疫过程，在防疫物资的分配和使用、疫情的预警和监测等方面发挥了重要作用。

3. 非暴力

非暴力是建立在生命神圣基础上的伦理原则，它不是歌颂战争和冲突，而是强调和平。

舆论监督若偏离方向，也会将“网络暴力”引向公益组织。例如“小传旺事件”中的“天使妈妈基金会”和齐鲁电视台主持人王羲在“网络暴力”中受尽委屈。“小传旺事件”经电视台报道后，得到社会各界的帮助，很快募集到90多万元善款，就在大众关心小传旺的病情时，不和谐的声音出现了。一名网友发微博质疑“天使妈妈基金会”利用小传旺进行炒作，借以提高知名度。网民几乎“一边倒”地指责公益机构，微博发出10分钟内的前200多条评论中，超过两成网民出口成“脏”。此外，还有网民发出呐喊：“抄了基金会老底”，“人肉搜索‘天使妈妈基金’，抓出来打死，打死之前把钱给我们吐出来！”一经报道，“小传旺事件”迅速受到更广泛关注，于新浪、腾讯、猫扑等门户网站和相关论坛引发争论。齐鲁电视台主持人王羲是微博上最早披露小传旺遭遇的网民之一，她的微博被转发37万次之多。随后也被网民质疑，且有网民发现王羲曾代言不孕不育医院等诸多广告，爆料称王羲“曾当小三”，导致王羲删除了所有微博。由救助小传旺而起的质疑与争论渐渐失控，偏离原本的主题。网络上弥漫着不信任情绪，在这种质疑声中充斥着“网络暴民”的各种谩骂，已结出“网络暴力”的畸形之果。

借助技术的革新，可使慈善行为范式出现转变，因此，慈善事业的良好发展，更需要多方主体共同构建。营造良好的慈善氛围，广播、电视、报刊和互联网等媒体要责无旁贷地发挥自身优势，大力宣传各种个人慈善行为和正面典型、网络募捐平台的成功救助案例、慈善组织服务困难群众的积极贡献等，进一步引导社会公众提高慈善意识、参与慈善活动、支持慈善事业发展，拉近公众与慈善事业的距离，对接各类社会资源进入慈善领域。同时，将慈善推进企业、学校、社区等，在全社会大范围地弘扬中华民族助人为乐、互助互济的传统美德，营造良好的社会氛围，推动慈善事业的发展。与此同时，政府应不断完善社会诚信体系，加快社会信用体系建设，构建个人信用评价机制，加强社会信任，从政策上保障良好慈善氛围的形成。

二、公益传播中的伦理问题

当下，我国网络公益传播的法律法规几近空白，公益组织边界和行为权限不明确，网络公益缺乏政策支持，政府层面有效监管缺失，行为监管亟待加强。我国公益传播面临新机遇的同时，也存在几大方面问题。

（一）虚假信息

案例一：微爱公益，筹款平台夸大虚假求助信息

2021年4月14日晚，福建的罗女士收到朋友转发来的一条捐款链接，内容是北京微爱公益基金会（简称“微爱”）的一个爱心筹款项目。自己女儿小桐的照片和信息被放置在显要位置。罗女士并未向微爱公益提供过小桐的照片，也没有人向她求证过筹款文案的信息。募捐信息与孩子实际情况并不相符，有夸大甚至虚假的内容，例如“还要做骨髓移植手术，手术费在五十万元左右”等。另一个孩子名叫小彤，“七旬老人做小工为患癌孙女挣钱治病”，需要40多万元。两个孩子一起，募捐目标为100万元。在罗女士看到这则捐款信息时，项目已经募集到了26万元捐款。

这则案例中有几个问题值得我们反思：

（1）小桐的照片和信息为什么会被人利用了？

罗女士认为这源于之前的一次筹款。2022年1月底，在复旦大学附属儿科医院，一位自称轻松筹工作人员的高姓男子多次主动联系罗女士，表示愿意为小桐进行募捐。3月底，高某再次联系她，说有一个微爱公益的项目，能够资助小桐5000元。罗女士说，自己确实在高某的主导下与微爱公益签过三份协议，但没有提供孩子的照片以及募捐使用的文案。

罗女士所说的协议包括《捐赠协议》《授权书》《北京微爱公益基金会

“微爱1+1”项目救助申请表》。其中，《捐赠协议》明确，乙方（受助人）应向甲方提供受助人、法定监护人身份信息、医疗信息外，还需提供患病及家庭情况详细介绍（内含清晰的图片信息不少于5张）。同意并授权微爱公益在本协议约定项目执行期间（一年）使用前述宣传素材（包括但不限于文字材料、肖像、声音、视频等内容）。

该授权书显示，授权人授权被授权人在互联网公开募捐项目的宣传活动中免费使用其肖像、个人基本信息、事件经历等。罗女士称，出于对高某的信任，加上其不断催促，当时并没有对协议内容进行详细的阅读就签字后寄出。此后，不管是高某还是微爱其他工作人员，都没有和她沟通过此事。

（2）群体项目为什么用两个小孩资料做宣传?

4月15日，罗女士打电话给微爱公益，质问对方从哪里获得孩子的照片和募捐文案。对方称，罗女士和高某签的授权书就是默认了募捐活动，高某向他们提供了照片和文案。广东穗江律师事务所律师刘功武认为，从已知的事实来看，微爱公益在公布小桐个人情况之前，虽然与其母亲签有协议，但根据合同的相对性原则，此协议只能约束微爱公益与求助人，即求助人只对微爱公益主张权利，也只对微爱公益履行义务。高某并不是此协议的一方，其未经求助人的同意，便把求助人的照片等信息擅自交给微爱公益并进行公布，是没有法律依据的。

（3）信息滥用的平台漏洞

关于筹款平台志愿者夸大患者病情欺骗网友的案例近年来屡见不鲜，已然成为网络筹款中的顽疾。国家市场监督管理总局旗下媒体2020年年底发布的首份大病众筹平台美誉度调查显示，70.4%以上的捐助者对平台不信任的主要原因是“监管机制不严格”“捐款资金走向不明确”。报告显示，一些众筹平台的漏洞显而易见，审核形同虚设，对个人财产状况几乎不做审查，对捐款的使用情况更没有严格跟踪和监管。申请众筹的用户人数不断上升，筹款项目剧增，伴随而来的是审核能力不足、监管不力，导致有人夸大病情募捐，或者病情尚未确诊就要筹款，甚至有骗子涉嫌窃取病人资料欺骗爱心人士捐款等问题。

案例二：吴花燕募捐风波，媒体夸张报道引发网络谣言

来自贵州的大三学生吴花燕4岁时母亲去世，18岁时父亲去世，只剩她和弟弟吴江龙相依为命。吴花燕从小缺钙，身高只有1米35，最重的时候体重仅有50多斤。2019年10月，吴花燕在医院检查时发现患有心源性水肿、肾源性水肿等多种疾病，体重也仅剩43斤。2020年1月13日，吴花燕去世。

随之而来的是围绕她生前慈善捐助的诸多质疑。中华少年儿童慈善救助基金会旗下的9958儿童紧急救助中心进行了三次募捐，总额为100万余元。作家陈岚发文质问9958（儿童紧急救助中心）对所筹款项的使用情况，称“吴花燕获捐的一百万元仅收到两万元”，消息一出，迅速引发广泛讨论。

此外，还有媒体及慈善平台对其经历进行夸张表述。有媒体报道她“每月只有300元低保，早餐不吃，中餐晚餐吃馒头或辣椒拌饭持续5年，几乎每天花2元”，9958紧急救助中心在筹款平台上发布“吴花燕4岁后父母相继去世，2017年奶奶去世”等，这些描述并非完全准确和真实，也未经吴花燕核实。

公益组织在募集、使用善款时，既要满足求助者的需求，也要回应公众的知情权，结合微博、公众号等渠道公开、透明地处理善款的用途。同时，媒体和慈善组织对求助者的经历进行报道时应遵循真实性原则，不应仅凭想象或为了吸引眼球而编造故事。

新媒体时代，公众越来越多参与公益传播，“话语权到了百姓手中，信息的无限激增加剧了传播噪音的扩张”，民间舆论场被激活时，若缺乏把关和引导，极易造成道德失范。网友大规模讨论、转载相关信息，谣言不断产生，辟谣过程中又出现新的信息失真，滋生新一轮谣言。群体极化趋势导致谣言越传越“真”。如果有认证名人或意见领袖加入，那么个体不仅会更相信这些信息，还可能主动转发给朋友，加速谣言的传播。

此外，大病众筹作为新生事物，目前尚处于法律不禁止但缺乏明确规范的“灰色地带”。在大病众筹中，捐赠人无法获知求助者的全部信息，也很难鉴别其所提供信息的真实性，这就使得那些企图通过虚假众筹获利的人有机可乘。从“罗一笑”事件到“德云社吴鹤臣众筹”事件，频繁出现的求助者信息不实情况让大病众筹陷入“治病还是致富”的拷问。公众对个人求助信息缺乏专业审核能力，面对互联网上真假难辨的个人求助信息，公众往往容易被“悲情”诱导，难以对求助信息进行全面、专业的判断与选择，导致“会哭的孩子有奶吃”，救助资源过度集中在少数求助项目，而真正需要被救助的个人由于不善于表达或宣传，反而得不到捐赠。而且，一些专门进行大病求助的骗捐、诈捐者，善于包装，往往更容易骗取捐赠人的同情。根据《慈善法》的规定，禁止个人从事网络募捐行为，个人只能与具有资质的慈善组织合作开展慈善活动。实践中，利用微信、微博、腾讯QQ等网络社交平台发布个人求助信息进行募捐的行为比比皆是，《慈善法》并未禁止个人通过网络渠道发布求助信息募捐。频频曝光的发布个人求助信息以募捐为名收敛钱财的案例不胜枚举，这与个人网络求助的法律空白有很大关系。

（二）泛娱乐化与流量至上

在娱乐至死的时代，公益传播能走多远？明星韩红多次参与公益活动，却被配上一系列文字做成表情包在网络上流传；支付宝推出的线上公益活动蚂蚁庄园等也旨在娱乐受众，通过游戏的方式提升公益的趣味。短视频、直播等多种新形式的微公益活动，进一步激发了平台化社会中的公益潜能。就其本质而言，过度娱乐化会遮盖人们的真正目的，从而减弱公益传播在价值导向上的作用，受众重点关注的究竟是玩乐还是公益，在某些方面很难分割。

短视频诞生以来，伦理失范甚至触犯法律边界的问题就不断浮现。一些平台上的拍客缺乏专业约束与职业素养，将短视频的“创作”变成了“操作”。短视频创作者在生产、制作、传播过程中人为或技术性地对影像进行遮蔽，或者制作虚假影像，传播失实信息，对视频画面随意剪辑制造新闻“热点”。有些专业媒体盲目采信自媒体发布的视频影像，缺乏对影像的核实和验证，“把关人”角色缺位，导致虚假网络视频被广泛地传播。另外，随意编辑剪辑，移花接木，对视频内容进行重构或伪造，也涉嫌侵犯版权。

案例一：杨六斤事件，煽情化包装悲情故事

2014年6月，广西卫视公益节目《第一书记》报道了广西隆林德峨镇14岁男孩杨六斤的故事，称其6岁时父亲去世，母亲改嫁，爷爷奶奶也相继去世，他独自生活，每个星期杨六斤从堂哥那里领10元生活费兼零花钱，常吃野菜充饥，在恶劣环境中生存。

节目一经播出便“悲”动中国，据媒体报道，不到一个月时间，来自全国的捐款已超500万元。不过，另一家媒体报道则让“剧情”来了一个大反转：杨六斤的身世确实不假，但生活上没那么“惨”——他每周五天住校，周末才回堂哥家，到电视节目播出时独居时间加起来不超过25天；他只是偶尔吃野菜，而且那种野菜是当地居民的家常菜。

杨六斤故事的“公益节目版”和“现实版”间存在戏剧性反差，对受助人的悲情式夸张、包装和消费，究竟是为了受助者还是节目利益？不管是杨六斤、热心捐助者还是围观公众，是不是都成了这档“公益节目”的玩偶？

案例二：抖音号“韩文团队”摆拍，借助网络直播带货牟利

抖音号“韩文团队”在凉山多地以帮扶困难群众为名，通过故意摆拍贫困人员、发布不实视频，从事网络直播带货牟利。

在视频中，“韩文团队”塑造了一个四川凉山地区的小姑娘“阿佳”，称其父亲去世，没见过自己母亲，上不起学，身世凄惨。很多人在同情之余也慷慨解囊，购买视频中“凉山地区贫困村民销售的自产苹果”。事实上，阿佳和爸爸、继母、奶奶生活在一起。并且，凉山从2016年推行一村一幼学前免费教育，不需要花一分钱，阿佳已经在幼教点上学三年。

为了让阿佳讲述与身世不符的故事，“韩文团队”以拍摄短剧需要她来表演的名义，欺骗阿佳参与了拍摄，被拍摄者是以欺骗方式拉入镜头的，孩子说的话是人为教的，家庭境况是编造的，脸上的造型是经过设计的，就连拍摄时的场景也经过了移花接木，拍摄时“韩文团队”没有用阿佳自己家的房子，而是选择了村里一间早已不住人的土坯房。“韩文团队”采用滴眼药水、掐孩子等手段，人为制造女孩流泪场面。还谎称帮助哑巴母子销售家产苹果，实际销售的却是市场上的苹果。真实情况是“韩文团队”只在这户人家买了几千斤苹果，但通过直播销售了几十万斤苹果，获利达29万元。

当年12月，中国网络视听节目服务协会发布了《网络短视频内容审核标准细则（2021）》，指出短视频节目及其标题、名称、评论、弹幕、表情包等，其语言、表演、字幕、画面、音乐、音效中不得出现“以虚构慈善捐赠事实、编造和渲染他人悲惨身世等方式，传播虚假慈善、伪正能量”的内容。

案例三：四川凉山“石榴大爷”事件，加工剧情“卖惨式”带货

在一段网络短视频中，一名80多岁的老大爷头发花白，步履蹒跚地挑着两桶水，在石榴地里慢慢行走，写着“这位老爷爷叫我帮他卖石榴，可是3斤9.9包邮我都卖不出去”，“很多石榴都烂了，不如烂在地里当肥料了”，画面中，地上有一些裂开的石榴，配上了一段悲伤带着哭腔的声音。视频中的老人叫王富贵，他表示，他家根本没有种石榴，他在帮别人看守果园。“那天，我在挑水浇园子的时候，有个年轻人拿着手机拍我，可能是那时候拍的，我也不知道他拍来做什么，视频中的声音也不是我说的，我也没有哭。”

在另一段也带着哭腔的配音视频中，也有一位老人在石榴地里说石榴卖不出去，视频配文是“老大爷说他家的石榴又大又甜……但是2022年还没有人收购”。视频中的老人叫李先荣，他表示自家的石榴早就卖完了，不存在卖不出去的情况。“我又不会耍视频，视频他叫我拍的。”李先荣表示，之前村里来了个年轻小伙子，说帮着宣传会理石榴，让他拿着石榴站在地里，于是配合拍了一段视频，他并不知道拍摄用途，“那个话也不是我说的”。

官方调查结果表明，视频中的老人确实存在，但是短视频中的画面、声音是拼凑制作的，老人也没有说过视频中的话，文字上的表述与事实不符，涉嫌发布虚假信息。

在农产品销售时，悲情营销情况普遍，视频里的受助者难以摆脱被言说、被消费的命运，持续着其“社会性失语”的状态，最终成为账号主体赚取流量的“工具”。

2016年颁布的《中华人民共和国慈善法》（简称《慈善法》）明确指

出，“禁止任何组织或者个人假借慈善名义或者假冒慈善组织开展募捐活动，骗取财产”。那么，抖音的直播打赏、主播带货消费等行为是否属于变相募捐仍旧存在界限模糊的问题，这样的行为也没有受到《慈善法》等相关法律法规的辖制。

（三）群体极化与网络暴力

网上既有对政府权力、政府行为、公益项目进行合法监督的内容，也有泄愤、泄恨、纯粹发泄个人恩怨和不满的情绪化表达。对网络舆论监督把握不当将会演变成网络暴力。

案例：王凤雅小朋友之死

2017年，河南太康三岁小女孩王凤雅不幸患上一种名为“视网膜母细胞瘤”的癌症。因家庭无法承担巨额治疗费用，其父母通过网络募捐平台向社会求助，并得到了网友的慷慨相助。后来，有自媒体人发微博质疑女童王凤雅的家长，认为他们募捐了钱却消极治疗，重男轻女，还疑似把善款挪用来给王凤雅弟弟治唇裂，涉嫌诈捐。随后，某微信公众号发布文章《王凤雅小朋友之死》，各家媒体纷纷转发。部分自媒体人撰文控诉王凤雅一家人募捐善款15万元并未用于救治小凤雅，而是用来治疗她弟弟的兔唇，将舆情彻底点燃。某自媒体人发布博文“今日最感愤怒的事情，3岁王凤雅小朋友去世”，指责家属卖惨敛财却不治疗，转发量数小时内便超过了十万，网友的转发词围绕“重男轻女”“禽兽”“弃疗”等扩散。

最终，事情的真相基本浮出水面：王凤雅的父母不存在诈捐行为。近年来，一些不规范的网络募捐、甚至诈捐行为屡屡刺激公众敏感的神经，捐助者和受捐者之间已经出现一定程度的隔阂，缺乏相互信任。一旦有了导火索，人们的这种不信任感就会被点燃。但无论是哪种方式做公益，避免舆情发酵至网络暴力的必要条件就是让慈善资金在阳光下募集，在阳光下使用，公开透明，及时向捐助者公开资金使用情况。

（四）商业营销

清华大学公益慈善研究院副院长邓国胜认为，从全球发展趋势来看，公益与商业的边界越来越模糊，在这种情况下，厘清公益与商业的边界确实具有很大的挑战性。商业机构不管出于什么原因参与公益事务，最重要的是不违反底线性原则，如最起码的法律法规和基本道德，不能利用虚假信息来欺骗捐赠人。

案例一：链家“失联儿童守护战”

2016年5月25日，链家官方微博发布一则消息，称“全国6000家门店将成为中国‘失联儿童守护站’，请家长告诉孩子，只要与家人走失，就去链家，那里的员工会保护孩子，帮孩子回家”。并宣称其与公益机构中国儿童失踪预警平台合作，该机构提供及时的响应机制。也就是说，孩子在走失后，便可以主动去附近的链家门店求救，安全地等候警方和家长找到他们。链家宣称，他们的门店在全国覆盖率很大，所以孩子找到他们的门店会很方便，“只要走进任何一个小区，就有很大概率看到链家的门店”。

但重庆网警第一时间指出链家的做法是错误的，如果孩子与家人走失，最好的选择应该是留在原地，不要跟任何人走，直到警方和家人介入。“教一个路都不认识的儿童满大街找‘失联儿童守护站’，岂非缘木求鱼？！还是不要借机作秀了。”

链家网以及中国儿童失踪预警平台开展的公益活动是出于对走失儿童的关怀，但其具体的做法有失妥善，更容易误导大众以及儿童。帮助寻找走失儿童是每个人的义务，而不应该成为营销炒作的噱头，更不能误导走失儿童在紧急时刻做出错误行为。在公益活动的传播过程中，应确保帮扶措施落到实处，对弱势群体的关怀不能成为营销陷阱，沦为营销噱头。

案例二：“橙色书包”计划

中国听力医学发展基金会推出“橙色书包”：将醒目的橙色与书包相结合，并在橙色书包上配备反光条。“橙色书包”计划希望唤起全社会对听障儿童的关注，为他们提供优先路权，并形成“橙色关爱文化”，为听障儿童提供美术绘画工具，包括水粉颜料、画笔、调色盘、油画棒、水粉纸等，每个书包售价120元。

这则案例中有几个问题值得我们反思：

第一，一个普通小书包卖120元，被质疑价格太高，有借公益牟利的嫌疑。

第二，“橙色书包”计划没触及听障儿童的核心权益。其一，听障儿童更需要用技术解决听障问题。其二，目前有条件就学的听障儿童通常都解决了完全没有听力的问题，并不是听不见任何声音。其三，对这群孩子来说，完善法律和制度，保障其公平的就学权利，才是迫切需求，若连学都上不了，他们背“橙色书包”的意义何在？

第三，残障儿童、青少年不希望被贴上“弱者”或“身残志坚”的标签。《联合国残疾人权利公约》对“残障”的定义就包括残障是一种状态。我们每个人生命中都有一段时间处在残障状态，如受伤骨折、生病卧床等病理因素，怀孕、年老等生理因素，抱孩子、提行李等生活因素同样可能让我们行动不便。残障儿童、青少年的成长更需要无差别对待、无障碍沟通，给他们提供温暖友善的人文关怀和最少限制的成长环境。

（五）公益组织公信力受损

对公益组织而言，服务管理费问题、信息透明化、腐败问题、内部运营能力等是公众最关心的问题。其中，腐败问题最受人关注。在新冠肺炎疫情中，以湖北省红十字会和武汉市红十字会为代表的公益组织曾陷入一系列舆情事件引发的危机。冲突焦点主要集中在捐赠物资的分配、信息的公开与透明化、组织成员的工作失误三大问题，危及公众的财产、知情权等利益。

此外，公益组织者和媒体人都需要把握宣传推广与公益传播的界限。

案例：水滴筹工作人员“扫楼式”寻找求助者

2019年11月30日，一则名为“卧底实拍医院扫楼式筹款，审核漏洞多”的媒体暗访报道让水滴筹陷入舆论风波。报道称，水滴筹筹款顾问让兼职人员在医院里“扫楼”，成功拉到5单以上，就能获得80元/单的绩效奖励。他们自称“志愿者”，在医院地毯式扫楼，挨个病床问病人困不困难、需不需要筹款帮助，基本一下午就能扫大半个医院。在发起筹款时，他们还会根据模板撰写求助故事。地推员对募捐金额填写随意，对求助者财产状况不加审核甚至有所隐瞒，对捐款用途缺乏监督。筹款顾问还称“有百万房产也能发起水滴筹”，因为“捐款人看不到”。打着志愿者或众筹顾问名号的地推人员，每单最高可以拿到150元提成，月入过万元，末位淘汰。

在该案例中，平台受到大众质疑的现实原因：平台服务团队的薪酬制度效仿普通销售模式，完全与营销众筹项目数量匹配；对发起人或求助人资格审查的标准不统一，甚至不设任何标准；重视编写模板化故事诉苦而非真实境况的陈述；筹款金额随意填写缺乏审核；不考虑医疗保险报销等情况仅公示账面款项；用款无监管，无须上传相关单据；平台利用求助人病情在捐赠人捐款后推送相关自营保险。

公益伦理精神的缺失会使人们在公共领域中为了一己私利不惜伤害公共利益，甚至把公共利益据为己有，造成公共资源的浪费和不可持续发展。

三、公益传播的侵权问题

许多人在追逐物质利益的路上忘记慰藉精神上的需求，过度追求物质上的享受，他人都成了自己实现物质利益的工具，人与人之间缺乏关爱、友善、信任、责任，公益伦理精神孕育的根基被任意践踏，公共领域本应成为公益最好的形成土壤，却变成人们实现个人利益的角逐之地。

（一）侵害隐私权

案例：凉山“格斗孤儿”

公益传播媒体人要注意保护弱势群体隐私权，避免“贴标签”伤害报道对象。2017年，一段大凉山“格斗孤儿”的视频在网络上引发热议。视频中，在耀眼的灯光下，两名孩子在八角笼中肉搏，外面围满了鼓掌叫好的成年看客，这样的画面瞬间刺痛了公众的神经。随着舆论发酵，相关部门介入调查，孩子们陆续被接回凉山接受义务教育。

最初记者来采访时并没有多想，只是想着格斗需要被大众看见，让大家了解一下孩子的苦日子也好。综合格斗这一极其特殊的运动是否会对未成年人的身体健康造成巨大伤害？他们本该在学校中享受教育，并受到《未成年人保护法》的保护，现实中的他们却在格斗俱乐部铁笼中争得你死我活，人们难免对此提出巨大质疑。舆论的发酵也最终打破了孩子的平静生活。回归学校三年多，阿杰和几个小伙伴都不想成为聚光灯下的焦点，也很少谈起那段格斗经历。如今，媒体追踪报道孩子们的成长，重点在于教育扶贫这一具有长远意义的国家和社会议题。

（二）侵害肖像权

《中华人民共和国民法典》第一千零一十九条关于肖像权的保护规定：任何组织或者个人不得以丑化、污损，或者利用信息技术手段伪造等方式侵害他人的肖像权。未经肖像权人同意，不得制作、使用、公开肖像权人的肖像，但是法律另有规定的除外。未经肖像权人同意，肖像作品权利人不得以发表、复制、发行、出租、展览等方式使用或者公开肖像权人的肖像。《中华人民共和国民法典》第一千一百八十二条，规定了侵害人身权益造成财产损失的赔偿数额计算方式：侵害他人人身权益造成财产损失的，按照被侵权人因此受到的损失或者侵权人因此获得的利益赔偿；被侵权人因此受到的损失以及侵权人因此获得的利益难以确定，被侵权人和侵权人就赔偿数额协商不一致，向人民法院提起诉讼的，由人民法院根据实际情况确定赔偿数额。

案例一：浙江微笑明天基金短视频募捐

2022年1月，浙江微笑明天基金会在抖音平台发布募捐视频，在视频中表示所有筹到的钱将用于帮助困难家庭。患白血病儿童的家长指出，该基金会未经同意就使用了其孩子的肖像，自己也从来没有授权别人为孩子募捐。从筹款界面可以看到，该项筹款的目标金额是200万元，目前已筹集善款170多万元，而作为募捐视频的主角之一，该病患儿童却未收到一分钱。

公益组织和媒体应避免为了公益宣传效果不征得被拍者同意就拍摄或使用本人照片，在发布前也要明确告知被拍者使用意图。

在此，我们需要明确，以下情况不属于侵犯肖像权：

（1）出于公益目的而使用他人肖像，例如宣传某人的先进事迹，在报纸、电视台、电影中使用先进人物的照片，可以不征得某人的同意。

（2）国家机关为执行、适用法律而使用公民的肖像，例如，通缉逃犯和罪犯而使用他人肖像。对于犯罪人员，为了方便大家周知，便于工作人员工作单位执行，为了尽快找到他们，从而使用了他们的照片等，这种情况下是不算侵犯肖像权的。

（3）寻人启事刊登照片。为了寻找人而刊登的照片也不属于侵犯肖像。

（4）新闻报道拍摄照片和影像。这种情况是为了更好地宣传报道，所以，也是不属于侵犯肖像权的。

（5）行使正当的舆论监督而使用公民的肖像。

（6）为了科学研究和文化教育目的而在一定范围内使用他人肖像。

（7）为肖像权本人的利益而使用其照片。

（8）为宣传报道而使用参加游行集会、游园活动的人的肖像。

案例二：“同一天出生的你”活动

2017年12月，“分贝筹”推出公益活动“同一天出生的你”，在活动的H5页面上，共登出366名孩子的照片，出生日期分别为一年的366天，用户输入生日后会看到一个和自己同一天生日的贫困学生，并可以选择为其捐赠1元。

该活动存在若干不足：

第一，信息真实度存疑。活动开始后，很快有网友发现同一个受助学生生日、名字不同的情况，还出现了“2009年2月29日”这种并不存在的日期。

第二，项目设计、信息公开不足。活动发起方第一次接受媒体采访时表示，此次接受捐款的孩子都来自云南省镇雄县，总人数将近400人，实际登上活动页面的共366名孩子；如果这366名孩子每人受捐超过1200元（中小学一学年的学杂费），余下的钱将转发给未登上活动页面的孩子。

从捐款页面流出后截至2017年12月23日13：30，该活动已收到44万元的捐款，该金额已经可以覆盖页面中的儿童，但主办方并未叫停，直至12月24日中午捐款金额达到2 555 898元时，方在舆论质疑下关闭页面。主办方此时声明，所有资金将用于资助镇雄县2130名贫困学生。

孩子人数发生了巨大改变，却没有在活动开始前明确告知。从慈善专业化角度看，主办方发起活动之初，就应确认这是为特定儿童定向筹款还是为不特定儿童筹款。如果是前者，额度满了后应尽快停止；如果是后者，也需要马上通知大家，否则存在筹资超过预定目标的问题。

（三）侵犯未成年人利益

《中华人民共和国未成年人保护法》最新版第五条规定，保护未成年人的工作应当遵循下列原则：（一）尊重未成年人的人格尊严；（二）适应未成年人身心发展的规律和特点；（三）教育与保护相结合。第二十七条规定，全社会应当树立尊重、保护、教育未成年人的良好风尚，关心、爱护未成年人。国家鼓励社会团体、企业事业组织以及其他组织和个人，开展多种有利于未成年人健康成长的社会活动。第三十二条规定，国家鼓励新闻、出版、信息产业、广播、电影、电视、文艺等单位和作家、艺术家、科学家以及其他公民，创作或者提供有利于未成年人健康成长的作品。出版、制作和传播专门以未成年人为对象的内容健康的图书、报刊、音像制品、电子出版物以及网络信息等，国家给予扶持。国家鼓励科研机构和科技团体对未成年人开展科学知识普及活动。第三十九条规定，任何组织或个人不得披露未成年人的个人隐私。对未成年人的信件、日记、电子邮件，任何组织或者个人不得隐匿、毁弃；除因追查犯罪的需要，由公安机关或者人民检察院依法进行检查，或者对无行为能力的未成年人的信件、日记、电子邮件由其父母或者其他监护人代为开拆、查阅外，任何组织或者个人不得开拆、查阅。第七十一条规定，胁迫、诱骗、利用未成年人乞讨或者组织未成年人进行有害其身心健康的表演等活动的，由公安机关依法给予行政处罚。

在一些捐助活动中，活动发起方使用受助学生的相片未进行马赛克处理，还配上地点、名字、出生日期等信息，再加上活动用户大量在朋友圈带图转发，导致贫困孩子的个人信息直接曝光。

由此可见，部分媒体在承担社会责任的同时，也暴露出人文关怀、法治意识的缺失和对报道方式、数量及传播效果的把控不当，特别是在未成年人保护方面，流于煽情，将重头戏放在渲染被救助未成年人的不幸上，甚至不惜强行采访、侵犯隐私。

新闻媒体应该采用合理手段，端正社会主流价值取向，坚持正面宣传为主，控制未成年人负面报道数量，客观反映社会现实。在未成年人题材处理中，还应界定报道边界和底线，在“抵达真相”与“正面引导”、“救命稻草”与“人文关怀”间力求兼顾，尤其注意应优先和特别保护未成年人。媒体应注重新闻采写重点，在报道中不得披露未成年人的真实身份，减少对未成年人的曝光，新闻模糊遮盖手段必须到位、有效，在细节上充分保护未成年人。

（四）侵犯著作权

案例一：赵笑青诉北京市红十字会侵犯著作权

赵笑青为老年人精心设计了助老胸卡，胸卡正面的图案属于美术作品，受著作权法的保护。这项设计还于2000年8月获得外观设计专利。2001年6月，赵笑青经介绍与北京市红十字会副会长取得联系，并提供了所有设计材料。但在双方尚未商定合作事宜的情况下，北京市红十字会私自将该专利图案进行修改，制作了胸卡并于2001年重阳节向北京市老年人发放。北京市红十字会的行为侵犯了著作权中的修改权、发行权、署名权和获得报酬权。

案例二：“一元购画”侵犯著作权

在“一元购画”公益活动中，有两幅32岁脑瘫患者的作品。画家的母亲称从未授权给上海艺途公益基金会，并未得知该作品会发到朋友圈被当作公益作品。母亲介绍，儿子的两幅作品被用于“一元购画”项目，“周围很多邻居都说看到了儿子的画，还买了很多，但其实我们并没有授权”。她表示，所谓“授权书”是儿子被单独叫去签的，家长完全不知情。公益方应该重视著作权，先做具体说明，得到本人或其监护人同意授权后才可以使用。

四、公益传播的伦理精神培育

公益伦理精神包含人向善的精神追求，体现人对社会公共利益的奉献、对弱势群体的关爱、对国家的社会责任感。现代公益事业在我国起步较晚，发展中还存在一系列亟待解决的问题，如公益意识薄弱、缺乏足够公信力、公益活动开展方式单一等。应注意从以下几个方面培育公益伦理精神：

（一）加强公益文化建设，促进公益人才培养

公益伦理精神伴随着社会的发展、公共领域的逐渐扩大而滋萌，是公民对公共领域中自己所具有的公民身份、公民责任、公民权利，对政治生活的参与积极性等的自觉认知和履行，是从感性到理性的升华过程中相伴而生的一种精神。公益文化是以维护、实现和宣传公共利益为主旨，以文化形式存在的一种社会意识形态。公益文化作为一种正能量的社会意识形态，具有广泛性、现实性和先进性。我们应以大众传播媒体为重要工具，继承中国传统文化中救贫济弱的核心思想，融合西方现代的公益理念和思想，培养人们对社会和国家的责任观、以人为本的价值观和正确的财富观，建构具有中国特色和符合国情的公益文化，使之更加大众化、普遍化，并得到人们的拥护和认可。

公益伦理精神的培育由公益活动中的实践凝练而成，而公益活动的有效开展离不开公益组织的规划、目标定位、方法的选择等，离不开大量人才支撑。可以将公益人才培训纳入国家人才培养计划，完善公益高等教育体系，以适应社会需求为导向制定打造品牌公益人才培养基地等具体措施，促进公益专业化发展。

（二）完善公益组织管理机制，提升公信力

公益组织的管理机制主要包含登记制度、激励制度、监管制度、评估制度等，这些制度是否完善影响着公益组织面对公众的公信力，影响着公益组织的发展壮大。

我们应联合制定和完善有关规章制度，以制度、机制保障宏观的管理和引导；指派有经验的管理者指导公益团队或公益项目，给予全程指导和帮助，促进活动顺利开展；与公益活动的目标人群或组织机构联系，采取合作建立公益教育基地等形式，为公益活动的开展架设桥梁；给予优秀公益活动项目品牌化建设空间，可以在城市文化活动品牌评选中给予相对的政策倾斜，确保优秀项目得到及时有效的扶持，促进活动项目或团队做大、做强；加强公益活动的审批管理，在审批环节严格把关，避免出现不适合社会发展的活动；根据公益项目需要，从创新创业角度为公益活动提供工作室等扶持。

同时，从宣传推广角度看，对发展较好或已取得一定社会影响的公益活动积极宣传推广，扩大活动影响力，推动品牌走向社会，提高社会知名度和美誉度，从而获得更多社会资源的支持。例如，可以向当地年度“感动人物”等文化品牌评选活动进行推荐，帮助其发展成为区域性的知名文化活动品牌。从公益教育角度看，可以帮助有志于公益事业的人士提高公益服务能力，同时让更多人群提高公益意识，传承公益精神；也可以邀请社会知名的公益活动家来校做报告或举办讲座，让公益教育成为整个社会教育的组成部分。

（三）创新公益活动模式，多渠道发展公益事业

创新公益活动模式应从创新观念、创新方法和创新途径三方面进行。

第一，观念上，创新现代化的公益模式应该首先创新现代化的公益观念，即现代化的公益活动是所有公众都能普遍参与的，而不是传统慈善活动那样具备一定经济条件才能参与。第二，方法上，公益活动并非是完全免费、不能获取利益的，而是获取的利益用于扩大公益费用，这样就能使公益活动在一种可持续的方法中不断发展壮大，而不是短期、暂时性的。第三，途径上，创新公益实践模式应以可持续发展为目标，普及当代微公益实践形式也有助于培育公民公益精神。顾名思义，微公益就是从微不足道的公益着手，强调积少成多，调动每一个人参加微公益活动的积极性、主动性和自觉性，微公益具有参与面和覆盖面很广的特点，如筑梦基金等。

此外，还可以通过团队合作、建立公益社团等方式，固化有效运转的品

牌活动，着力打造公益服务品牌，使公益实践活动可持续发展。如“免费大米”“红色计划”等公益活动。

总之，公益伦理精神的培育建立在人们对公共生活积极参与的基础上，推动社会大众形成对公共利益的积极维护以及对公共善的追求。公益教育应从家庭教育、学校教育和社会教育方面实施，培育人们积极向上的公共意识、权责意识、奉献意识，引导大众积极参与公共生活，自觉维护和实现公共利益。

（作者为暨南大学新闻与传播学院教授，本文由暨南大学新闻与传播学院2021级硕士研究生李晓艺整理）